Oral

Concours de recrutement de professeurs des écoles

Éducation et système éducatif

Serge Herreman

Catherine Boyer

Patrick Ghrenassia

hachette
ÉDUCATION

Les auteurs

Serge Herreman a exercé successivement les fonctions d'instituteur spécialisé auprès d'élèves en grande difficulté, de maître formateur, de conseiller pédagogique et de professeur d'IUFM.

Catherine Boyer est maître de conférences en sciences de l'éducation. Elle a exercé les fonctions de maître formateur.

Patrick Ghrenassia, professeur d'ESPÉ agrégé de philosophie.

PAPIER À BASE DE FIBRES CERTIFIÉES

hachette s'engage pour l'environnement en réduisant l'empreinte carbone de ses livres. Celle de cet exemplaire est de :
750 g éq. CO_2
Rendez-vous sur www.hachette-durable.fr

Couverture : Nicolas PIROUX
Intérieur : Mediaman
Édition : Fabrice PINEL

ISBN : 978-2-01-714723-7

www.parascolaire.hachette-education.com

PRÉSENTATION DE L'ÉPREUVE

Les épreuves d'admission fixées par l'arrêté du 19 avril 2013

II. – Épreuves d'admission

Les deux épreuves orales d'admission comportent un entretien avec le jury qui permet d'évaluer la capacité du candidat à s'exprimer avec clarté et précision, à réfléchir aux enjeux scientifiques, didactiques, épistémologiques, culturels et sociaux que revêt l'enseignement des champs disciplinaires du concours, et des rapports qu'ils entretiennent entre eux.

II-1. Première épreuve orale : mise en situation professionnelle dans un domaine au choix du candidat : sciences et technologie, histoire, géographie, histoire des arts, arts visuels, éducation musicale, enseignement moral et civique.

II-2. Deuxième épreuve orale : entretien à partir d'un dossier
L'épreuve comporte deux parties.
Durée de la préparation : 3 heures ; durée totale de l'épreuve : 1 heure 15.
L'épreuve est notée sur 100. 40 points sont attribués à la première partie ; 60 sont attribués à la deuxième partie dont 20 points pour l'exposé et 40 pour l'entretien.

La première partie permet d'évaluer les compétences du candidat pour l'enseignement de l'éducation physique et sportive (EPS) ainsi que sa connaissance de la place de cet enseignement dans l'éducation à la santé à l'école primaire.

La deuxième partie de l'épreuve vise à apprécier les connaissances du candidat sur le système éducatif français, et plus particulièrement sur l'école primaire (organisation, valeurs, objectifs, histoire et enjeux contemporains), **sa capacité à se situer comme futur agent du service public** (éthique, sens des responsabilités, engagement professionnel) **ainsi que sa capacité à se situer comme futur professeur des écoles** dans la communauté éducative.[1]
Elle consiste en un exposé du candidat (quinze minutes) à partir d'un dossier de cinq pages maximum fourni par le jury et portant sur une situation professionnelle inscrite dans le fonctionnement de l'école primaire, suivi d'un entretien avec le jury (trente minutes).
L'exposé du candidat présente une analyse de cette situation et des questions qu'elle pose, en lui permettant d'attester de compétences professionnelles en cours d'acquisition d'un professeur des écoles.
L'entretien permet également d'évaluer la capacité du candidat à prendre en compte les acquis et les besoins des élèves, en fonction des contextes des cycles de l'école maternelle et de l'école élémentaire, et à se représenter de façon réfléchie la diversité des conditions d'exercice du métier, ainsi que son contexte dans ses différentes dimensions (classe, équipe éducative, école, institution scolaire, société), et les valeurs qui le portent dont celles de la République.

- Durée de l'exposé : 15 minutes
- Durée de l'entretien : 30 minutes
- 60 points (exposé : 20 points ; entretien : 40 points)

1. Le candidat aura profit à prendre connaissance de l'arrêté du 1er juillet 2013 relatif au référentiel des compétences professionnelles des métiers du professorat et de l'éducation qui entre en vigueur le 1er septembre 2013 et abroge celui du 12 mai 2010.

COMPÉTENCES PROFESSIONNELLES DES MÉTIERS DU PROFESSORAT ET DE L'ÉDUCATION

Dans la dynamique de la loi de refondation de l'école, le *JORF* n° 0165 du 18 juillet 2013 publie un arrêté portant définition des compétences que les professeurs, professeurs documentalistes et conseillers principaux d'éducation doivent maîtriser pour l'exercice de leur métier. Cet arrêté entre en vigueur le 1er septembre 2013. Il abroge celui du 12 mai 2010.

Sont ainsi définies :

– des compétences communes à tous les professeurs et personnels d'éducation (compétences 1 à 14) ;

– des compétences communes à tous les professeurs (compétences P1 à P5) et spécifiques aux professeurs documentalistes (compétences D1 à D4) ;

– des compétences professionnelles spécifiques aux conseillers principaux d'éducation (compétences C1 à C8).

Arrêté du 1er juillet 2013 relatif au référentiel des compétences professionnelles des métiers du professorat et de l'éducation

RÉFÉRENTIEL DES COMPÉTENCES PROFESSIONNELLES DES MÉTIERS DU PROFESSORAT ET DE L'ÉDUCATION

Refonder l'école de la République, c'est garantir la qualité de son service public d'éducation et, pour cela, s'appuyer sur des personnels bien formés et mieux reconnus.

Les métiers du professorat et de l'éducation s'apprennent progressivement dans un processus intégrant des savoirs théoriques et des savoirs pratiques fortement articulés les uns aux autres.

Ce référentiel de compétences vise à :

1. Affirmer que tous les personnels concourent à des objectifs communs et peuvent ainsi se référer à la culture commune d'une profession dont l'identité se constitue à partir de la reconnaissance de l'ensemble de ses membres.
2. Reconnaître la spécificité des métiers du professorat et de l'éducation, dans leur contexte d'exercice.
3. Identifier les compétences professionnelles attendues. Celles-ci s'acquièrent et s'approfondissent au cours d'un processus continu débutant en formation initiale et se poursuivant tout au long de la carrière par l'expérience professionnelle accumulée et par l'apport de la formation continue. [...]

Chaque compétence du référentiel est accompagnée d'items qui en détaillent les composantes et en précisent le champ. Les items ne constituent donc pas une somme de prescriptions mais différentes mises en œuvre possibles d'une compétence dans des situations diverses liées à l'exercice des métiers. [...]

Compétences communes à tous les professeurs et personnels d'éducation

Les professeurs et les personnels d'éducation mettent en œuvre les missions que la nation assigne à l'école. En leur qualité de fonctionnaires et d'agents du service public d'éducation, ils concourent à la mission première de l'école, qui est d'instruire et d'éduquer afin de conduire l'ensemble des élèves à la réussite scolaire et à l'insertion professionnelle et sociale. Ils préparent les élèves à l'exercice d'une citoyenneté pleine et entière. Ils transmettent et font partager à ce titre les valeurs de la République. Ils promeuvent l'esprit de responsabilité et la recherche du bien commun, en excluant toute discrimination.

Les professeurs et les personnels d'éducation, acteurs du service public d'éducation

En tant qu'agents du service public d'éducation, ils transmettent et font respecter les valeurs de la République. Ils agissent dans un cadre institutionnel et se réfèrent à des principes éthiques et de responsabilité qui fondent leur exemplarité et leur autorité.

1. Faire partager les valeurs de la République

• Savoir transmettre et faire partager les principes de la vie démocratique ainsi que les valeurs de la République : la liberté, l'égalité, la fraternité ; la laïcité ; le refus de toutes les discriminations.
• Aider les élèves à développer leur esprit critique, à distinguer les savoirs des opinions ou des croyances, à savoir argumenter et à respecter la pensée des autres.

2. Inscrire son action dans le cadre des principes fondamentaux du système éducatif et dans le cadre réglementaire de l'école

• Connaître la politique éducative de la France, les principales étapes de l'histoire de l'école, ses enjeux et ses défis, les principes fondamentaux du système éducatif et de son organisation en comparaison avec d'autres pays européens.
• Connaître les grands principes législatifs qui régissent le système éducatif, le cadre réglementaire de l'école et de l'établissement scolaire, les droits et obligations des fonctionnaires ainsi que les statuts des professeurs et des personnels d'éducation.

Les professeurs et les personnels d'éducation, pédagogues et éducateurs au service de la réussite de tous les élèves

La maîtrise des compétences pédagogiques et éducatives fondamentales est la condition nécessaire d'une culture partagée qui favorise la cohérence des enseignements et des actions éducatives.

3. Connaître les élèves et les processus d'apprentissage

• Connaître les concepts fondamentaux de la psychologie de l'enfant, de l'adolescent et du jeune adulte.
• Connaître les processus et les mécanismes d'apprentissage, en prenant en compte les apports de la recherche.
• Tenir compte des dimensions cognitive, affective et relationnelle de l'enseignement et de l'action éducative.

4. Prendre en compte la diversité des élèves

• Adapter son enseignement et son action éducative à la diversité des élèves.
• Travailler avec les personnes ressources en vue de la mise en œuvre du projet personnalisé de scolarisation des élèves en situation de handicap.
• Déceler les signes du décrochage scolaire afin de prévenir les situations difficiles.

5. Accompagner les élèves dans leur parcours de formation

• Participer à la construction des parcours des élèves sur les plans pédagogique et éducatif.
• Contribuer à la maîtrise par les élèves du socle commun de connaissances, de compétences et de culture.
• Participer aux travaux de différents conseils (conseil des maîtres, conseil de cycle, conseil de classe, conseil pédagogique...), en contribuant notamment à la réflexion sur la coordination des enseignements et des actions éducatives.
• Participer à la conception et à l'animation, au sein d'une équipe pluriprofessionnelle, des séquences pédagogiques et éducatives permettant aux élèves de construire leur projet de formation et leur orientation.

6. Agir en éducateur responsable et selon des principes éthiques

• Accorder à tous les élèves l'attention et l'accompagnement appropriés.
• Éviter toute forme de dévalorisation à l'égard des élèves, des parents, des pairs et de tout membre de la communauté éducative.
• Apporter sa contribution à la mise en œuvre des éducations transversales, notamment l'éducation à la santé, l'éducation à la citoyenneté, l'éducation au développement durable et l'éducation artistique et culturelle.
• Se mobiliser et mobiliser les élèves contre les stéréotypes et les discriminations de tout ordre, promouvoir l'égalité entre les filles et les garçons, les femmes et les hommes.
• Contribuer à assurer le bien-être, la sécurité et la sûreté des élèves, à prévenir et à gérer les violences scolaires, à identifier toute forme d'exclusion ou de discrimination ainsi que tout signe pouvant traduire des situations de grande difficulté sociale ou de maltraitance.
• Contribuer à identifier tout signe de comportement à risque et contribuer à sa résolution.
• Respecter et faire respecter le règlement intérieur et les chartes d'usage.
• Respecter la confidentialité des informations individuelles concernant les élèves et leurs familles.

7. Maîtriser la langue française à des fins de communication

• Utiliser un langage clair et adapté aux différents interlocuteurs rencontrés dans son activité professionnelle.
• Intégrer dans son activité l'objectif de maîtrise de la langue orale et écrite par les élèves.

8. Utiliser une langue vivante étrangère dans les situations exigées par son métier

• Maîtriser au moins une langue vivante étrangère au niveau B2 du cadre européen commun de référence pour les langues.
• Participer au développement d'une compétence interculturelle chez les élèves.

9. Intégrer les éléments de la culture numérique nécessaires à l'exercice de son métier

• Tirer le meilleur parti des outils, des ressources et des usages numériques, en particulier pour permettre l'individualisation des apprentissages et développer les apprentissages collaboratifs.
• Aider les élèves à s'approprier les outils et les usages numériques de manière critique et créative.
• Participer à l'éducation des élèves à un usage responsable d'internet.
• Utiliser efficacement les technologies pour échanger et se former.

Les professeurs et personnels d'éducation, acteurs de la communauté éducative

Les professeurs et les personnels d'éducation font partie d'une équipe éducative mobilisée au service de la réussite de tous les élèves dans une action cohérente et coordonnée.

10. Coopérer au sein d'une équipe

• Inscrire son intervention dans un cadre collectif, au service de la complémentarité et de la continuité des enseignements comme des actions éducatives.
• Collaborer à la définition des objectifs et à leur évaluation.
• Participer à la conception et à la mise en œuvre de projets collectifs, notamment, en coopération avec les psychologues scolaires ou les conseillers d'orientation psychologues, le parcours d'information et d'orientation proposé à tous les élèves.

11. Contribuer à l'action de la communauté éducative

• Savoir conduire un entretien, animer une réunion et pratiquer une médiation en utilisant un langage clair et adapté à la situation.
• Prendre part à l'élaboration du projet d'école ou d'établissement et à sa mise en œuvre.
• Prendre en compte les caractéristiques de l'école ou de l'établissement, ses publics, son environnement socio-économique et culturel, et identifier le rôle de tous les acteurs.
• Coordonner ses interventions avec les autres membres de la communauté éducative.

12. Coopérer avec les parents d'élèves

• Œuvrer à la construction d'une relation de confiance avec les parents.
• Analyser avec les parents les progrès et le parcours de leur enfant en vue d'identifier ses capacités, de repérer ses difficultés et coopérer avec eux pour aider celui-ci dans l'élaboration et la conduite de son projet personnel, voire de son projet professionnel.
• Entretenir un dialogue constructif avec les représentants des parents d'élèves.

13. Coopérer avec les partenaires de l'école

- Coopérer, sur la base du projet d'école ou d'établissement, le cas échéant en prenant en compte le projet éducatif territorial, avec les autres services de l'État, les collectivités territoriales, l'association sportive de l'établissement, les associations complémentaires de l'école, les structures culturelles et les acteurs socio-économiques, en identifiant le rôle et l'action de chacun de ces partenaires.
- Connaître les possibilités d'échanges et de collaborations avec d'autres écoles ou établissements et les possibilités de partenariats locaux, nationaux, voire européens et internationaux.
- Coopérer avec les équipes pédagogiques et éducatives d'autres écoles ou établissements, notamment dans le cadre d'un environnement numérique de travail et en vue de favoriser la relation entre les cycles et entre les degrés d'enseignement.

14. S'engager dans une démarche individuelle et collective de développement professionnel

- Compléter et actualiser ses connaissances scientifiques, didactiques et pédagogiques.
- Se tenir informé des acquis de la recherche afin de pouvoir s'engager dans des projets et des démarches d'innovation pédagogique visant à l'amélioration des pratiques.
- Réfléchir sur sa pratique – seul et entre pairs – et réinvestir les résultats de sa réflexion dans l'action. Identifier ses besoins de formation et mettre en œuvre les moyens de développer ses compétences en utilisant les ressources disponibles.

Compétences communes à tous les professeurs

Au sein de l'équipe pédagogique, la professeure ou le professeur accompagne chaque élève dans la construction de son parcours de formation. Afin que son enseignement favorise et soutienne les processus d'acquisition de connaissances, de savoir-faire et d'attitudes, il prend en compte les concepts fondamentaux relatifs au développement de l'enfant et de l'adolescent et aux mécanismes d'apprentissage, ainsi que les résultats de la recherche dans ces domaines.

Disposant d'une liberté pédagogique reconnue par la loi, il exerce sa responsabilité dans le respect des programmes et des instructions du ministre de l'éducation nationale ainsi que dans le cadre du projet d'école ou d'établissement, avec le conseil et sous le contrôle des corps d'inspection et de direction.

La professeure ou le professeur, professionnel porteur de savoirs et d'une culture commune

La maîtrise des savoirs enseignés et une solide culture générale sont la condition nécessaire de l'enseignement. Elles permettent aux professeurs des écoles d'exercer la polyvalence propre à leur métier et à tous les professeurs d'avoir une vision globale des apprentissages, en favorisant la cohérence, la convergence et la continuité des enseignements.

P 1. Maîtriser les savoirs disciplinaires et leur didactique

• Connaître de manière approfondie sa discipline ou ses domaines d'enseignement. En situer les repères fondamentaux, les enjeux épistémologiques et les problèmes didactiques.
• Maîtriser les objectifs et les contenus d'enseignement, les exigences du socle commun de connaissances, de compétences et de culture ainsi que les acquis du cycle précédent et du cycle suivant.
• Contribuer à la mise en place de projets interdisciplinaires au service des objectifs inscrits dans les programmes d'enseignement.

En particulier, à l'école

• Tirer parti de sa polyvalence pour favoriser les continuités entre les domaines d'activités à l'école maternelle et assurer la cohésion du parcours d'apprentissage à l'école élémentaire.
• Ancrer les apprentissages des élèves sur une bonne maîtrise des savoirs fondamentaux définis dans le cadre du socle commun de connaissances, de compétences et de culture.

En particulier, au collège

• Accompagner les élèves lors du passage d'un maître unique et polyvalent à l'école élémentaire à une pluralité d'enseignants spécialistes de leur discipline.

En particulier, au lycée général et technologique

• Articuler les champs disciplinaires enseignés au lycée avec les exigences scientifiques de l'enseignement supérieur.

P 2. Maîtriser la langue française dans le cadre de son enseignement

• Utiliser un langage clair et adapté aux capacités de compréhension des élèves.
• Intégrer dans son enseignement l'objectif de maîtrise par les élèves de la langue orale et écrite.
• Décrire et expliquer simplement son enseignement à un membre de la communauté éducative ou à un parent d'élève.

En particulier, à l'école

• Offrir un modèle linguistique pertinent pour faire accéder tous les élèves au langage de l'école.
• Repérer chez les élèves les difficultés relatives au langage oral et écrit (la lecture notamment) pour construire des séquences d'apprentissage adaptées ou/et alerter des personnels spécialisés.

En particulier, au lycée professionnel

• Utiliser le vocabulaire professionnel approprié en fonction des situations et en tenant compte du niveau des élèves.

La professeure ou le professeur, praticien expert des apprentissages

P 3. Construire, mettre en œuvre et animer des situations d'enseignement et d'apprentissage prenant en compte la diversité des élèves

• Savoir préparer les séquences de classe et, pour cela, définir des programmations et des progressions ; identifier les objectifs, contenus, dispositifs, obstacles didactiques, stratégies d'étayage, modalités d'entraînement et d'évaluation.
• Différencier son enseignement en fonction des rythmes d'apprentissage et des besoins de chacun. Adapter son enseignement aux élèves à besoins éducatifs particuliers.
• Prendre en compte les préalables et les représentations sociales (genre, origine ethnique, socioéconomique et culturelle) pour traiter les difficultés éventuelles dans l'accès aux connaissances.
• Sélectionner des approches didactiques appropriées au développement des compétences visées.
• Favoriser l'intégration de compétences transversales (créativité, responsabilité, collaboration) et le transfert des apprentissages par des démarches appropriées.

En particulier, à l'école
• Tirer parti de l'importance du jeu dans le processus d'apprentissage.
• Maîtriser les approches didactiques et pédagogiques spécifiques aux élèves de maternelle, en particulier dans les domaines de l'acquisition du langage et de la numération.

En particulier, au lycée
• Faire acquérir aux élèves des méthodes de travail préparant à l'enseignement supérieur.
• Contribuer à l'information des élèves sur les filières de l'enseignement supérieur.

En particulier, au lycée professionnel
• Construire des situations d'enseignement et d'apprentissage dans un cadre pédagogique lié au métier visé, en travaillant à partir de situations professionnelles réelles ou construites ou de projets professionnels, culturels ou artistiques.
• Entretenir des relations avec le secteur économique dont relève la formation afin de transmettre aux élèves les spécificités propres au métier ou à la branche professionnelle.

P 4. Organiser et assurer un mode de fonctionnement du groupe favorisant l'apprentissage et la socialisation des élèves

• Installer avec les élèves une relation de confiance et de bienveillance.
• Maintenir un climat propice à l'apprentissage et un mode de fonctionnement efficace et pertinent pour les activités.
• Rendre explicites pour les élèves les objectifs visés et construire avec eux le sens des apprentissages.
• Favoriser la participation et l'implication de tous les élèves et créer une dynamique d'échanges et de collaboration entre pairs.

• Instaurer un cadre de travail et des règles assurant la sécurité au sein des plateformes techniques, des laboratoires, des équipements sportifs et artistiques.
• Recourir à des stratégies adéquates pour prévenir l'émergence de comportements inappropriés et pour intervenir efficacement s'ils se manifestent.

En particulier, à l'école
• À l'école maternelle, savoir accompagner l'enfant et ses parents dans la découverte progressive de l'école, de ses règles et de son fonctionnement, voire par une adaptation de la première scolarisation, en impliquant, le cas échéant, d'autres partenaires.
• Adapter, notamment avec les jeunes enfants, les formes de communication en fonction des situations et des activités (posture, interventions, consignes, conduites d'étayage).
• Apporter les aides nécessaires à l'accomplissement des tâches proposées, tout en laissant aux enfants la part d'initiative et de tâtonnement propice aux apprentissages.
• Gérer le temps en respectant les besoins des élèves, les nécessités de l'enseignement et des autres activités, notamment dans les classes maternelles et les classes à plusieurs niveaux.
• Gérer l'espace pour favoriser la diversité des expériences et des apprentissages, en toute sécurité physique et affective, spécialement pour les enfants les plus jeunes.

En particulier, au lycée professionnel
• Favoriser le développement d'échanges et de partages d'expériences professionnelles entre les élèves.
• Contribuer au développement de parcours de professionnalisation favorisant l'insertion dans l'emploi et l'accès à des niveaux de qualification plus élevé.
• Mettre en œuvre une pédagogie adaptée pour faciliter l'accès des élèves à l'enseignement supérieur.

P 5. Évaluer les progrès et les acquisitions des élèves
• En situation d'apprentissage, repérer les difficultés des élèves afin mieux assurer la progression des apprentissages.
• Construire et utiliser des outils permettant l'évaluation des besoins, des progrès et du degré d'acquisition des savoirs et des compétences.
• Analyser les réussites et les erreurs, concevoir et mettre en œuvre des activités de remédiation et de consolidation des acquis.
• Faire comprendre aux élèves les principes de l'évaluation afin de développer leurs capacités d'autoévaluation.
• Communiquer aux élèves et aux parents les résultats attendus au regard des objectifs et des repères contenus dans les programmes.
• Inscrire l'évaluation des progrès et des acquis des élèves dans une perspective de réussite de leur projet d'orientation.

SOMMAIRE

L'INSTITUTION SCOLAIRE

L'ORGANISATION DU SYSTÈME ÉDUCATIF

LES PRINCIPES ET LES VALEURS DE L'ÉCOLE

L'ÉCOLE ET LES MÉCANISMES ÉCONOMIQUES

LE FONCTIONNEMENT DE L'ÉCOLE PRIMAIRE

LES TEXTES OFFICIELS ET RÉGLEMENTAIRES

L'ORGANISATION DU SYSTÈME SCOLAIRE

LES PARTENAIRES DE L'ÉCOLE

ENSEIGNER ET APPRENDRE

ENSEIGNER

APPRENDRE

ÉCHECS, DIFFICULTÉS ET BESOINS SPÉCIFIQUES

L'ÉCHEC SCOLAIRE

L'INSTITUTION SCOLAIRE

fiche 1

L'ÉDUCATION NATIONALE ET LA RÉPUBLIQUE FRANÇAISE

Le système éducatif français s'organise principalement autour de l'**Éducation nationale** voulue par la **République française**.

LES TEXTES FONDATEURS

Constitution de la République française
Constitution du 4 octobre 1958

Préambule

Le peuple français proclame solennellement son attachement aux Droits de l'homme et aux principes de la souveraineté nationale tels qu'ils ont été définis par la Déclaration de 1789, confirmée et complétée par le préambule de la Constitution de 1946, ainsi qu'aux droits et devoirs définis dans la Charte de l'environnement de 2004. [...]

Article premier

La France est une République indivisible, laïque, démocratique et sociale. Elle assure l'égalité devant la loi de tous les citoyens sans distinction d'origine, de race ou de religion.
Elle respecte toutes les croyances. Son organisation est décentralisée.
La loi favorise l'égal accès des femmes et des hommes aux mandats électoraux et fonctions électives, ainsi qu'aux responsabilités professionnelles et sociales.

TITRE PREMIER – De la souveraineté

Article 2

La langue de la République est le français.
L'emblème national est le drapeau tricolore, bleu, blanc, rouge.
L'hymne national est la *Marseillaise*.
La devise de la République est « Liberté, Égalité, Fraternité ».
Son principe est : gouvernement du peuple, par le peuple et pour le peuple.

Préambule de la Constitution du 27 octobre 1946

La Nation garantit l'égal accès de l'enfant et de l'adulte à l'instruction, à la formation professionnelle et à la culture. L'organisation de l'enseignement public gratuit et laïque à tous les degrés est un devoir de l'État.

L'ÉDUCATION NATIONALE EST DE LA RESPONSABILITÉ DE L'ÉTAT

Les personnels enseignants sont fonctionnaires d'État recrutés sur concours. Les programmes des écoles, collèges et lycées sont nationaux, ainsi que les diplômes délivrés.

L'ÉCOLE DE LA RÉPUBLIQUE SE VEUT DÉMOCRATIQUE ET ÉGALITAIRE

La loi d'orientation de 2013 réaffirme « l'engagement de la Nation à donner à tous ses enfants, au cours de leur scolarité obligatoire, le plus haut niveau de qualification et de culture possible à travers notamment l'acquisition d'un **socle commun de connaissances, de compétences et de culture** ». La mixité et l'égalité entre les hommes et les femmes sont favorisées.

Code de l'éducation – Article L. 121-1

Les écoles, les collèges, les lycées et les établissements d'enseignement supérieur sont chargés de transmettre et de faire acquérir connaissances et méthodes de travail. Ils contribuent à favoriser la mixité et l'égalité entre les hommes et les femmes, notamment en matière d'orientation. Ils concourent à l'éducation à la responsabilité civique et participent à la prévention de la délinquance. Ils assurent une formation à la connaissance et au respect des droits de la personne [...]. Ils dispensent une formation adaptée dans ses contenus et ses méthodes aux évolutions économiques, sociales et culturelles du pays et de son environnement européen et international.

fiche 2

L'ADMINISTRATION CENTRALE DE L'ÉDUCATION NATIONALE

UN ORGANIGRAMME SIMPLIFIÉ

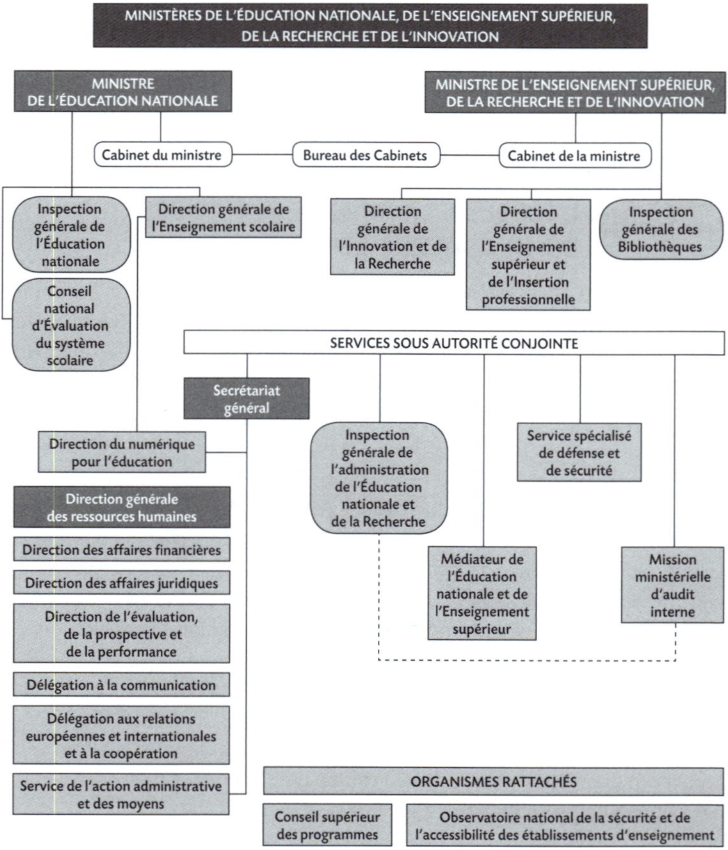

• Le **ministre**. Il est responsable de la mise en œuvre de la politique nationale.
• L'**inspection générale de l'Éducation nationale**, placée sous l'autorité directe du ministre chargé de l'Éducation, de l'Enseignement supérieur et de la Recherche, exerce des fonctions d'expertise, d'encadrement et d'évaluation de la politique éducative.
• La **Direction générale de l'enseignement scolaire**. La DGESCO élabore la politique éducative et pédagogique et assure la mise en œuvre des programmes d'enseignement des écoles, des collèges, des lycées et des lycées professionnels.
• La **Direction de l'évaluation de la prospective et de la performance**. La DEPP exerce ses compétences d'évaluation et de mesure de la performance dans les domaines de l'éducation et de la formation. Elle conçoit et met à disposition de l'ensemble des acteurs du système éducatif des outils d'aide à l'évaluation, au pilotage et à la décision.
• La **Direction du numérique pour l'éducation** est créée afin de répondre aux enjeux liés à la mise en place du service public du numérique éducatif.
• Les organismes rattachés indépendants :
– Le **Conseil supérieur des programmes**, créé par la loi d'orientation de 2013 : parmi ses missions les plus importantes, le CSP a été chargé de l'élaboration du socle commun de connaissances, de compétences et de culture, et des programmes de l'école primaire, du collège et du futur lycée.
– Le **Conseil scientifique de l'Éducation nationale**. Mis en place en janvier 2018, le conseil est doté d'un pouvoir consultatif. Composé d'une vingtaine de personnalités reconnues travaillant dans différentes disciplines scientifiques, il a pour objet d'apporter avis et conseils dans le domaine de l'Éducation et de promouvoir la recherche scientifique sur les pratiques éducative. Il œuvre en complémentarité avec le Cnesco et les inspections générales.

fiche 3

L'ORGANISATION DE L'ÉCOLE PRIMAIRE

UNE ORGANISATION HIÉRARCHIQUE

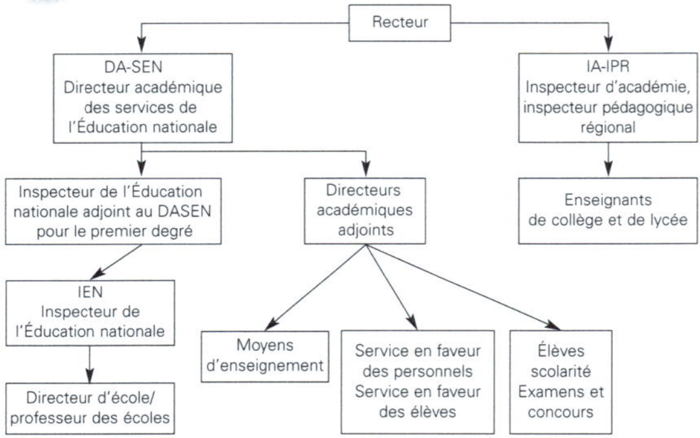

Le niveau institutionnel	Les personnels	Le cadre institutionnel
Ministère	Ministre	National
Rectorat	Recteur	Plusieurs départements
DA-SEN	Directeur académique des services de l'Éducation nationale	Département
Inspection de l'Éducation nationale	Inspecteur de l'Éducation nationale	Circonscription (une ou plusieurs communes, éventuellement des écoles privées sous contrat)
École Cycles Classe	Directeur (enseignant chargé de direction) Équipe pédagogique (et éducative) Professeur des écoles	Commune École ou groupe scolaire*

*« L'organisation de l'enseignement élémentaire pose des problèmes particuliers dans les zones d'habitat dispersé : zones rurales ou de montagne. Des regroupements pédagogiques ont donc été mis en place (regroupements des élèves de plusieurs communes, ou répartition et regroupement des divers niveaux d'enseignement). »

• **Le recteur d'académie** est responsable de la totalité du service public de l'éducation dans une académie (on compte trente académies en France). À compter du 1er janvier 2016, l'organisation des services académiques et des missions des recteurs évolue pour répondre au nouveau cadre régional créé par la loi du 16 janvier 2015 : en métropole, les académies actuelles, maintenues dans leurs limites géographiques, seront regroupées en treize régions académiques. Dans chacune d'elles, **un recteur de région académique** est désigné pour garantir l'unité et la cohérence de la parole de l'État dans les champs de compétence intéressant la région.

• **Le directeur académique des services de l'Éducation nationale** (DA-SEN) représente le recteur au niveau d'un département.
Il est notamment responsable de :
– la décision d'ouverture ou de fermeture des classes et des écoles et la création de postes d'enseignants du premier degré ;
– la gestion des personnels des écoles ;
– l'approbation des programmes pédagogiques de construction des écoles ;
– la définition des secteurs des collèges et des lycées en liaison avec le recteur.

• **L'inspecteur de l'Éducation nationale** (IEN) est le supérieur hiérarchique direct du professeur des écoles. Il est entouré d'une équipe de circonscription constituée notamment de **conseillers pédagogiques** dont l'une des missions est d'accompagner les professeurs des écoles débutants.

LE STATUT DES ÉCOLES PRIMAIRES

Actuellement, les écoles sont organisées, à l'exception des regroupements en zone rurale, en écoles maternelles et élémentaires rattachées à un quartier d'une ville.
Le directeur d'école est un enseignant, instituteur ou professeur des écoles, chargé de direction n'ayant aucun pouvoir hiérarchique sur ses collègues. Les écoles ne disposent pas d'un budget propre contrairement aux établissements du second degré.

LE PRIMAIRE ET LE SECONDAIRE

La loi n° 2019-791 pour une École de la confiance, promulguée au *Journal officiel* le 26 juillet 2019, a abaissé l'âge de la scolarité obligatoire à 3 ans. La scolarité obligatoire recouvre désormais la période de 3 à 16 ans.
L'école maternelle devra accueillir nécessairement les enfants de 3 à 6 ans.
L'école élémentaire accueille les enfants de 6 à, généralement, 11 ans.
Le collège propose ensuite un enseignement allant de la 6e à la 3e. Cet établissement public local d'enseignement (EPLE) dispose d'une autonomie financière. Le chef d'établissement, dénommé principal(e), exerce des responsabilités administratives et pédagogiques.

Les personnels enseignants

- Les professeurs des écoles (« PE ») enseignent sur les différents cycles de l'école primaire (maternelle et élémentaire). Certains, titulaires du CAPPEI, interviennent dans des structures adaptées.
- Les professeurs de lycée et de collège (« PLC ») enseignent au niveau de l'enseignement secondaire, en collège ou en lycée général et technologique.
- Les professeurs de lycée professionnel (« PLP ») enseignent en lycée professionnel.

L'ÉDUCATION NATIONALE ET LA DÉCENTRALISATION

Depuis 1983, **l'État** fixe les programmes et les diplômes nationaux. Il recrute et gère les enseignants du secteur public, est responsable des universités.
La région gère les lycées.
Le département gère les collèges.
La commune gère les écoles maternelles et élémentaires ; elle est responsable des personnels non enseignants (ATSEM notamment).

<table>
<tr><td rowspan="3">École maternelle</td><td rowspan="3">Cycle 1
Cycle des apprentissages premiers</td><td colspan="2">PS</td><td rowspan="8">UPE2A
(unités pédagogiques pour élèves allophones arrivants)</td><td rowspan="8">ULIS
(unités localisées pour l'inclusion scolaire accueillant des enfants en situation de handicap)</td></tr>
<tr><td colspan="2">MS</td></tr>
<tr><td colspan="2">GS</td></tr>
<tr><td rowspan="5">École élémentaire</td><td rowspan="3">Cycle 2
Cycle des apprentissages fondamentaux</td><td colspan="2">CP</td></tr>
<tr><td colspan="2">CE1</td></tr>
<tr><td colspan="2">CE2</td></tr>
<tr><td rowspan="3">Cycle 3
Cycle
de
consolidation</td><td colspan="2">CM1</td></tr>
<tr><td colspan="2">CM2</td></tr>
<tr><td rowspan="4">Collège</td><td colspan="2">Sixième
3e année du cycle 3</td><td rowspan="4">SEGPA
(section d'éducation générale et professionnelle adaptée)</td><td rowspan="4">ULIS
(unité localisée pour l'inclusion scolaire) accueillant des enfants porteurs de handicap</td></tr>
<tr><td rowspan="3">Cycle 4
Cycle des approfondisse-ments</td><td colspan="2">Cinquième</td></tr>
<tr><td colspan="2">Quatrième</td></tr>
<tr><td colspan="2">Troisième</td></tr>
</table>

<table>
<tr><td rowspan="3">Lycée</td><td>Cycle de détermination</td><td colspan="2">Seconde indifférenciée</td><td>Seconde professionnelle</td><td>CAP 1re année</td></tr>
<tr><td>Cycle terminal</td><td>Première</td><td>Première</td><td>Première professionnelle</td><td>CAP 2e année</td></tr>
<tr><td></td><td>Terminale</td><td>Terminale</td><td>Terminale professionnelle</td><td>Vie active</td></tr>
<tr><td></td><td></td><td>Lycée général</td><td>Lycée général et techno-logique</td><td colspan="2">Lycée professionnel</td></tr>
</table>

fiche 4

ALLER SUR LE TERRAIN

Un futur professeur des écoles doit être capable de percevoir la nécessité permanente d'articuler réflexion théorique et implication pédagogique et didactique.

La découverte de la réalité quotidienne du système éducatif est à privilégier, chaque fois que possible. Dans ce sens, rien ne remplace des stages d'observation active dans les écoles primaires, maternelles et élémentaires. On ne va pas en stage dans une école sans se donner les moyens d'en observer différents aspects. Il faut prendre de nombreuses notes, se constituer une mémoire.

Nous vous proposons une grille d'observation générale que vous pourrez compléter à votre guise :

Grille d'observation générale

1. Organisation générale de l'école
   - Projet d'école
   - Programmation et progression à l'intérieur du cycle
   - Rôle des évaluations (dont les évaluations nationales)
   - Mise en place de décloisonnements ; sous quelle(s) forme(s) ?
   - Intervenants extérieurs ; statut et fonction
   - Activités périscolaires : ateliers ; accompagnement scolaire ; statut des animateurs
   - Relation parents/enseignants
   - Organisation des PEDT (projet éducatif territorial)
2. Les relations dans la classe
   - Maître-élèves
   - Élèves-élèves
   - Déplacements des élèves
   - Degré d'autonomie
3. Les activités observées

   3.1. Comment la classe est-elle organisée du point de vue pédagogique ?
   - Répartitions, emploi du temps
   - Mise en place d'une pédagogie de projet

…/…

…/…

3.2. Les séances d'enseignement
– Différents types de séances observées
– Place de l'élève dans les apprentissages
– Compétences visées : notionnelles, transversales, d'attitude et de comportement
3.2.1. Choix d'une séance et description de son déroulement
3.3. Place et rôle du travail de groupe
3.4. Mise en place d'une différenciation pédagogique : de quel type ? avec quels élèves ? pour quelle(s) matière(s) ?
3.5. Évaluation

4. Règles de vie, éducation à la citoyenneté, participation des élèves
– Existe-t-il des règles de vie ? sous quelle forme ?
– Les élèves participent-ils à la gestion de la classe ? Comment ?
– Existence de conseils, moments d'échanges, « boîte à idées », etc.
– Activités spécifiques d'éducation civique/à la citoyenneté

5. Gestion de l'espace
– L'architecture de l'école
– L'agencement dans la classe : disposition des tables, du bureau, des meubles de rangement
– La circulation dans la classe
– L'utilisation du tableau
– L'affichage
– Le matériel pédagogique (manuels, ordinateurs, jeux...)

6. Gestion du temps dans la classe
– Activités spécifiques du matin/de l'après-midi
– Organisation de la journée : alternance des activités
– Lancement de la journée, des activités
– Transition entre les activités
– Gestion de l'avant et l'après récréation
– Les enfants ont-ils des moments de temps libre, de contrat... ?

7. Les temps hors de la classe
– Les récréations : organisation générale, comportement des enfants
– Les déplacements
– Les activités périscolaires

fiche 5

LES FINALITÉS DE L'ÉDUCATION, LES MISSIONS ET LES VALEURS DE L'ÉCOLE

LES FINALITÉS DE L'ÉDUCATION : FAIRE DE L'ENFANT UN ADULTE

L'éducation vise à faire de l'enfant un adulte, selon certaines règles et certaines valeurs (*ex ducere* signifie en latin « conduire hors » de l'enfance).

• Cela suppose d'abord une **valorisation de l'adulte** par rapport à l'enfant. En effet, le désir de grandir et de devenir adulte ne peut exister chez l'enfant que si les adultes donnent un exemple positif. Il faut voir dans l'enfant un adulte en devenir, sans nier pour autant la spécificité de l'enfant.
• L'adulte se caractérise d'abord par l'achèvement du **développement physique**. L'éducation doit donc assurer la santé et les soins matériels (alimentation, exercices, hygiène...) de l'enfant. Il s'agit là d'élever l'enfant, tâche incombant prioritairement aux parents, mais que l'école prolonge et complète.
• L'adulte se définit ensuite par l'**indépendance matérielle**. L'enfant doit donc apprendre à se passer de l'adulte, d'abord dans les gestes de la vie quotidienne, puis, devenu adolescent, dans ses moyens de subsistance. Il doit apprendre à travailler afin de pouvoir un jour ne plus dépendre de ses parents.
• Enfin, et surtout, l'adulte se définit par l'**autonomie et la responsabilité morale**. L'enfant doit apprendre à se passer de l'adulte dans ses décisions et ses choix de vie. Il doit peu à peu apprendre à assumer les conséquences de ses actes (responsabilité), et à s'imposer de lui-même des règles de conduite (autonomie).

L'ÉDUCATION IMPLIQUE DES VALEURS HUMANISTES

L'éducation a hérité de l'Antiquité et de la Renaissance certaines valeurs qui orientent la conception de l'homme à réaliser.
C'est ainsi que la liberté d'esprit et de pensée suppose dès l'enfance **une éducation à l'esprit critique**, qui exige de vérifier rationnellement toute

affirmation et n'accepte rien aveuglément par simple soumission à l'autorité. C'est un puissant ressort au développement de l'esprit scientifique.
Pour cela, les connaissances sont certes nécessaires, mais la priorité va à **la culture du jugement** qui permet de trier et de sélectionner les connaissances (*« une tête bien faite, plutôt qu'une tête bien pleine »*, disait Montaigne). Cela contribue à développer l'autonomie et l'intelligence, aux dépens d'une simple érudition fondée sur la mémoire.
Il s'agit de **former un homme complet**, et non un spécialiste : l'éducation humaniste veille à ne pas mutiler l'homme en négligeant telle ou telle dimension, et à assurer l'épanouissement harmonieux et complet de sa personnalité.

ÉDUQUER, C'EST AUSSI SOCIALISER

Éduquer l'enfant, c'est le préparer à la vie en société. Alors que les autres animaux naissent dotés de tous leurs instincts, le petit homme est le seul à naître incomplet, et comme prématuré. C'est ce qui en fait **le seul animal éducable**, comme le soutient Rousseau.
L'éducation vient aider au développement naturel (la marche, le langage), et apporte à l'enfant les repères qui l'aident à entrer dans le monde de la **culture** (valeurs, tabous, règles). En ce sens, l'éducation a pour fin la **socialisation** de l'enfant, son intégration à une société dont il doit intérioriser les normes et les conduites (Durkheim).
L'éducation du citoyen, à laquelle doit aboutir cette socialisation, doit permettre à chacun d'innover en s'appuyant sur les acquis des générations passées.

LES MISSIONS DE L'ÉCOLE : INSTRUIRE, ÉDUQUER, FORMER

- **Transmettre des connaissances :** l'école instruit, elle transmet à la nouvelle génération les savoirs, l'expérience et les valeurs des générations passées. Par cette tradition ou transmission, l'école relie les jeunes à leurs aînés grâce aux valeurs communes, et assure un progrès grâce à l'expérience accumulée. L'instruction transmet avant tout des connaissances objectives et rationnelles permettant de comprendre le monde, d'agir sur lui, et d'obtenir un accord de toute l'humanité sur un savoir universel.

• **Former le citoyen** : l'école transmet les valeurs républicaines et démocratiques qui doivent obtenir l'adhésion des élèves par une libre conviction. L'école est responsable de la formation d'un citoyen qui sera capable de faire des choix politiques éclairés et responsables dans le sens de la défense des valeurs de la République. Elle doit, pour cela, développer chez l'enfant l'intérêt pour l'histoire, l'esprit critique, la capacité à débattre et à argumenter, la capacité à prendre des responsabilités au service de l'intérêt général, et des comportements conformes aux valeurs démocratiques.

• **Assurer l'épanouissement de la personnalité** : l'école doit permettre à l'enfant d'exercer et de réaliser tous ses talents et capacités naturelles. Aucune dimension ne doit être sacrifiée ou négligée. La personnalité de l'enfant doit être développée autant dans ses dimensions intellectuelles que manuelles, physiques, artistiques, scientifiques ou morales. C'est pourquoi les programmes de l'école doivent garantir un savant équilibre entre toutes ces activités nécessaires au développement harmonieux de l'individu.

• **Préparer à la vie professionnelle** : l'école doit donner aux élèves les moyens de s'intégrer ultérieurement à la vie économique et sociale. Sans vouloir donner une formation professionnelle prématurée, l'école doit apporter les compétences fondamentales qui permettront à l'élève de s'orienter plus tard dans ses choix professionnels et de s'adapter à différents métiers. Même si le diplôme n'est pas une garantie de travail, un solide niveau d'instruction ouvre plus de choix et de promotion sociale.

• **Lutter contre les inégalités sociales** : l'école républicaine a le devoir de réduire les inégalités dues à l'origine sociale et familiale des élèves par des moyens financiers (bourses) et pédagogiques (pédagogie différenciée, soutien scolaire). L'école reste, ou doit rester, le meilleur instrument de justice sociale.

• **Mission de service public** : l'école publique doit garantir un traitement égal et équitable de tous les citoyens en matière d'éducation. Elle doit assurer une éducation de même qualité sur tout le territoire national et pour toutes les catégories de la population. Tout enfant présent sur le territoire a le droit et l'obligation d'être inscrit à l'école qui assume ainsi un « droit à l'éducation » inscrit dans la Constitution et la Déclaration universelle des droits de l'homme.

LES VALEURS RÉPUBLICAINES DE L'ÉCOLE : LIBERTÉ, ÉGALITÉ, FRATERNITÉ

Liberté, égalité, fraternité sont les trois valeurs inscrites dans la devise de la République française. Elles découlent de la Déclaration des droits de l'homme de 1789.

• **La liberté** comprend la liberté de pensée, d'expression et de circulation. Elle comprend aussi la sûreté qui empêche tout emprisonnement arbitraire.

• **L'égalité** signifie les mêmes droits civiques (vote, éligibilité), ainsi que des droits économiques et sociaux (éducation, santé, travail). Elle impose le refus de toute discrimination, sociale, raciale, sexiste ou religieuse.

• **La fraternité** désigne le sentiment d'appartenir à une même famille : fraternité nationale dans le cadre de la patrie, fraternité humaine au niveau mondial.

De ces valeurs fondamentales découlent les **principes de solidarité, de laïcité et de mixité**.
L'école publique doit à la fois respecter ces valeurs et ces principes dans son fonctionnement et les faire partager par son enseignement.

fiche 6

LA LAÏCITÉ

DÉFINITION

Le terme « laïcité » vient du mot grec *laos* qui signifie « peuple » ou « foule », et de l'adjectif *laikos*, « qui appartient au peuple ». Au Moyen Âge, les « laïcs » désignaient ceux qui, dans l'Église, n'étaient pas prêtres ou moines. Aujourd'hui, le nom « laïc » désigne quelqu'un qui mène une existence séculière et vit hors de l'Église ; l'adjectif « laïque » désigne ce qui affirme la séparation d'avec la religion (par exemple, une loi ou une école laïque). Le mot « laïcité » apparaît en France en 1871.

La séparation de l'Église et de l'État

• Laïcité signifie d'abord la séparation de l'Église et de l'État proclamée, en France, par la **loi de 1905**. Mais l'esprit en est énoncé dès 1850 par Edgar Quinet : « l'instituteur à l'école et le prêtre à l'Église ». Ce principe apparaît explicitement dans le préambule de la Constitution de 1946, repris en 1958 dans la **Constitution de la Ve République**.

• La laïcité signifie une **neutralité de l'État** envers les religions, les partis, les intérêts économiques. L'État et donc l'école publique sont au service de tous les citoyens ; ils doivent être au-dessus de tous les intérêts privés et ne doivent avantager ni une religion, ni une opinion politique ou philosophique, ni des entreprises industrielles ou commerciales privées. La laïcité obéit à une exigence d'impartialité de l'État. On voit qu'elle ne se réduit pas à la neutralité religieuse.

La laïcité est un moyen politique pour réaliser deux principes supérieurs : l'égalité et la liberté

• La laïcité garantit la liberté de conscience en n'excluant aucun citoyen en raison de ses opinions : tout élève a sa place dans l'école laïque ; tout enseignant a le droit d'exercer dans une école laïque, quelles que soient ses opinions religieuses ou politiques.

• Elle garantit aussi l'égalité, puisque tous les citoyens ont les mêmes droits ; aucune discrimination religieuse ou politique ne peut exclure quelqu'un pour ses opinions. À condition que ces opinions restent dans le domaine privé et ne fassent pas l'objet de propagande ou de prosélytisme dans l'espace de l'école publique.

Laïcité et tolérance

Les deux termes doivent être distingués : la laïcité désigne un principe constitutionnel ; la tolérance désigne une attitude souple dans l'application de la loi et des principes. On peut parler d'une mise en œuvre plus ou moins tolérante de la laïcité, mais on ne doit ni les confondre, ni les opposer.

LA LAÏCITÉ DANS LES TEXTES OFFICIELS

– **Loi du 28 mars 1882** (sur l'instruction primaire obligatoire) : Article 2 : *« Les écoles primaires vaqueront un jour par semaine, en outre du dimanche, afin de permettre aux parents de faire donner, s'ils le désirent, à leurs enfants l'instruction religieuse en dehors des édifices scolaires. »*

– **Loi de 1905 :** Article 1er : « *La République assure la liberté de conscience. Elle garantit le libre exercice des cultes.* » Article 2 : « *La République ne reconnaît, ne salarie ni ne subventionne aucun culte.* »

– **Constitution de 1958 :** « *La France est une République indivisible, laïque, démocratique et sociale. Elle assure l'égalité devant la loi de tous les citoyens sans distinction d'origine, de race ou de religion. Elle respecte toutes les croyances.* » L'école publique y est dite également laïque : « *La Nation garantit l'égal accès de l'enfant et de l'adulte à l'instruction, à la formation et à la culture ; l'organisation de l'enseignement public gratuit et laïque à tous les degrés est un devoir de l'État.* »

– **Loi du 15 mars 2004 :** « *Dans les écoles, les collèges et les lycées publics, le port de signes ou de tenues par lesquels les élèves manifestent ostensiblement une appartenance religieuse est interdit.* »

– **Circulaire du 18 mai 2004 :** « *Les signes et tenues qui sont interdits sont ceux dont le port conduit à se faire immédiatement reconnaître par son appartenance religieuse tels que le voile islamique, quel que soit le nom qu'on lui donne, la kippa ou une croix de dimension manifestement excessive. La loi est rédigée de manière à pouvoir s'appliquer à toutes les religions et de manière à répondre à l'apparition de nouveaux signes, voire à d'éventuelles tentatives de contournement de la loi. La loi ne remet pas en cause le droit des élèves de porter des signes religieux discrets. Elle n'interdit pas les accessoires et les tenues qui sont portés communément par des élèves en dehors de toute signification religieuse. En revanche, la loi interdit à un élève* *de se prévaloir du caractère religieux qu'il y attacherait, par exemple, pour refuser de se conformer aux règles applicables à la tenue des élèves dans l'établissement. »*

– Modèle d'article à insérer dans le **règlement intérieur** de l'établissement : *« Conformément aux dispositions de l'article L. 141-5-1 du code de l'Éducation, le port de signes ou de tenues par lesquels les élèves manifestent ostensiblement une appartenance religieuse est interdit. Lorsqu'un élève méconnaît l'interdiction posée à l'alinéa précédent, le chef d'établissement organise un dialogue avec cet élève avant l'engagement de toute procédure disciplinaire. »*

LA LAÏCITÉ À L'ÉCOLE

Indépendance envers les pouvoirs

La laïcité suppose que l'école soit protégée contre les pressions de groupes religieux, politiques, ou économiques. Étant obligatoire et au service de tous, elle ne peut devenir l'otage d'un parti politique, d'un gouvernement, d'une Église ou d'intérêts commerciaux. Un service public ne saurait servir des intérêts particuliers.

Savoir et croyances

L'école laïque doit enseigner des savoirs objectifs faisant l'objet d'un consensus, et non des croyances qui excluraient ceux qui ne les partagent pas. C'est le rôle de l'« instruction », au sens de Condorcet : n'enseigner que ce qu'admet la raison commune à tous, ce qu'on peut prouver ou démontrer. C'est pourquoi l'enseignement religieux ou l'endoctrinement politique n'ont pas de place dans une école laïque.

Un devoir de réserve des enseignants

Un enseignant, par respect pour la liberté de conscience des élèves qui lui sont confiés, ne doit pas exprimer en classe ses convictions ou croyances personnelles.

Les signes d'appartenance religieuse

Les élèves n'ont pas le droit, depuis la loi de 2004, de manifester, par des signes ou des tenues, leur appartenance religieuse. Cela vise à empêcher que l'école ne devienne le champ d'affrontement de communautarismes ou d'intégrismes religieux.

L'éducation civique

La laïcité suppose une éducation civique qui enseigne les valeurs de liberté et d'égalité, le respect des différences, la lutte contre les discriminations et les racismes, et le sens du service public.

Un financement public

Il doit garantir l'indépendance de l'école envers les intérêts privés qui pourraient infléchir l'enseignement public à leur avantage.

FAIRE RESPECTER LE PRINCIPE DE LAÏCITÉ À L'ÉCOLE

La Charte de la laïcité à l'École a été élaborée en 2013 à l'intention des personnels, des élèves et de l'ensemble des membres de la communauté éducative. Dans les écoles, collèges et lycées publics, il est demandé d'afficher la charte de façon visible.

Pour soutenir les professeurs, les directeurs d'école et les chefs d'établissement qui sont parfois confrontés à des remises en cause du principe de la laïcité, un dispositif a été mis en place début 2018[1].

Le conseil des sages de la laïcité

Un conseil des sages réunit les experts en mesure de les éclairer sur cette question. Il réfléchit aux modalités concrètes pour faire respecter le principe de laïcité à l'école.

L'équipe nationale laïcité et fait religieux

Une équipe nationale laïcité est en soutien des académies.

Les équipes académiques laïcité et fait religieux

Dans chaque académie, une équipe laïcité et fait religieux apporte aux équipes pédagogiques et éducatives une réponse concrète en cas d'atteinte au principe de laïcité. Elle les forme et aide les établissements à réagir de manière appropriée.

1. Source : http://www.education.gouv.fr/cid95865/la-laicite-a-l-ecole.html

Un vade-mecum laïcité

Un vade-mecum laïcité, validé par le conseil des sages, apporte des réponses juridiques précises et donne des conseils d'action aux équipes éducatives.

ENSEIGNER « LE FAIT RELIGIEUX »

L'école est aujourd'hui devant une double exigence : enseigner une culture religieuse, donner des repères parmi les grandes religions, mais en même temps respecter la neutralité laïque qui interdit le prosélytisme religieux et le catéchisme.
Comment le maître peut-il parler de religion sans dire si lui-même croit en Dieu ou quelle est sa religion ?
Plusieurs entrées sont proposées par les programmes, surtout au niveau du collège : par le programme d'histoire, qui étudie les grandes religions passées, les grands textes et les monuments ; par la littérature, qui étudie des œuvres nourries de références religieuses ; par le débat dans le cadre d'une éducation civique qui doit permettre, par la comparaison des religions, de promouvoir l'esprit de tolérance et le respect des autres croyances.

LA LAÏCITÉ FRANÇAISE EST-ELLE UNE EXCEPTION ?

La laïcité est un principe commun à toutes les démocraties modernes, au sens d'une séparation de l'Église et de l'État ou du refus d'une religion d'État. Cependant, la laïcité « à la française », caractérisée par une stricte exclusion des religions de l'espace public, est bien une « exception » en Europe.
En effet, la plupart des pays européens pratiquent une laïcité tempérée par des privilèges laissés aux Églises : en Grande-Bretagne, l'Église anglicane est toujours l'Église du roi (ou de la reine) ; en Allemagne, l'impôt finance les Églises ; en Bavière, le crucifix est présent dans les salles de classe ; en Espagne, un enseignement religieux optionnel est dispensé à l'école publique.
En France, la laïcité a pris un tour radical pour des raisons historiques : la République a dû s'imposer contre une Église catholique qui a longtemps soutenu la monarchie. En conséquence, la République s'est durcie dans

un anticléricalisme militant, alors que l'Église a longtemps cherché à déstabiliser la République, au moins jusqu'en 1945.
Cette sorte de guerre civile a laissé des traces, en particulier chez des générations d'enseignants, ce qui explique les débats passionnés que soulève en France toute remise en cause de la laïcité.

L'EXISTENCE D'UN ENSEIGNEMENT PRIVÉ EST-ELLE CONTRAIRE À LA LAÏCITÉ ?

La laïcité n'exige pas un monopole de l'école publique. Condorcet, déjà, soutenait que la liberté doit laisser les parents libres de choisir leur école. Aucune démocratie n'interdit, par conséquent, l'enseignement privé. Ce choix laisse aux familles qui souhaitent donner à leurs enfants une éducation strictement religieuse une alternative hors de l'école publique.

L'ÉCOLE LAÏQUE DOIT-ELLE TOLÉRER LES FÊTES RELIGIEUSES ?

Faut-il fêter Noël en maternelle ? Faut-il accorder des dérogations ou des autorisations d'absences pour le ramadan musulman ou pour le Kippour juif ? On peut fêter Noël à l'école, à condition d'en retirer les symboles directement religieux (l'enfant Jésus, la crèche), et d'en faire une fête des enfants. Chaque année, le ministère rappelle par circulaire, à l'approche des grandes fêtes religieuses juives ou musulmanes, de veiller à accorder des autorisations d'absences pour les élèves concernés. Les fêtes religieuses font donc l'objet d'une tolérance bienveillante de la part du ministère. Le problème est complexe, car la laïcité aujourd'hui est le fruit d'un compromis entre les principes de la République et la vieille histoire d'un pays catholique, longtemps « fille aînée de l'Église ». De fait, le calendrier est chrétien, les vacances scolaires souvent « calées » sur les fêtes chrétiennes (vacances « de Noël », vacances « de Pâques », lundi « de Pentecôte », jeudi « de l'Ascension »), et la tolérance envers les fêtes des autres grandes religions rétablit une sorte d'équilibre et d'équité entre les principales religions du pays.

fiche 7

LA MIXITÉ

La mixité est la conséquence du principe d'égalité, qui veut que les différences bénéficient d'un égal traitement au regard de la loi.

LA MIXITÉ SEXUELLE

La mixité sexuelle s'est imposée dans les années 1960, pour être généralisée officiellement en 1969

Auparavant existaient des écoles de garçons et de filles séparées, sauf dérogation accordée aux communes rurales qui ne pouvaient entretenir deux écoles. Au début du XXe siècle, même les mouvements progressistes en faveur de l'École nouvelle n'osaient envisager la mixité, mais défendaient une « complémentarité » des éducations masculine et féminine, dans la lignée de Rousseau.
Aujourd'hui, la mixité est admise comme une évidence. Cependant, elle est mise en débat à partir de deux faits nouveaux :

La mixité sexuelle remise en cause

• Le refus de la mixité par **les intégrismes religieux** qui exigent la séparation des sexes. Dans certains cas, des parents peuvent refuser que leur fille aille à la piscine ou partage les activités sportives avec les garçons. Cette contestation est récusée au nom de la laïcité et de l'égalité des sexes.
• Une autre remise en cause de la mixité vient d'une réflexion sur les difficultés de certains élèves et sur les établissements « difficiles » de quartiers défavorisés. Depuis les années 1980, on s'interroge pour **savoir si la mixité ne favorise pas des inégalités**. On sait que l'école mixte est plus propice à la réussite des filles jusqu'en fin d'études secondaires, les choses s'inversant dans le supérieur.
• Les recherches de Mireille Desplats montrent que l'**évaluation est sexiste** : les mêmes copies de physique, bonnes, moyennes ou médiocres,

sont distribuées à un panel d'enseignants avec un prénom de garçon ou de fille. Quand il s'agit d'une bonne copie, la note est plus élevée si elle correspond à un prénom de garçon. Mais quand la copie est médiocre, elle obtient une moins mauvaise note avec un prénom de fille.
Le paradoxe n'est qu'apparent : l'attente de réussite en matière scientifique est plus grande du côté des garçons que des filles. Quand un garçon rend une mauvaise copie, on le punit plus sévèrement. En revanche, on n'attend pas grand-chose des filles et on les traite avec indulgence. Nicole Mosconi parle de double standard d'évaluation des élèves.
Sans remettre en cause le principe de la mixité, ces recherches conduisent à envisager une application différenciée au cas par cas afin que la mixité ne soit pas facteur d'inégalités sexistes ou sociales (Michel Fize).

« S'interroger sur l'opportunité de la mixité à l'école semblera sans doute incongru à nombre d'enseignants : l'école n'est-elle pas un havre d'égalité entre les sexes ? Les inégalités de réussite entre garçons et filles sont discrètes, nettement plus que les inégalités sociales. Ce qui frappe le plus, c'est la surreprésentation des garçons dans les filières les plus prestigieuses, qui sont aussi les plus rentables, et la ségrégation sexuée très forte et très stable qui caractérise les filières techniques. Au-delà de ces différences de devenir scolaire, qui résistent à toutes les politiques, c'est la manière dont l'école "fabrique" des individus qui interroge. Dans cette construction des identités, la mixité et la cohabitation durable qu'elle instaure entre garçons et filles n'ont pas un caractère accessoire. De fait, la mixité n'est pas neutre : elle produit des effets, discrets et souvent différés, sur les résultats et plus encore les attitudes des élèves. On sait par exemple que, dans les classes mixtes, ils (et elles) adhèrent plus aux stéréotypes de sexe par rapport aux classes non mixtes.
La responsabilité de l'école peut être plus ou moins directe, elle est toujours relativement diffuse. Directe, quand les maîtres interagissent différemment avec les élèves, selon leur sexe, parce qu'ils partagent les images stéréotypées du masculin et du féminin qui prévalent dans la société.
Plus diffuse, par abstention en quelque sorte, quand on laisse s'accumuler une foule de petites différences : quand on hésite plus à intervenir

.../...

.../...

devant une fille bonne en maths qui ne demande pas une orientation scientifique, lorsqu'on ne dit rien quand fusent en classe des injures à connotation sexuelle, quand certains manuels ou œuvres littéraires expriment les stéréotypes les plus affligeants, quand les garçons monopolisent les ordinateurs, etc. Bref, on est sexiste par négligence quand on fait passer l'instruction avant une éducation que personne ne prend en charge, l'éducation à la mixité et à l'égalité. Faut-il, à l'instar de certains pays voisins, prôner un retour à la non-mixité ? Plutôt appréciée par les élèves, plutôt bénéfique sur les résultats. Cette solution libère les adolescents des contraintes que font peser sur eux les modèles convenus de la féminité et de la virilité. C'est une vraie question de savoir si la lutte contre la discrimination passe toujours par le mélange ou si, au contraire, elle peut bénéficier d'une ségrégation temporaire. Mais on hésite souvent à intervenir parce qu'on pense que ces différences sont normales, les filles et les garçons étant fondamentalement différents. Comment naviguer entre le respect des différences (qui risque d'enfermer) et l'exigence d'égalité qui amène à refuser de les prendre en compte ? Sans engager ici le débat particularisme universalisme, relancé avec la parité, au moins faut-il souhaiter qu'il soit ouvert dans la formation des enseignants et plus largement à l'école... »

Marie Duru-Bellat, « La mixité en question : sexisme par négligence »,
Le Monde de l'Éducation, novembre 1999.

LA MIXITÉ SOCIALE

Elle désigne une volonté de mélanger les catégories sociales au sein d'une même école afin d'éviter que ne se forment des écoles « pour riches » et des écoles « pour pauvres ».

Le débat s'est cristallisé autour de la **carte scolaire**, censée garantir, depuis 1963, la mixité sociale en obligeant les familles à envoyer leurs enfants dans l'école la plus proche du domicile. Cette carte scolaire est aujourd'hui controversée et fait l'objet d'aménagements.

Les défenseurs du maintien de la carte scolaire considèrent que la supprimer et laisser une totale liberté de choix aux parents conduiraient à une forte ségrégation sociale des établissements.
Les adversaires de la carte scolaire demandent sa suppression en considérant qu'elle n'a pu empêcher cette ségrégation, en raison des nombreuses dérogations et domiciliations fictives, et qu'elle empêche le libre choix des parents.
Depuis 2007, une politique d'assouplissement de la carte scolaire permet d'accroître et d'officialiser les dérogations demandées par les parents.

« Pourquoi remettre en question la carte scolaire ? Pour une grande partie du territoire, cela ne se pose guère. En revanche, dans les grandes villes, la carte scolaire ne contribue certainement pas à l'égalité des chances devant l'école. Pour deux grandes raisons. La première vient du fait que les inégalités sociales entre les territoires se sont creusées et que la carte scolaire les reflète et les cristallise. La seconde tient au fait que tous ceux qui le peuvent, dans le privé ou dans le public, fuient les établissements jugés "difficiles". »

François Dubet, Marie Duru-Bellat, « Carte scolaire : la fin d'un tabou », *Le Monde*, 9 septembre 2006.

fiche 8

LA CULTURE

Transmettre une culture est une des grandes missions de l'école. Il s'agit aussi d'aider l'élève à se construire une culture.
Reste à savoir ce qu'est une culture, et laquelle il faut transmettre.

LES CULTURES

Au pluriel, le mot désigne un ensemble de valeurs, de pratiques, de coutumes et de symboles caractéristiques d'un groupe humain. On parle ainsi de culture française, de culture chinoise ou musulmane.
En ce sens ethnologique, la culture repose d'abord sur une langue commune ; mais aussi sur une histoire ou une religion commune, une cuisine, des vêtements, une musique, un humour, un système de parenté, une forme de politesse, etc.
Les cultures font la diversité des communautés humaines. Or nous sommes de plus en plus dans une société et dans un monde multiculturel. Quel est le rôle de l'école dans une société multiculturelle : être le lieu d'échange des cultures des élèves, ou être le creuset d'une culture commune ?
L'école a sans doute pour mission de favoriser la connaissance des cultures de ses élèves afin de favoriser la tolérance et l'enrichissement réciproque. Mais elle doit aussi garantir une culture commune, en particulier une langue et des valeurs communes qui permettent d'échanger et de vivre ensemble dans un même pays.

LA CULTURE

Avec un grand « C », la Culture désigne une culture universelle caractérisée par l'accès aux grandes œuvres artistiques et intellectuelles de l'humanité. C'est ce qu'on appelle parfois la « grande culture », qui devrait être la même pour tous, mais qui la fait percevoir comme une culture élitiste.

La « culture » (voir « agriculture ») consiste à faire germer et à développer les potentialités d'une nature. « Cultiver » l'enfant consiste donc à développer en lui ses capacités intellectuelles, physiques, artistiques, scientifiques.
La culture est ici éminemment individuelle et universelle à la fois. Elle tente de conduire l'individu à sa propre perfection, à l'aide des ressources que l'histoire de l'humanité peut lui procurer de plus élevé dans l'ordre des créations de l'esprit. Cette culture est une conquête individuelle, un effort permanent de curiosité et d'enrichissement personnel.
On perçoit la différence entre **un esprit « érudit »**, abondamment meublé de connaissances spécialisées, et **un esprit « cultivé »** qui possède les repères indispensables dans tous les domaines de l'activité humaine. Cette culture ne peut être « transmise », mais l'école peut y exercer l'enfant par l'entraînement à une curiosité exigeante et universelle, et par la fréquentation des grandes œuvres de l'humanité.

LA CULTURE COMMUNE

Elle est apparue comme une exigence dès les années 1990, face la montée d'une société multiculturelle, des risques d'intolérance et d'incompréhension entre enfants d'origines culturelles diverses. Il s'agit pour l'école de maintenir le lien social par un langage et des valeurs communes.
Émerge alors l'idée d'un « *socle commun* », explicité par le rapport Thélot (2004) et repris dans la loi d'orientation de 2005, qui le présente comme « *le ciment de la Nation* » : c'est « *un ensemble de valeurs, de savoirs, de langages et de pratiques* » par lequel l'école peut intégrer des enfants d'origines diverses et les préparer à vivre ensemble.
La loi d'orientation de 2013 prévoit son évolution vers un « socle commun de connaissances, de compétences et de culture ».
Élaboré par le Conseil supérieur des programmes, il est entré en vigueur en 2016.

fiche 9

L'ÉDUCATION EN EUROPE

POURQUOI COMPARER ?

– Pour l'harmonisation européenne (équivalence des diplômes).
– Pour orienter les choix en matière de réformes scolaires.
– Pour sortir des nationalismes et des chauvinismes.

Cependant, chaque système éducatif est le fruit d'une histoire et d'une culture difficiles à comparer, et le risque existe de donner lieu à des « palmarès » parfois schématiques.

QUE PARTAGE L'EUROPE EN MATIÈRE D'ÉDUCATION ?

- Des valeurs humanistes : épanouissement et liberté individuelle, importance accordée à la culture.
- Un projet démocratique : un service public d'éducation, l'accès de tous, l'égalité des chances.
- Une éducation à la paix : contre les chauvinismes et les racismes, pour la tolérance et la solidarité.
- Une puissance économique et technique : importance de l'enseignement scientifique et de la recherche.
- Une évolution du métier vers plus de professionnalisme et de technicité. Une évolution aussi vers plus de rationalisation et de contrôle par les organes administratifs et par les partenaires de l'école.
- L'allongement et la massification des études.
- Un mouvement contradictoire entre, d'une part, une décentralisation et une autonomie des acteurs éducatifs et, d'autre part, un souci de standardisation et d'évaluation harmonisées des performances.

La France, très centralisée (ministère national, programmes, recrutement, affectations, financement), cherche à décentraliser.

À l'inverse, les pays du Nord ou fédéralistes cherchent à harmoniser (système de notation, programmes). En Allemagne, on tente de définir un tronc commun secondaire contre l'éclatement régional.

LE CURSUS OBLIGATOIRE

L'âge d'entrée dans le cursus obligatoire

Il varie de 4 à 7 ans : 4 ans en Irlande du Nord, 5 ans en Grande-Bretagne, 6 ans en France, Belgique, Grèce, Espagne, Italie, Islande, Luxembourg, Portugal, Pays-Bas ; 7 ans au Danemark, en Finlande, Suède, Norvège.

La durée

Généralement, la scolarité obligatoire s'étale sur 9 ou 11 ans. Elle est la plus courte (8 ans) en Italie et en Espagne avant la réforme du système d'enseignement instaurée par la loi de 1990 (LOGSE). Elle se prolonge à 12 années en Irlande du Nord et en Belgique si l'on considère les années d'obligation scolaire à temps partiel en vigueur dans ce dernier pays. En Allemagne, l'enseignement obligatoire porte aussi généralement sur une période de 12 années. Les Pays-Bas offrent la durée de scolarisation obligatoire la plus longue : de 5 à 18 ans, en comptant également les années à temps partiel.
80 % des élèves européens poursuivent leurs études au-delà de la scolarité obligatoire.

On distingue trois ou quatre modèles européens

Les systèmes scolaires se distinguent selon deux critères principaux :
• Une fonction d'**intégration** : assurer à l'ensemble des élèves un socle commun de connaissances et de compétences (= primaire et secondaire inférieur).
• Une fonction de **différenciation** : orientation en filières spécialisées en vue de la professionnalisation (= secondaire supérieur).
Les systèmes européens se répartissent selon l'articulation de ces deux fonctions : les pays scandinaves privilégient l'intégration ; les pays germaniques privilégient la spécialisation précoce ; les pays méditerranéens sont intermédiaires.

Les quatre modèles scolaires en Europe

Modèle scandinave	Modèle anglo-saxon	Modèle germanique	Modèle méditerranéen
Suède, Norvège, Islande, Finlande Danemark	Grande-Bretagne	Allemagne, Pays-Bas, Autriche, Suisse, Luxembourg	France, Italie, Espagne, Grèce
L'école unique (la « *Folkeskole* »), dans le même groupe-classe, de 7 à 16 ans avec le même professeur principal, mais des enseignants différents dès le primaire.	De 5 à 16 ans, primaire et secondaire restent polyvalents ; pas de filières, mais un système d'options ; concurrence d'établissements privés élitistes.	Orientation très tôt (6 à 11 ans) en trois filières : le *Gymnasium*, menant à des études universitaires ; la *Realschule*, menant à des études supérieures non universitaires ; les *Hauptschulen* pour une formation professionnelle.	Tronc commun 5-16 ans ; le secondaire inférieur dispense une formation générale commune ; le secondaire supérieur sélectionne par filières.
Pas de redoublement ; priorité à l'égalité et à l'épanouissement individuel ; pédagogie non directive ; pas de rupture primaire/secondaire ; fort suivi individuel ; pas d'évaluation chiffrée.	*De type sélectif*, 10 % des élèves sont scolarisés dans des *Grammar Schools* (établissements privés) ; priorité à l'apprentissage de l'autonomie ; pédagogie très individualisée (tutorat, soutien scolaire).	Priorité à l'orientation professionnelle proposée par un conseil d'enseignants ; en cas de refus, un examen d'admission est imposé.	Privilégie l'acquisition des connaissances ; pédagogies directives ; importance de l'évaluation chiffrée ; fort cloisonnement disciplinaire ; redoublement ; tension entre égalité des chances et sélection des élites.

LA LAÏCITÉ EN EUROPE

La place de la religion à l'école est variable selon l'histoire des rapports entre Église et État. Coexistent en Europe une laïcité-séparation et une laïcité-neutralité.

La séparation des Églises et de l'État est reconnue par la constitution en France, Allemagne, Belgique, Espagne, Italie, Portugal et en Suède (depuis 2000). En revanche, il n'y a pas de séparation d'avec l'État pour l'église anglicane en Grande-Bretagne, l'église luthérienne au Danemark, l'église orthodoxe en Grèce.

En Irlande ou en Bavière, le catholicisme est officiellement présent à l'école (crucifix dans les classes). L'éducation religieuse est dispensée à l'école publique en Allemagne, en Alsace, aux Pays-Bas, en Grande-Bretagne et en Irlande.

Les signes religieux sont interdits en France (2004), mais autorisés en Angleterre.

En Espagne, un enseignement religieux optionnel est assuré par l'Église dans le public.

En Italie existe un régime concordataire de contrats signés avec les religions ; mais la constitution donne priorité à la neutralité (1971) sur les concordats et sur les accords de Latran de 1929.

La France reste une exception par sa forme juridique radicale (séparation totale), mais non par l'esprit de neutralité de l'État. Cependant, d'autres pays européens, confrontés au même problème de « voile islamique », s'intéressent au dispositif français : *« La laïcité française est aujourd'hui regardée avec intérêt par nos voisins européens. Alors qu'elle a été longtemps décriée, tout spécialement dans son application à l'école, des solutions s'inspirant du modèle français apparaissent aujourd'hui en Allemagne, en Belgique ou en Hollande. »* (Rapport sur l'application de la loi du 15 mars 2004.)

LES RYTHMES SCOLAIRES EN EUROPE

La plupart des pays ont adopté un horaire d'enseignement progressif selon l'âge, à l'exception de la Belgique, de l'Espagne, de la France, du Luxembourg et du Portugal où le nombre d'heures varie peu.

• L'**horaire annuel** de la France (846 heures dans le primaire) est dans la moyenne européenne, mais réparti sur un nombre de jours plus faible. Il est supérieur en Grande-Bretagne, aux Pays-Bas, en Italie et au Luxembourg. Il est inférieur en Allemagne, au Danemark, en Grèce et en Finlande.

• Le **nombre de jours d'enseignement par an** varie de 160 en Islande à 214 en Autriche (régime de 6 jours par semaine) dans l'enseignement primaire et de 155-160 en Islande à 216 au Luxembourg dans l'enseignement secondaire.

• En raison de vacances d'été plus longues, **l'année scolaire est plus lourde dans l'Europe du Sud que dans l'Europe du Nord.**

• Les **vacances intermédiaires** sont sensiblement les mêmes dans tous les pays, sauf pour le second trimestre de l'année scolaire où les écoliers grecs, irlandais, italiens, écossais et islandais ne bénéficient pas de vacances.

• La **semaine scolaire** est la plupart du temps fixée à 5 jours. Les cours sont dispensés généralement du lundi au vendredi.

• Pour la **journée scolaire**, on distingue deux grands profils. Certains pays ont adopté le mi-temps pédagogique caractérisé par le regroupement des cours sur une demi-journée (Allemagne, Autriche, Grèce, Italie). Le temps plein pédagogique avec pause au milieu de la journée se rencontre dans tous les autres pays.

• Selon l'étude de F. Testu, *Étude des rythmes scolaires en Europe*, l'organisation du temps scolaire n'influe pas sur les performances scolaires des élèves. Au niveau macroscopique de l'Europe, il semble qu'il faille minimiser les effets des rythmes scolaires sur les résultats globaux des élèves.

LA PETITE ENFANCE EN EUROPE

• Tous les cursus européens sont similaires : pré-primaire (2-3/5-6 ans), primaire (5-6/10-11 ans), secondaire inférieur (11/15-16 ans) (obligatoires) + secondaire supérieur, technique-professionnel, supérieur.

• L'accueil des jeunes enfants est partout en progrès. En 2002, 60 % des enfants de 4 ans sont accueillis dans diverses structures.

• La distinction entre les structures scolaires ou non scolaires s'est fortement atténuée du fait du relèvement du niveau de recrutement du personnel des structures non scolaires.

• Des objectifs éducatifs sont clairement définis partout. Deux tiers des pays guident les enseignants dans le suivi des progrès des enfants et fixent des compétences à leur faire atteindre avant la scolarisation primaire.

• L'accueil de la petite enfance revêt deux formes principales :

– Le jardin d'enfants (socialisation et jeu) : Allemagne, Danemark, Finlande, Suède.

– L'école maternelle (socialisation et apprentissages premiers) : France (100 %), Grande-Bretagne, Belgique, Pays-Bas, Espagne, Italie (> 90 %).

Partout, les programmes tournent autour de cinq domaines : activités physiques, artistiques, langage, mathématiques, éveil scientifique.

L'école maternelle française est pionnière et modèle, mais est critiquée pour sa scolarisation précoce. Les pays nordiques protestants privilégient le rôle de la famille pour se charger de la petite enfance.

• L'incorporation française de la Grande Section au cycle 2 semble rejoindre le souci majoritaire en Europe de graduer l'entrée à l'école élémentaire par une année de transition.

La tendance générale est à un abaissement de l'âge de l'obligation scolaire autour de 6 ans.

L'enquête PISA 2012 montre une montée en puissance des pays asiatiques, Shanghai et la Corée du Sud prenant les deux premières places, devant la Finlande.

LES PERFORMANCES DES ÉLÈVES

• **« PISA »** (Programme international pour le suivi des acquis des élèves) a été mis en place par l'OCDE depuis 2000. Cette enquête est menée tous les trois ans auprès de jeunes de 15 ans. Elle évalue l'acquisition de savoirs et savoir-faire essentiels à la vie quotidienne au terme de la scolarité obligatoire. Les tests portent sur la lecture, la culture mathématique et la culture scientifique.

• **Pisa culture mathématique, évolution 2003-2012**

« Entre 2003 et 2012, dans le domaine de la culture mathématique, le score moyen de la France baisse et se trouve dans la moyenne des pays de l'OCDE. Mais les écarts s'accroissent sensiblement entre les élèves les plus performants et les moins performants. »

• **Pisa 2012 : compétences en compréhension de l'écrit et en culture scientifique**

« En compréhension de l'écrit, le score moyen de la France reste stable entre 2000 et 2012, mais pour la première fois depuis 2000, il est significativement au-dessus de la moyenne des pays de l'OCDE. En culture scientifique, le score moyen de la France reste stable entre 2006 et 2012. Il était et reste dans la moyenne des pays de l'OCDE. »

• En Europe, la **Finlande** arrive nettement en tête pour la compréhension de l'écrit, la culture mathématique et scientifique, ainsi que pour la réduction des inégalités sociales ou sexuelles.

Apparaît partout en Europe une nécessité de revaloriser l'enseignement mathématique et scientifique.

L'enquête PISA 2012 montre une montée en puissance des pays asiatiques, Shanghai et la Corée du Sud prenant les deux premières places, devant la Finlande.

HARMONISATION ET ÉCHANGES EUROPÉENS

Quelques initiatives sont mises en place ces dernières années : enseigner l'Europe à l'école (histoire, langues, citoyenneté) ; publication de manuels communs ; ouverture des concours français aux ressortissants européens ; journée de l'Europe à l'école, le 9 mai.

En 2001, le **Conseil européen** adopte, à la suite du **sommet de Lisbonne**, un rapport sur « les objectifs des systèmes d'éducation et de formation ». Des compétences clés sont avancées : communication dans la langue maternelle, dans une langue étrangère, connaissances de mathématiques et compétences de base en matière de sciences et de technologie, aptitudes en informatique, aptitude d'apprendre à apprendre, compétences interpersonnelles et civiques, esprit d'entreprendre, sensibilisation et ouverture culturelle.

Ce rapport influencera la définition du socle commun de connaissances et de compétences en France.

Erasmus+

Erasmus+ est le nouveau programme pour l'éducation, la formation, la jeunesse et le sport dont s'est dotée l'Union européenne pour la période 2014-2020. Il succède aux programmes et actions communautaires suivants : le programme dans le domaine de l'éducation et de la formation tout au long de la vie (EFTLV 2007-2013), le programme Jeunesse en action et les programmes Erasmus Mundus, Alfa, Edulink, Tempus et de coopération avec les pays industrialisés.

Les objectifs de Erasmus+

- Faire en sorte qu'au moins 6 % des 18-34 ans diplômés de l'enseignement et de la formation professionnels aient effectué une période d'études ou de formation à l'étranger.
- Ramener le taux de décrochage scolaire sous la barre des 10 %.
- Porter à 40 % la proportion des personnes âgées de 30 à 34 ans titulaires d'un diplôme de l'enseignement supérieur.
- Développer la mobilité des étudiants afin que 20 % des diplômés de l'espace européen de l'enseignement supérieur aient une période de mobilité à leur actif.

Trois actions clés

Action clé n° 1 (AC 1) – Mobilité des apprenants, des personnels et encadrants dans les secteurs de l'enseignement scolaire, de l'enseignement supérieur, de l'enseignement et de la formation professionnels et de l'éducation des adultes.
Action clé n° 2 (AC 2) – Coopération en matière d'innovation et d'échanges de bonnes pratiques.
Action clé n° 3 (AC 3) – Soutien à la réforme des politiques.
Source : http://eduscol.education.fr/cid48124/erasmus.html

Voir :
Le site du programme européen pour l'éducation, la formation, la jeunesse et le sport : http://www.erasmusplus.fr/
Le site de la Commission européenne :
http://ec.europa.eu/programmes/erasmus-plus/index_fr.htm

fiche 10

QUELQUES REPÈRES HISTORIQUES (XIXe-XXe SIÈCLES)

LA NAISSANCE DIFFICILE DE L'ÉCOLE RÉPUBLICAINE (1791-1905)

La Révolution abat temporairement l'enseignement de l'Ancien Régime contrôlé par l'Église. Les révolutionnaires posent les principes d'une école publique, gratuite et laïque ; mais leurs projets devront attendre la fin du XIXe siècle pour être pleinement réalisés sous la IIIe République. Car le XIXe siècle est dominé par une lutte incessante entre l'émergence d'un enseignement primaire public et la volonté de l'Église d'en garder le contrôle.

- 1791 (septembre) : **rapport Talleyrand** sur l'Instruction publique qui pose les bases d'un système d'enseignement pour tous et gratuit.
- 1791 : la **Constitution** prévoit qu'*« il sera créé et organisé une Instruction publique commune à tous les citoyens, gratuite à l'égard des parties d'enseignement indispensables pour tous les hommes. »*
- 1792 (20 et 21 avril) : **rapport de Condorcet** à l'Assemblée nationale sur l'organisation de l'Instruction publique. Il y défend une école laïque, gratuite (mais non obligatoire). Il affirme : « *L'instruction nationale* [...] *est pour la puissance publique un devoir de justice.* »
- 1793 (29 juillet) : Robespierre présente un plan d'éducation nationale (élaboré par **Le Peletier de Saint-Fargeau**) : l'instruction ne suffit pas ; l'État doit inculquer une morale en se chargeant de l'éducation des enfants entre 5 et 12 ans. *« À cinq ans, la patrie recevra donc l'enfant des mains de la nature ; à douze ans, elle le rendra à la société. »*
- 1793 (décembre) : **loi Bouquier** par laquelle la Convention décrète que l'instruction est gratuite et obligatoire pour tout enfant de 6 à 8 ans.
- 1794 : création des **Grandes Écoles** (École polytechnique, École normale supérieure).
- 1801 : Napoléon instaure un **Concordat** qui reconnaît le catholicisme comme la religion de la majorité des Français. Le Concordat autorise le catéchisme dans les écoles publiques et reconnaît un rôle officiel aux religions protestante et israélite. Ce Concordat est toujours en vigueur dans les départements d'Alsace-Moselle.

• 1808 (17 mars) : création de l'**Université impériale** qui jouit d'un monopole centralisé après la suppression des Universités autonomes en 1793. Avec l'Université sont créés un corps enseignant public contrôlé par l'État, l'organisation administrative en académies, rectorats et inspections d'académie, le baccalauréat et l'agrégation. L'enseignement primaire est laissé au clergé et redevient payant.
• 1810 : création de la **première École normale** à Strasbourg.
• 1815 : Jean-Baptiste Say et André-Marie Ampère créent les « **écoles mutuelles** » (tableau noir, ardoises, instituteurs aidés de moniteurs).
• 1826 : Ouverture des premières « salles d'asile » (à Paris, rue du Bac et rue des Gobelins) à l'initiative d'un comité de dames patronnesses.
• 1833 (28 juin) : **loi Guizot** : ouverture obligatoire d'une école de garçons dans toute commune de plus de 500 habitants ; ouverture d'une École normale d'instituteurs dans chaque département ; création des Écoles primaires supérieures ; intégration des salles d'asile dans le système général de l'instruction primaire ; obligation pour les instituteurs d'être titulaires du brevet de capacité ; liberté de l'enseignement primaire, avec financement public.
Guizot impose la méthode d'enseignement dite « simultanée » (créée par les Frères des écoles chrétiennes au XVIIIe siècle) : des élèves regroupés par niveaux face à un maître.
• 1835 : création du corps des **inspecteurs** du primaire.
• 1850 (15 mars) : la **loi Falloux** autorise un enseignement « libre » sous la tutelle de l'État, et réintroduit les personnels religieux dans l'école publique.
• 1867 (10 avril) : la **loi Duruy** impose la création d'une école de filles dans chaque commune de plus de 500 habitants, et crée les Caisses des écoles (étape vers la gratuité).
• 1879-1883 : **Jules Ferry est ministre de l'Instruction publique** (1879-1881), puis président du Conseil (1880-1881), puis à nouveau ministre de l'Instruction publique (1882), portefeuille qu'il cumule enfin avec la présidence du Conseil (1883).
– 1880 : **loi Camille Sée** : ouverture du secondaire aux femmes. Toutefois, le « secondaire féminin » est très différent du « secondaire masculin ». Il faudra attendre 1925 pour que les programmes deviennent identiques.

– 1881 (juin) : **loi Ferry** qui instaure la gratuité des écoles primaires.
– 1881 (2 août) : création des **écoles maternelles** (le terme de « salle d'asile » est supprimé). L'école maternelle est une école non obligatoire mais gratuite et laïque.
– 1882 (28 mars) : **loi Ferry** qui instaure l'obligation scolaire de 6 à 13 ans pour les garçons et les filles, ainsi que la laïcisation des programmes. La loi stipule : *« Les écoles primaires publiques vaqueront un jour par semaine, outre le dimanche, afin de permettre aux parents de faire donner, s'ils le désirent, à leurs enfants, l'instruction religieuse, en dehors des édifices scolaires. »* Le jour vaqué est le jeudi.
Cette loi instaure également le **certificat d'études primaires** à 11 ans.

- 1886 (30 octobre) : **loi Goblet** : les enseignants du primaire deviennent des fonctionnaires laïcs ; création des « cours complémentaires » annexés aux écoles élémentaires.
- 1904 (7 juillet) : interdiction d'enseignement aux congrégations.
- 1905 (9 décembre) : loi de séparation de l'Église et de l'État.

LE DUALISME PRIMAIRE/SECONDAIRE (1905-1945)

Au cours de la IIIe République qui couvre la première moitié du XXe siècle, le système scolaire se caractérise par un double cursus correspondant à une sélection sociale : le « réseau primaire », qui s'achève sur le certificat d'études ou le brevet élémentaire, scolarise massivement les enfants du peuple ; le « réseau secondaire », réservé aux enfants des classes aisées, conduit au baccalauréat et aux études supérieures. La sélection se fait principalement par le latin.

- 1930 : gratuité des établissements secondaires.
- 1936 : la loi **Jean Zay** porte la scolarité obligatoire à quatorze ans.
- 1940-1944 : le gouvernement de Vichy prend des mesures contre l'école publique et laïque.

– 1940 (18 septembre) : le gouvernement de **Vichy** supprime les écoles normales d'instituteurs.
– 1940 (15 octobre) : suppression des syndicats enseignants.

– 1940 (6 décembre) : les devoirs envers Dieu sont rétablis dans les programmes primaires.
• 1941 : transformation des EPS (enseignement primaire supérieur) en collèges modernes, et transformation des EPCI (écoles pratiques de commerce et d'industrie) en collèges techniques.

LA MASSIFICATION (1945-2005)

Les années 1946-1956 sont marquées par un « baby-boom » qui oblige à un gros effort de scolarisation. De plus, les années 1945-1975, surnommées les « Trente Glorieuses », imposent d'adapter l'école au progrès économique, au besoin de cadres, et à l'élévation du niveau social et culturel de la population. Le second degré, puis le supérieur s'ouvrent et accueillent une part croissante d'une classe d'âge. La crise de 1968 est la conclusion spectaculaire de cette tendance à la « massification » de l'enseignement. Le « collège unique », créé en 1975, officialise l'accès libre et égal au second degré. Le latin est progressivement remplacé par les mathématiques comme discipline d'excellence et instrument de sélection scolaire.
• 1945 : suppression des classes primaires et élémentaires des lycées et collèges. Cette ordonnance parachève l'évolution vers l'assimilation des deux enseignements primaires, l'un préparant à l'entrée directe dans la vie active et l'autre à l'enseignement secondaire.
• 1947 : le **plan Langevin-Wallon**. Ce plan est le résultat d'une commission créée en 1944 ayant pour but la réforme de l'enseignement. Il devient une référence obligée de la gauche et des syndicats dans le débat sur l'éducation jusqu'aux années 1970. Il propose une école unique et un tronc commun, avec un enseignement obligatoire jusqu'à 18 ans.
• 1950 : création du CAPES.
• 1951 : la **loi Barangé** institue une allocation pour les familles scolarisant leur enfant dans le privé.
• 1952 : création du brevet de technicien.
• 1959 : la **loi Debré** intègre l'enseignement privé au système éducatif : la majorité des établissements privés passent un contrat avec l'État (« établissements **sous contrat** »). En échange du respect des programmes de l'Éducation nationale, l'État prend en charge le paiement des enseignants du privé.

- 1960-1970 : massification des collèges.
- 1959 : la **loi Berthoin** prolonge la scolarité obligatoire jusqu'à 16 ans. Elle crée un cycle d'observation de deux ans à la fin du primaire ou au début du secondaire.
- 1959 : création des CEG (collèges d'enseignement général).
- 1961 : suppression de l'examen d'entrée en sixième.
- 1963 : création de la **carte scolaire**. Création des **CES** (Collège d'enseignement secondaire : 4 sections : classique, moderne, moderne court, transition) pour remplacer les CEG et les premiers cycles de lycée (« petits lycées »).
- 1965 : création du bac de technicien.
- 1966 : création des IUT.
- 1969 : la **mixité** se généralise dans le primaire et le secondaire.

1970-1990 : MASSIFICATION DES LYCÉES

- 1972 : le jour d'interruption des cours passe du jeudi au mercredi.
- 1973 : création des DEUG.
- 1975 : **loi Haby** qui réunit CES et CEG, supprime les 4 sections, et crée le **collège unique**. La même loi impose la **mixité** obligatoire dans les établissements scolaires.
- 1981 : création de **zones d'éducation prioritaires (ZEP)** visant à « donner plus à ceux qui ont moins » (moyens supplémentaires pour les établissements des quartiers défavorisés).
- 1982-1983 : lois de **décentralisation** qui étendent les pouvoirs des communes sur les écoles, des départements sur les collèges et des régions sur les lycées en matière de construction et de fonctionnement.
- 1985 : création du **bac professionnel**.
- 1985 : Jean-Pierre Chevènement, ministre de l'Éducation nationale, présente de nouveaux programmes : suppression des activités d'éveil, rétablissement de l'éducation civique. Objectif de **80 % d'une classe d'âge « au niveau bac »**.
- 1989 (10 juillet), **loi d'orientation Jospin**, création des **cycles** dans le primaire ; création des **IUFM** qui remplacent les écoles normales d'institu-

teurs. La même année est instaurée l'**évaluation nationale** des acquis en français et en calcul à l'entrée au CE2 et en sixième.
• 1990 : création des **RASED**.
• 1991 : création des IUP (instituts universitaires professionnalisés).

1990-2000 : MASSIFICATION DES UNIVERSITÉS

• 1990 : création du corps des **professeurs des écoles**.
• 1992 : création de bibliothèques centres documentaires (**BCD**) dans le cadre d'un plan pour la lecture.
• 2000 : création du **B2i** (Brevet informatique et Internet) au collège, avec évaluation des compétences de niveau 1 à l'école élémentaire.
• 2002 : **nouveaux programmes** de l'école primaire. La priorité est donnée à la maîtrise du français, qui devient discipline « transversale » avec l'éducation civique (qui comprend un débat hebdomadaire). En cycle 3, un corpus de textes littéraires obligatoires est instauré. Les programmes insistent sur la construction d'une culture commune. L'évaluation nationale en CE2 prend une valeur de diagnostic des difficultés des élèves. L'horaire réservé aux études dirigées est supprimé.
• 2002 : réforme **LMD** (licence, master, doctorat). Harmonisation des diplômes universitaires européens.
• 2004 : **rapport Thélot** « Pour la réussite de tous les élèves ». Principales propositions : scolarité obligatoire à 5 ans ; acquisition par tous les élèves d'un « socle commun des indispensables », dont l'anglais (dès le CE2) et la pratique informatique; orientation à la fin de la classe de 3e et diversification des filières dès la 2de ; redéfinition des missions et du statut d'enseignant, allongement du temps de présence des enseignants dans l'établissement ; redéfinition des concours de recrutement, réforme des IUFM ; évaluation des établissements (« obligation d'efficacité ») et soutien à la mixité sociale ; « projet local d'éducation » et partenariats éducatifs incluant élus, associations, entreprises, médias, services médicaux et sociaux, police et justice.
• 2004 : création du certificat d'aptitude professionnelle pour les aides spécialisées, les enseignements adaptés et la scolarisation des élèves en situation de handicap (CAPA-SH), en remplacement du CAPSAIS.

• 2004 : **loi sur la laïcité**, interdisant le port de signes ou de tenues manifestant une appartenance religieuse dans les écoles, collèges et lycées publics.
• 2005 : loi Fillon d'orientation et de programme pour l'avenir de l'école. Elle définit un **« socle commun de connaissances »** que tout élève doit avoir acquis en fin de scolarité obligatoire à 16 ans. La maîtrise de la langue française en est l'objectif prioritaire, ainsi que les bases en mathématiques, une langue vivante, la connaissance des sciences et des techniques informatiques comme condition de la réussite dans les apprentissages. Instauration d'un programme personnalisé de réussite éducative (PPRE) pour les élèves en difficulté. Généralisation des cours de langue vivante au CE2. Les objectifs à terme de la réforme sont d'amener 80 % d'une classe d'âge au niveau du baccalauréat et 50 % d'une classe d'âge à un diplôme d'enseignement supérieur. Le projet de loi affirme le principe de la liberté pédagogique des enseignants et entend restaurer leur autorité. Le texte rattache les instituts universitaires de formation des maîtres (IUFM) aux universités.
• 2005 : décret sur la scolarisation des élèves présentant un handicap (tout enfant handicapé est désormais obligatoirement inscrit dans une école).
• 2006 : publication du socle commun de connaissances et de compétences.
• 2007 : assouplissement de la carte scolaire (dérogations facilitées).
• 2007 : nouveaux programmes de l'école primaire pour « prendre en compte les exigences du socle commun ».
2008 : nouveaux programmes de l'école primaire fortement allégés et simplifiés dans leur rédaction.
• 2008 (rentrée) : suppression des cours du samedi matin en primaire.
• 2008 : les obligations de service des professeurs des écoles se voient modifiées. Elles intègrent 2 heures hebdomadaires d'aide personnalisée, en plus des 24 heures de cours en classe entière.
• 2010 : Les enseignants sont recrutés au niveau bac + 5 (« Masterisation »). Réforme des concours avec la nouvelle épreuve d'admission « Agir en fonctionnaire de l'État... ».
Réforme du lycée visant à assouplir l'orientation et introduisant un accompagnement personnalisé pour tous.
• 2012 : création des établissements ECLAIR à la pointe de l'éducation prioritaire.

• 2013 : Nouvelle loi d'orientation et de programmation « Peillon » pour la refondation de l'École de la République.
Retour à la semaine de 4,5 jours, avec le mercredi matin à la place du samedi.
Nouvelle définition du service des PE : 24 heures en classe entière + 108 heures annuelles (activités pédagogiques complémentaires, concertation, formation).
Les IUFM sont remplacés par les ESPE (Écoles supérieures du professorat et de l'éducation).
• 2014 : Entrée en vigueur du nouveau cycle 1 correspondant aux différentes classes (« sections ») de l'école maternelle.
• 2015 : **Nouveau programme d'enseignement moral et civique**, du CP à la terminale.
– **Nouveau programme de l'école maternelle**, qui vise à éviter une « primarisation » de la maternelle.
– Réaménagement de l'éducation prioritaire.
• 2016 : Nouveau **socle commun de connaissances, de compétences et de culture**, organisé en cinq domaines de compétences.
– **Nouvelle organisation des cycles** : cycle des apprentissages premiers (maternelle) ; cycle des apprentissages fondamentaux (CP-CE2) ; cycle de consolidation (CM1-6e) ; cycle des approfondissements (5e-3e). Ces nouveaux cycles renforcent la liaison école-collège.
– **Nouveaux programmes de l'école élémentaire et du collège**
• 2017 : **Suspension de la semaine de cinq jours**. L'organisation de la semaine scolaire en quatre ou cinq jours est laissée au choix des communes.
– Dédoublement des CP en REP+.
– Le CAPPEI (certificat d'aptitude professionnelle aux pratiques de l'éducation inclusive) remplace le CAPA-SH.
• 2018 : Installation d'un conseil scientifique de l'Éducation nationale.
– Extension du dédoublement aux classes de CE1 et aux REP.
– Aménagement des programmes des cycles 2, 3 et 4.
• 2019 : « Loi pour une École de la confiance » (*Journal officiel*, 26 juillet 2019).
– Abaissement à 3 ans de l'âge de la scolarité obligatoire.
– Les ESPE (Écoles supérieures du professorat et de l'éducation) sont remplacées par les INSPE (Instituts nationaux supérieurs du professorat et de l'éducation).

fiche 11 LES MÉCANISMES ÉCONOMIQUES : QUELQUES RAPPELS ÉLÉMENTAIRES

BESOINS, BIENS ET AGENTS ÉCONOMIQUES

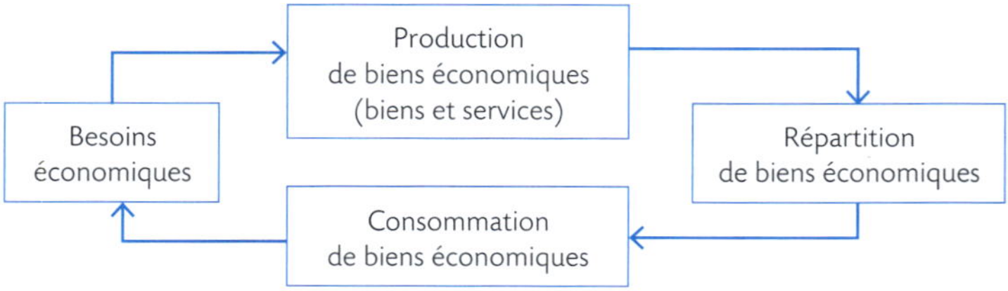

On peut définir **l'économie** comme l'ensemble des activités de production, de répartition, de distribution et de consommation des biens économiques.
L'activité économique sert donc, entre autre, à satisfaire les besoins des individus.
Ces besoins sont de plusieurs ordres (*cf.* la pyramide de Maslow). L'économie, quant à elle, ne retient que ceux qu'elle peut satisfaire (auxquels la nature ne nous permet pas de répondre, par exemple).
Ces besoins économiques sont amenés à évoluer en fonction du développement de la société, de la publicité, etc.
Les biens économiques doivent satisfaire les besoins ; ils comprennent les biens et les services.

• **Les biens** :
– les biens de consommation immédiate (aliments...), semi-durables (dvd...) ou durables (appareils ménagers...) utilisés par les individus ;
– les biens de production utilisés par les entreprises (machines industrielles par exemple).

• **Les services** :
– les services marchands produits par les entreprises et utilisés et payés par les individus et/ou les entreprises (exemple : les transports) ;
– les services non marchands sont produits par l'État (les administrations, dont l'Éducation nationale). Ils sont financés par les impôts.

Les agents économiques participant à l'activité économique sont au nombre de six :
- les ménages ;
- les entreprises (sociétés non financières) ;
- les banques et les assurances (institutions financières) ;
- les administrations publiques ;
- les administrations sans but lucratif (partis politiques, syndicats, associations de consommateurs) ;
- le reste du monde.

Tableau intéressant quatre agents économiques

Agent économique	Composition	Rôle
Ménages	Une ou plusieurs personnes	Consommation et épargne avec leurs revenus
Entreprises	Sociétés	Production et vente de biens et de services marchands
Institutions financières	Banques et compagnies d'assurances	Prêts et protection
Administrations publiques	Organismes d'État	Rendre des services non marchands

L'Éducation (nationale) est un **service non marchand** rendu par une **administration publique** de l'État.

VALEUR AJOUTÉE ET PIB

La valeur ajoutée

Elle correspond à la richesse créée par l'entreprise.
Valeur ajoutée = total des ventes réalisées (chiffre d'affaires) – consommations intermédiaires (biens achetés et transformés en produits finis ; exemples : matières premières, énergie).
En ce qui concerne les services non marchands (exemple : administrations publiques), la valeur finale correspond aux salaires.
La valeur ajoutée est répartie entre :
- les salariés (par l'intermédiaire des salaires versés) ;
- l'État (par le biais des impôts et des charges) ;
- les propriétaires des entreprises ou les actionnaires.

Le PIB

Le produit intérieur brut est un indicateur économique.
Il correspond à la somme des valeurs ajoutées augmentées des impôts sur les produits (TVA, droits de douanes, taxes spécifiques), moins les subventions.
C'est l'ensemble des richesses produites par les agents économiques (entreprises, administrations et services publics)
En 2017, le PIB de la France était de 2 163,37 milliards d'euros.
Le PIB par habitant correspond au PIB/nombre d'habitants ; il indique une valeur moyenne n'ayant qu'une valeur économique spécifique ne rendant pas compte des inégalités sociales de revenus et de richesses.
La répartition du PIB se fait entre salariés/État/propriétaires des entreprises.

LES ENTREPRISES ET LES FACTEURS DE PRODUCTION

Les entreprises

Ce sont les agents économiques produisant et vendant des biens et des services marchands à des clients avec un objectif de rentabilité.
On distingue les entreprises en fonction de différents critères.
• **La taille** (qui dépend notamment de l'effectif et du chiffre d'affaires). Citons :
– les petites entreprises (PE) de 10 à 49 salariés et un chiffre d'affaires inférieur à 10 millions d'euros par an ;
– les moyennes entreprises (ME) : de 50 à 249 salariés et un chiffre d'affaires inférieur à 50 millions d'euros par an ;
– les grandes entreprises : de 250 salariés et plus et un chiffre d'affaires supérieur ou égal à 50 millions d'euros par an.
• **Le secteur économique**. Il comprend :
– le secteur primaire composé de l'agriculture, la pêche, l'exploitation forestière et l'exploitation minière ;
– le secteur secondaire lié à l'industrie de transformation des matières premières issues du secteur primaire (industries du bois, du pétrole, etc.) ;

– le secteur tertiaire formé du commerce et des services regroupe l'ensemble des activités n'entrant pas dans les deux premiers champs (éducation, santé, transports, tourisme, activités immobilières, etc.).

• **La branche d'activité**

Regroupe des entreprises fabriquant des produits de même catégorie (bâtiment et travaux publics, par exemple).

• **Le statut juridique**

Entreprise individuelle ou société.
Entreprise privée ou publique.

Les facteurs de production

Ils correspondent à l'ensemble des moyens utilisés par l'entreprise pour produire et se divisent en deux groupes :
– le facteur travail lié à la main-d'œuvre ;
– le facteur capital se décomposant en capital fixe lié au matériel (bâtiment, machines) et en capital circulant lié par exemple aux matières premières et à l'énergie.

LA POPULATION ACTIVE ET LES REVENUS

La population de la France

La population de la France métropolitaine s'élève à 67,19 millions d'habitants en France métropolitaine et DOM au 1er janvier 2018, et un taux de fécondité record, quoiqu'en légère baisse, avec 1,88 enfant par femme.
La France est le 2e pays le plus peuplé de l'Union européenne, derrière l'Allemagne qui compte 82,79 millions d'habitants (en 2017).

• **La population active**

Selon l'INSEE, cela regroupe la population active occupée (appelée aussi population active ayant un emploi) et les chômeurs.
En 2016, cette population active comptait 29,6 millions de personnes, dont 26,6 millions d'actifs ayant un emploi.
La population active totale représente près de 44 % de la population.

Le nombre de femmes correspond à 48,8 % des actifs occupés du pays et a doublé depuis 1954. Le nombre de jeunes actifs de moins de 24 ans reste stable depuis trois ans et représente 28,4 % des emplois.

La classification INSEE de la population active s'appuie sur les PCS (professions et catégories socioprofessionnelles). Depuis 2003, l'INSEE distingue six catégories.

1. Les agriculteurs exploitants.
2. Les artisans, commerçants et chefs d'entreprises.
   « Ces catégories ont pour but de regrouper les actifs qui mettent en valeur un capital économique en tant que chef de leur propre entreprise, mais travaillant seul ou n'emploient qu'un petit nombre de salariés, dans un domaine où l'aspect travail manuel est important, en dehors de l'agriculture. »
3. Les cadres et professions intellectuelles supérieures.
4. Les professions intermédiaires.
   « Deux tiers des membres du groupe occupe effectivement une position intermédiaire entre les cadres et les agents d'exécution, ouvriers ou employés. Les autres sont intermédiaires dans un sens plus figuré. Ils travaillent dans l'enseignement, la santé et le travail social ; parmi eux, les professeurs des écoles, instituteurs et assimilés, les infirmières, les assistantes sociales. Plus de la moitié des membres du groupe ont désormais au moins le baccalauréat. Leur féminisation, assez variable, reste en particulier très limitée dans les professions techniques. »
5. Les employés.
6. Les ouvriers.

• **Les niveaux de formation** (nomenclature de 1969) n'a pas été actualisée depuis la réforme LMD (qui voit notamment la disparition de la maîtrise) :
- niveau V : BEP, CAP ;
- niveau IV : BP (brevet professionnel ou BT (brevet de technicien) ; Bac professionnel ou technologique ;
- niveau III : DUT (diplôme d'IUT – institut universitaire de formation) ou BTS (brevet de technicien supérieur) ;
- niveau II : licence ou maîtrise ;
- niveau I : master et au-delà.

• **La structure de la population active a été profondément modifiée.** L'emploi agricole ne représente plus que 3,3 % de la population occupée, contre 30 % en 1954. La part de l'industrie et du bâtiment a été diminuée par deux en moins de 20 ans. (Ce secteur employait 38 % des actifs au début des années 1970). Cette diminution s'est accompagnée d'une forte hausse des qualifications : le nombre d'ouvriers non qualifiés a diminué de près de 2 millions entre 1975 et 1996 ; celui des ouvriers qualifiés et des techniciens augmentant de 700 000.

Les activités commerciales et de service du secteur tertiaire ont renforcé leur domination sur l'économie. Elles concernent aujourd'hui trois personnes actives occupées sur quatre. Là aussi, le nombre des postes peu qualifiés diminue, en raison, en particulier, de la généralisation des équipements informatiques. La France devient ainsi une économie post-industrielle.

Les « **actifs occupés** » participent à la production des biens et des services. Ils cotisent à la sécurité sociale et aux ASSEDIC pour financer les prestations sociales de l'ensemble de la population.

• **Le chômage** représente 9,1 % de la population active de la France métropolitaine, avec 2,5 millions de chômeurs mi-2018. Il diminue chez les jeunes et les 25-49 ; il est stable chez les plus de 50 ans.

Les cadres et les professions intermédiaires sont quasiment au plein-emploi avec un taux de chômage respectif de 4 et 5,8 % en 2015. Le taux de chômage des ouvriers non qualifiés (20,3 %) est cinq fois plus important que celui des cadres, celui des employés (10,2 %), deux fois et demie plus.

Les revenus des ménages

En tant qu'agents économiques, les ménages perçoivent une partie de la valeur ajoutée sous forme de revenus.

Ces revenus se décomposent en revenus primaires et revenus secondaires. Les revenus primaires sont constitués majoritairement par les revenus du travail sous la forme de salaires versés par l'employeur.

Les salaires présentent des écarts importants en fonction principalement des catégories professionnelles, des branches d'activité et des régions. Malgré la loi du 23 mars 2006 relative à l'égalité salariale entre les femmes et les hommes, des écarts de salaire importants selon le sexe subsistent au détriment des femmes.

Certains ménages bénéficient de revenus du capital (sous forme de loyers perçus, par exemple).

Les revenus de transfert ou revenus indirects sont versés par l'État aux ménages en fonction de leurs situations. Ils concernent, par exemple :

– les allocations familiales, les allocations de logement, de rentrée scolaire, etc.

– les indemnités de chômage versées par les ASSEDIC ;

– les indemnités versées par la Sécurité sociale en cas de maladie ou d'accident ;

– le RSA (revenu de solidarité active) qui remplace le RMI (revenu minimum d'insertion) depuis 2009 et d'un montant de 550 euros pour une personne seule ne travaillant pas en 2018.

Le revenu dont disposent les ménages correspond aux revenus primaires auxquels s'ajoutent les revenus de transfert et dont se défalquent les impôts et les cotisations sociales.

• **Le SMIC** (salaire minimum interprofessionnel de croissance) est le salaire horaire minimum légal. Il est revalorisé au 1er juillet de chaque année en fonction de l'évolution de l'indice des prix à la consommation (IPC). Le SMIC horaire brut s'élève à 9,88 euros en France en 2018. Un salaire minimum légal national s'applique dans neuf États membres de l'Union européenne : aux Pays-Bas depuis 1969, en France (1970), au Luxembourg (1973), au Portugal (1974), en Belgique (1975), en Espagne (1980), en Grèce (1991), au Royaume-Uni (1999) et en Irlande (2000).

LE SECTEUR PUBLIC ET LE SECTEUR PRIVÉ

Le secteur public

Il comprend les administrations et les collectivités territoriales d'une part, les entreprises dans lesquelles l'état détient au moins 51 % du capital d'autre part.

La plupart des entreprises publiques datent des nationalisations de 1945.

Les salariés du public bénéficient du statut général de fonctionnaires.

Il faut noter toutefois que des entreprises publiques embauchent du personnel de droit privé (la Poste, par exemple, où des salariés de droit privé, dont de nombreux CDD, ne bénéficient évidemment pas des mêmes droits que les personnels à statut).

Les droits de ces salariés se distinguent de ceux des salariés du secteur privé sur trois points essentiels :

- la garantie de l'emploi, un licenciement n'étant possible que pour faute grave ;
- une garantie de déroulement de carrière dans lequel l'ancienneté joue un rôle important ;
- des conditions particulières de départ à la retraite : calcul de la pension sur les 6 derniers mois. À noter que la durée des cotisations est depuis 2003 généralisée à 160 trimestres pour un départ à 60 ans.

Il existe en France trois grandes **fonctions publiques** :

- la fonction publique d'État,
- la fonction publique territoriale,
- la fonction publique hospitalière.

Ensemble, elles totalisent près de 5 millions de fonctionnaires.

Le secteur privé

Il se définit comme le secteur ou l'État n'intervient pas ou très peu.

Les salariés du secteur privé sont régis par le code du travail et les conventions collectives.

Leur situation dépend d'**un contrat de travail**.

Le contrat de travail existe dès l'instant où une personne (le salarié) s'engage à travailler, moyennant rémunération, pour le compte et sous la direction d'une autre personne (l'employeur). Le plus souvent, le contrat de travail doit être écrit. Son exécution entraîne un certain nombre d'obligations, tant pour le salarié que pour l'employeur.

Il existe différents types de contrats, les principaux étant :

- le CDI (contrat à durée indéterminée) ;
- le CDD (contrat à durée déterminée) : il doit préciser le motif réglementé par la loi par écrit (congés ou maladie d'un salarié ; surcroît d'activité de l'entreprise). Il ne peut dépasser une durée de 18 mois et est renouvelable une seule fois ;

– les contrats d'apprentissage ou de professionnalisation pour les jeunes de 16 à 25 ans. Une partie de la formation se fait dans l'entreprise avec rémunération, la formation théorique s'opérant notamment en CFA (centre de formation des apprentis).

Le contrat peut être rompu

• Par démission du salarié.

• Par licenciement pour motif personnel : « Pour être valable, la cause du licenciement doit être à la fois réelle et sérieuse. À défaut, le licenciement est qualifié d'injustifié ou d'abusif. »

Le salarié licencié peut contester le licenciement devant le conseil des prud'hommes .

• Par licenciement pour raison économique.

Selon sa taille, l'entreprise est tenue de proposer un contrat de reconversion ou un plan social.

Le licenciement économique peut lui aussi être contesté devant les prud'hommes.

Des indemnités de licenciement sont dues aux salariés en CDI dont l'ancienneté est supérieure à un an dans l'entreprise.

Les licenciements économiques touchent un nombre de salariés de plus en plus important : le nombre d'entrées à Pôle emploi en mars 2009 suite à un licenciement économique a bondi de 46,1 % en un an.

L'ÉTAT

La République française repose sur les pouvoirs exécutif, législatif et judiciaire, chacun indépendant. Le chef de l'État, le président de la République, est garant de leur bon fonctionnement.

L'État désigne également la collectivité publique dirigée par le Premier ministre et les différents ministres. Son administration se divise en ministères. Y travaillent l'ensemble des fonctionnaires regroupés au sein de la fonction publique.

Le rôle économique de l'État

L'État intervient dans l'activité économique par la production de services non marchands.

Il prend en charge (seul ou par l'intermédiaire notamment des collectivités territoriales) les besoins de la population dans les domaines de l'éducation, de la santé, de la justice, de la sécurité publique, de l'aménagement du territoire, etc.

L'État mène une politique économique plus ou moins interventionniste et utilise pour ce faire différents moyens à sa disposition :

- la production de lois (par exemple la loi sur les 35 heures) ;
- les commandes (par exemple de grands travaux) ;
- l'aide apportée au développement de la recherche ;
- l'action qu'il peut avoir sur les stratégies des entreprises avec le développement de la mondialisation.

La dernière crise a ainsi, par exemple, donné lieu à la création d'un FSI (fonds stratégique d'investissement) qui se veut être « la réponse initiée par les pouvoirs publics aux besoins en fonds propres d'entreprises porteuses de croissance et de compétitivité pour l'économie française. » doté de 20 milliards.

Le budget de l'État

Appelé également « loi de finances », il prévoit l'ensemble des recettes et des dépenses de l'État pour une année. Préparé par le gouvernement, il doit être voté par le Parlement (assemblée législative et sénat).

« Puissant levier de réforme de l'État », la loi organique relative aux lois de finances (LOLF) est entrée en vigueur en 2006. « L'ambition de cette loi est de réformer la gestion de l'État tout entière, c'est-à-dire la façon dont l'argent public est utilisé par chaque ministère. **Cette réforme vise à instaurer une gestion plus démocratique et plus efficace des dépenses publiques**.

Les dépenses de l'État sont classées en « missions », en « programmes » et en « actions ».

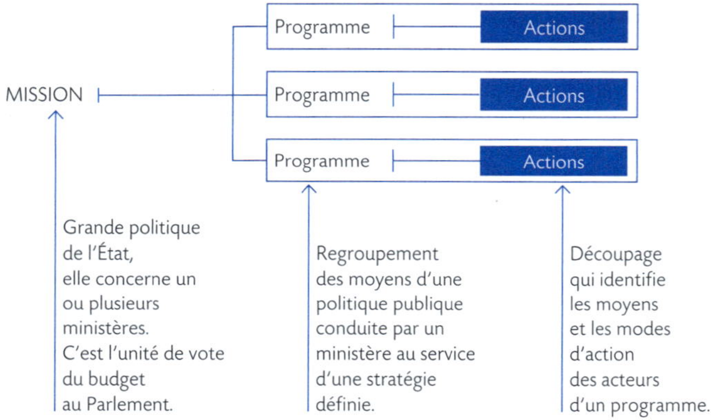

Parmi les missions, les plus conséquentes sont l'éducation, la défense et la charge de la dette.

Tous les ans, le ministère de l'économie et des finances préparent un « projet de loi de finances » (le budget) qui est soumis à l'Assemblée nationale puis au Sénat à l'automne. Le parlement peut alors proposer des modifications avant d'adopter une « loi de finances initiale » qui sera signée par le Président de la République.

Lors de la présentation du projet de loi de finances, le budget est dit « prévisionnel ». Le budget adopté en fin d'année pour l'année suivante est appelé « loi de finance initiale » (LFI). Au cours de l'année, le budget peut être modifié par une loi de finance rectificative pour rendre compte des changements de perspectives pour l'année en cas d'événement imprévu ou pour modifier la politique budgétaire de l'État sans attendre l'année suivante. On parle alors de budget « révisé ».

Source : http://www.economie.gouv.fr

Les recettes de l'État

Elles proviennent pour l'essentiel des différents impôts directs et indirects. En 2016, les recettes fiscales représentaient, en net, 287,861 milliards d'euros et se répartissaient comme suit :

Impôts indirects, dont :
– la taxe sur la valeur ajoutée (TVA) (50 %) ;
– taxe intérieure de consommations sur les produits énergétiques (TICPE) (5,5 %).
Impôts directs, dont :
– impôt sur le revenu (IR) (25,1 %) ;
– impôt sur les sociétés (IS) (11,4 %) ;
Autres constributions fiscales (7,6 %).

Les dépenses de l'État

• Les dépenses par mission

La mission la plus importante dans le budget de l'État est la mission « Enseignement scolaire ».

• Les dépenses par fonctions

Dépenses de personnel : 39,9 % (60 % pour les rémunérations et 40 % pour les cotisations et contributions sociales, prestations sociales et allocations diverses).
Dépenses d'intervention : 27 %. Elles recouvrent l'ensemble des transferts :
– aux ménages : allocation pour adulte handicapé, contrats emploi solidarité, par exemple ;
– aux entreprises notamment sur l'emploi ;
– aux collectivités territoriales et aux associations : subventions.
Dépenses de fonctionnement : 14,5 % (achats, gestion immobilière, dépenses d'entretien, etc.).
Charges de la dette de l'État : 13,1 % (remboursement de la dette publique).

• Le solde du budget

Le déficit public pour 2017 s'établit à – 67,7 milliards d'euros, soit – 3,4 % du PIB.
Ne pas confondre « déficit » et « dette ». Un déficit ne concerne qu'une seule année. Une dette est une accumulation de déficits sur plusieurs années.
Ne pas confondre « déficit budgétaire » et « déficit public ». Le premier ne prend en compte que le budget de l'État tandis que le second prend en compte le déficit des collectivités territoriales, de la Sécurité sociale et de l'État.
Pour l'année 2014, le déficit budgétaire de l'État s'élève à 74,7 milliards d'euros. Il est en constante diminution depuis 2010.
Depuis quinze ans, la dette publique s'est largement accrue. Elle est passée de 55 % du PIB en décembre 1995 à 95 % en décembre 2014.

fiche 12

L'ÉTAT DE L'ÉCOLE

Chaque année, la Direction de l'évaluation, de la prospective et de la performance du ministère de l'Éducation nationale publie des « chiffres » intéressants dans *L'État de l'école*[1].

L'INVESTISSEMENT

La dépense pour l'éducation

La dépense intérieure d'éducation (DIE) est estimée à 154,6 milliards d'euros (Md€) pour 2017, soit 6,7 % de la richesse nationale (PIB).

La dépense d'éducation pour le premier degré

La dépense d'éducation consacrée au premier degré atteint 45 milliards d'euros en 2017. De 1980 à 2017, dans un contexte de baisse ou de stagnation des effectifs d'élèves et de revalorisation des carrières des enseignants (création du corps des professeurs des écoles), la dépense pour un élève est passée, à prix constants, de 3 260 à 6 550 euros, soit une augmentation moyenne de 1,9 % par an.

La dépense d'éducation pour le second degré

En 2017, la France a consacré 60 milliards d'euros au second degré, soit 38,8 % de la dépense intérieure d'éducation (DIE). La dépense pour un collégien est de 8 710 euros. Pour un lycéen, elle est de 11 060 euros en enseignement général ou technologique et de 12 730 euros en enseignement professionnel. Cela représente, en moyenne, 9 890 euros par an pour un élève ou un apprenti du second degré.

La dépense d'éducation pour l'enseignement supérieur

La collectivité nationale a consacré 31,4 milliards d'euros à l'enseignement supérieur en 2017, soit 20,3 % de la dépense intérieure d'éducation. Ce poids est stable depuis 2013.

Les personnels de l'Éducation nationale

Plus des trois quarts des personnels sont sur des missions d'enseignement. Le personnel est majoritairement féminin (71,7 %).

1. Source : http://www.epsilon.insee.fr/jspui/bitstream/1/87396/1/depp_etat_ecole_2018.pdf

Les personnels des corps enseignants

L'offre de postes dans le public continue de croître dans le premier degré et se stabilise dans le second degré. Depuis 2015, le taux de candidature aux concours enseignants demeure inférieur à celui des sessions 2008 à 2012. Le salaire des enseignants du second degré est supérieur à celui des enseignants du premier degré.

Les moyens humains alloués à l'enseignement

Avec une moyenne de 19,4 élèves par enseignant en 2016, l'encadrement dans l'élémentaire est bien moins favorable en France qu'au Royaume-Uni (16,9 élèves) et en Allemagne (15,3 élèves), et est même inférieur à la moyenne des pays de l'OCDE (15 élèves).
Les enseignants français sont moins nombreux à participer à des actions de formation continue que leurs collègues des pays de l'OCDE.

Les conditions d'accueil dans le premier degré

Alors qu'il était relativement stable entre 2013 et 2016, le nombre moyen d'élèves par classe de niveau élémentaire est en nette baisse en 2017 dans le secteur public, en lien avec le dédoublement des classes de CP en REP+. Il s'établit à 23, soit deux élèves de moins par classe que dans les écoles privées sous contrat (25,1).
Le nombre d'élèves par classe est plus favorable en éducation prioritaire : 20,6 en REP+ et 22,3 en REP, contre 23,8 pour les écoles hors éducation prioritaire et 24,3 pour les écoles publiques hors REP.

Les conditions d'accueil dans le second degré

Le nombre d'élèves par classe varie fortement selon le cycle.
À la rentrée 2017, la taille moyenne des classes s'élève, en collège, à 25,3 élèves et, dans le second cycle général et technologique, à 29,3, tandis qu'elle diminue en second cycle professionnel à 18,5.

LES ÉLÈVES

La scolarisation dans le premier degré

À la rentrée 2017, les écoles des secteurs public et privé du premier degré scolarisent 6 783 300 élèves en France métropolitaine et dans les DOM, soit une baisse de 23 100 élèves par rapport à 2016.

La scolarisation au collège

À la rentrée 2017, les collèges des secteurs public et privé scolarisent 3 342 000 élèves en France métropolitaine et dans les DOM, soit une hausse de 0,8 % (+ 27 300 élèves) par rapport à 2016.

La scolarisation au lycée général et technologique

La hausse des effectifs en lycée général et technologique est portée par les terminales. L'ensemble des élèves en formation (hors post-bac) en lycées généraux et technologiques (GT) est en progression de 2 % (+ 31 300) par rapport à 2016 et atteint 1,63 million d'élèves.

La voie professionnelle : voie scolaire et apprentissage

Plus de 1 million d'élèves suivent une formation professionnelle soit par voie scolaire, soit en apprentissage. En 2017, 71 % des jeunes suivant une formation professionnelle préparent un diplôme de niveau IV (un bac pro pour 65 %) et 29 % un diplôme de niveau V (un CAP pour 27 %).

La scolarisation des élèves en situation de handicap

À la rentrée 2017, 390 800 enfants ou adolescents en situation de handicap sont scolarisés, dont 8 sur 10 en milieu ordinaire. Les modes de scolarisation dépendent des déficiences.

L'éducation prioritaire

Dans le premier degré, 2 466 écoles publiques sont en REP+ et 4 237 en REP. 1 écolier du secteur public sur 5 est scolarisé en éducation prioritaire : 8 % dans une école REP+ (soit 459 800 élèves), et 12 % dans une école REP (soit 718 100 élèves).

Comme attendu, les collégiens de l'éducation prioritaire sont très massivement d'origine sociale défavorisée : trois quarts des élèves de REP+ et 6 élèves de REP sur 10 ont des parents ouvriers ou inactifs, contre 4 sur 10 dans les établissements publics hors éducation prioritaire.

Le climat scolaire

Les élèves se sentent bien au sein de leur établissement. Ce constat vaut aussi bien pour les collégiens que pour les lycéens.

Les lycées professionnels et les collèges sont les plus exposés à la violence.

LES ACQUIS DES ÉLÈVES

L'évaluation des compétences du socle

En 2017, 80 % des élèves de fin de CE2 maîtrisent les connaissances et les compétences du socle commun. Les filles dépassent de 5 points les garçons (77,9 %) dans l'acquisition des éléments de la langue française. Les différences de niveaux restent très marquées par l'origine sociale des élèves. Ainsi, parmi les élèves des écoles les plus favorisées socialement, les taux de maîtrise dépassent 80 % (87,3 % pour le français, 84,6 % pour les mathématiques), tandis qu'ils sont inférieurs à 60 % dans les écoles les moins favorisées.

Les compétences en lecture des jeunes (JDC)

En 2017, 77 % des jeunes français âgés d'environ 17 ans sont des lecteurs efficaces. L'évaluation de la journée Défense et Citoyenneté (JDC) donne également une mesure fine de la proportion de ceux qui éprouvent des difficultés de lecture : plus de 1 jeune sur 10 rencontre des difficultés. Les performances en lecture progressent avec le niveau d'études. Elles sont globalement plus élevées chez les filles que chez les garçons.

PIRLS : la compréhension de l'écrit en CM1

En 2016, 50 pays ont participé à l'enquête internationale PIRLS *(Progress in International Reading Literacy Study)*. En France, il s'agissait d'évaluer, pour la quatrième fois en 15 ans, les performances en compréhension de l'écrit en fin de quatrième année de scolarité obligatoire (la classe de CM1 pour la France). La France se situe juste au-dessus de la moyenne internationale mais en dessous de la moyenne de l'Union européenne. La baisse est marquée sur les textes informatifs et sur les processus de compréhension les plus complexes. Depuis PIRLS 2001, la performance globale française baisse progressivement.

TIMSS 2015 : mathématiques et sciences en CM1

Avec un score de 488 points en mathématiques et de 487 points en sciences, la France se situe en deçà de la moyenne internationale (500 points), européenne (527 points en mathématiques et 525 points en sciences) et des pays de l'OCDE (528 points en mathématiques et 527 points en sciences).

Les parcours des élèves

En fin de troisième, 1 élève sur 3 s'engage dans la voie professionnelle. Plus de 4 jeunes sur 10 poursuivent une formation professionnelle après une terminale CAP. 9 élèves de seconde générale et technologique sur 10 continuent dans cette voie. Plus de 3 bacheliers sur 4, toutes filières confondues, poursuivent leurs études dans l'enseignement supérieur.

La réussite aux examens

À la session 2018, le taux de réussite au brevet atteint 87,1 %. Au CAP, il a atteint 83,4 % en 2017. On constate un important essor de la voie professionnelle parmi les bacheliers. La réussite de la voie technologique s'est rapprochée, ces dernières années, de celle de la voie générale.

Les sorties de formation aux faibles niveaux d'études

En 2015, 13 % de l'ensemble des sortants de formation initiale sont peu ou pas diplômés : 7 % détiennent au mieux le diplôme national du brevet et 6 % n'ont aucun diplôme.

Le niveau d'études de la population

À la session 2018, 79,9 % des jeunes d'une génération obtiennent un baccalauréat. 8 % des sortants de formation initiale sont diplômés d'études secondaires ou supérieures. La France se situe dans la moyenne de l'OCDE. On constate des disparités selon l'origine sociale de l'élève.

L'insertion professionnelle des jeunes

L'obtention du diplôme demeure déterminante dans l'insertion des jeunes. Les apprentis s'insèrent plus que les lycéens et plus souvent dans l'entreprise formatrice.

Le diplôme et l'entrée dans la vie active

Sur 10 jeunes sortants peu ou pas diplômés, 7 sont au chômage ou inactifs. Plus un jeune en emploi est diplômé, plus sa catégorie socio-professionnelle est élevée.

LE FONCTIONNEMENT DE L'ÉCOLE PRIMAIRE

fiche 13

LES PUBLICATIONS OFFICIELLES ET LES TEXTES RÉGLEMENTAIRES

LES PUBLICATIONS OFFICIELLES

Le *Journal officiel de la République française* (dont il existe une version « *JO* électronique authentifié » publie les textes législatifs et réglementaires de la République française, à l'exception des textes relatifs à l'état et à la nationalité des personnes.

Le *Bulletin officiel de l'Éducation nationale* (*BOEN* ou *BO*) publie des actes administratifs : décrets, arrêtés, notes de service, etc. La mise en place de mesures ministérielles et les opérations annuelles de gestion font l'objet de textes réglementaires publiés dans des *BO* spéciaux ou hors-série.

LES TEXTES RÉGLEMENTAIRES

Le code de l'éducation

Le **code de l'éducation** réunit l'ensemble des dispositions relatives au système éducatif français, portant sur les principes généraux et l'administration, les enseignements scolaires, les enseignements supérieurs et les personnels. Il a été publié en 2000 pour sa partie législative et se complète progressivement depuis 2004 de sa partie réglementaire.

Partie « Législative »

Le code de l'éducation, dans sa partie législative, regroupe l'ensemble des lois en vigueur dans le domaine de l'éducation. Publié au *Journal officiel* en juin 2000, il a force de loi et sert de référence à toute révision législative. Neuf livres composent la partie législative : les grands principes de l'éducation, l'administration de l'éducation, l'organisation des enseignements scolaires, les établissements d'enseignement scolaire, la vie scolaire, l'organisation des enseignements supérieurs, les établissements d'enseignement supérieur, la vie universitaire, les personnels de l'éducation.

Partie « Réglementaire »

Les livres I et II de la partie réglementaire du code de l'éducation ont été instaurés en 2004. Le Livre III a été instauré par décret en mai 2006. Le code de l'éducation comportant neuf livres, sa partie réglementaire devrait au final en compter autant.

Actuellement, la partie réglementaire du code traite des grands principes de l'éducation, de l'administration de l'éducation, de l'organisation des enseignements scolaires.[1]

Loi/décret/arrêté/circulaire/note de service

La Constitution française organise la séparation des pouvoirs exécutif et législatif et de l'autorité judiciaire.

Le pouvoir législatif rédige et adopte les lois. Il est confié à l'Assemblée nationale et au Sénat. La Constitution, dans son article 34, énumère les domaines dans lesquels la loi peut intervenir. Ainsi *« La loi détermine les principes fondamentaux de l'enseignement »*.

Le pouvoir exécutif a en charge la mise en œuvre des lois et de la politique nationale. Pour cela, il édicte des règlements.

« **La hiérarchie des normes** » définit précisément les compétences des organes de l'État. Les différentes normes sont, par ordre hiérarchique : la constitution, les traités internationaux, les lois, les normes réglementaires.

Les normes réglementaires obéissent également à une hiérarchie : décrets/arrêtés/circulaires.

Ainsi, la loi doit être conforme à la Constitution, les décrets doivent être conformes à la loi, les arrêtés conformes aux décrets et les circulaires conformes aux arrêtés.

Les décrets sont signés par le Président de la République et/ou par le Premier ministre, éventuellement, les ministres responsables. Ils sont délibérés en Conseil des ministres.

Les arrêtés émanent d'un ou plusieurs ministères. Elles sont signées par le ministre ou un agent ayant reçu délégation.

Les circulaires ont pour objectif la présentation et la mise en œuvre d'un texte (décret, arrêté) aux agents chargés de l'appliquer.

---

1. Source : http://www.education.gouv.fr/cid2643/le-code-de-l-education.html

Les notes de service correspondent à une instruction ou une information donnée par l'administration aux agents.

La circulaire de rentrée

Chaque année, **une circulaire de préparation de la rentrée** est publiée par le ministère dans le *Bulletin officiel de l'Éducation nationale*.

En 2018, pour la première fois, un ministre de l'Éducation nationale s'adresse directement aux enseignants sans publier au *BO* de circulaire de rentrée. Sa « brève » du 26 avril 2018[1] est accompagnée de quatre notes de service (*BO* spécial n° 3 du 26 avril 2018) :

Deux recommandations sur l'enseignement de la lecture et sur l'enseignement de la grammaire et du vocabulaire

• Lecture : construire le parcours d'un lecteur autonome (note de service n° 2018-049 du 25-4-2018).

• Enseignement de la grammaire et du vocabulaire : un enjeu majeur pour la maîtrise de la langue française (note de service n° 2018-050 du 25-4-2018

Elles s'inscrivent dans le prolongement du guide fondé sur l'état de la recherche *Pour enseigner la lecture et l'écriture au CP*[2].

Deux recommandations sur le calcul et la résolution des problèmes

• Enseignement du calcul : un enjeu majeur pour la maîtrise des principaux éléments de mathématiques à l'école primaire (note de service n° 2018-051 du 25-4-2018).

• La résolution de problèmes à l'école élémentaire (note de service n° 2018-052 du 25-4-2018).

Ces deux recommandations s'appuient sur le rapport Villani – Torossian.

Faire réussir les élèves

– Dédoublement de toutes les classes de CP et de CE1 en Rep et Rep+ pour les rentrées 2018 et 2019 afin d'attaquer à la racine la difficulté scolaire.

– Des tests, en début et milieu de CP et de CE1 pour ajuster les enseignements.

---

1. http://www.education.gouv.fr/cid129676/renforcer-les-fondamentaux-la-lettre-du-ministre-de-l-education-nationale-aux-professeurs.html

2.http://cache.media.eduscol.education.fr/file/Actualites/23/2/Lecture_ecriture_versionWEB_939232.pdf

– Des progressions annuelles au service d'une plus grande netteté des objectifs (sans remettre en cause la cohérence des cycles).
– L'heure hebdomadaire d'activités pédagogiques complémentaires (APC) spécifiquement consacrée aux activités de lecture et de compréhension.
– Relance des stages de réussite pendant les vacances scolaires. [...]
– Sur les dix-huit heures de formation que les professeurs des écoles suivent chaque année, neuf heures seront désormais consacrées à l'apprentissage de la lecture et neuf heures aux mathématiques.
– Relance volontariste de l'éducation artistique et culturelle, avec le ministère de la culture.

La circulaire de rentrée 2019

L'école maternelle, école de l'épanouissement et du langage

- Développer la sécurité affective à l'école maternelle.
- Renforcer la préparation aux apprentissages fondamentaux.
- Une priorité : l'enseignement structuré du vocabulaire oral.
- Enrichir la formation des professeurs débutant en école maternelle.

L'acquisition des savoirs fondamentaux : une priorité nationale

- Des évaluations pour faire réussir les élèves.
- Cibler des priorités stratégiques du CP au CM2.
- Le dédoublement des classes de CP et de CE1 : un levier pour la réussite de tous les élèves.
- Conforter l'enseignement précoce des langues vivantes étrangères.

Un pilotage en soutien de l'action pédagogique des professeurs

- Une formation renforcée.
- Des ressources d'accompagnement plus riches pour les professeurs.
- La nécessaire mobilisation des cadres en appui des professeurs.

Cultiver le plaisir d'être ensemble

- Respecter autrui.
- Mieux accueillir les élèves en situation de handicap.
- Développer l'éducation artistique et culturelle.
- Assurer l'équité entre tous les territoires de la République.

fiche 14

LES LOIS D'ORIENTATION ET LE SOCLE COMMUN

Six dates clés

- **1882 : lois Ferry** : scolarisation de l'ensemble des garçons et filles, de 6 à 12 ans ; volonté d'instaurer les valeurs de la République.
- **1975 : réforme Haby** et achèvement de la « massification » : les jeunes de 12 à 16 ans sont accueillis au sein d'un collège unique.
- **1989 : loi d'orientation** selon laquelle « 80 % d'une classe d'âge doit parvenir au niveau du baccalauréat ».
- **2005 : loi d'orientation** définissant un **socle commun de connaissances et de compétences** que chaque jeune doit posséder au terme de la scolarité obligatoire.
- **2013 : Loi d'orientation** dite de « refondation de l'école ». **Socle commun de connaissances de compétences et de culture.**
- **2019 : loi** dite **« pour une École de la confiance ».**

LA LOI D'ORIENTATION DE 1989

Objectifs

- Niveau Certificat d'aptitude professionnelle (CAP) ou Brevet d'études professionnelles (BEP) minimum pour tous.
- 80 % d'élèves au niveau du Baccalauréat.

Principes

- *« L'enfant au centre du système éducatif »* : nécessité de la différenciation pédagogique. Mise en place d'évaluations nationales en CE2 et en 6e.
- Les parents d'élèves sont membres de la communauté éducative (conseils d'école).
- L'école s'ouvre sur les différents partenaires éducatifs extérieurs.

Nouveautés

- Organisation de la scolarité en cycles : trois cycles de trois ans à l'école primaire.

• Suppression du terme de « redoublement ».
• Chaque école doit se doter d'un projet d'école.
• Création du Conseil supérieur de l'éducation (CSE) chargé de donner son avis sur tout texte concernant l'Éducation nationale.
• Création des instituts universitaires de formation des maîtres (IUFM).
• Création du corps de professeurs des écoles (PE), recrutés au niveau de la licence.

LA LOI D'ORIENTATION DE 2005

Objectifs

• 50 % de jeunes diplômés de l'enseignement supérieur.
• Se recentrer sur les savoirs (définition d'un socle commun de connaissances et de compétences).

Principes

• Les missions premières de l'école demeurent la transmission des connaissances et celle des valeurs de la République.
• Reconnaissance du mérite des élèves ou des étudiants (aides apportées).
• Favoriser la mixité et l'égalité entre les hommes et les femmes.

Nouveautés

• Le socle commun de connaissances et de compétences que la scolarité obligatoire doit au moins garantir.
• Des dispositifs de remédiation pour lutter contre l'échec scolaire :
– programme personnalisé de réussite éducative (PPRE) mis en place dès que nécessaire ;
– actions de soutien « au profit d'élèves atteints de troubles spécifiques du langage oral et/ou écrit, telle la dyslexie ;
– aménagements appropriés « au profit des élèves intellectuellement précoces ».
• Une redéfinition de l'enseignement des langues vivantes.
• La création d'un Haut Conseil de l'éducation qui émet un avis et peut formuler des propositions sur les questions relatives au système éducatif et à la formation des enseignants.
• L'intégration des instituts universitaires de formation des maîtres dans l'une des universités auxquelles ils sont rattachés.

LE SOCLE COMMUN DE CONNAISSANCES ET DE COMPÉTENCES DE 2005

La définition du socle commun prend pour partie appui sur la proposition de recommandation du Parlement européen et du Conseil de l'Union européenne en matière de « compétences clés pour l'éducation et l'apprentissage tout au long de la vie ». Pour la première fois depuis les lois scolaires de Jules Ferry de 1882, la République « indique le contenu impératif de la scolarité obligatoire ».

Le socle commun s'organise en sept compétences

- la maîtrise de la langue française ;
- la pratique d'une langue vivante étrangère ;
- les principaux éléments de mathématiques et la culture scientifique et technologique ;
- la maîtrise des techniques usuelles de l'information et de la communication ;
- la culture humaniste ;
- les compétences sociales et civiques ;
- l'autonomie et l'esprit d'initiative.

Chaque compétence se décline en connaissances, capacités et attitudes.

Le socle commun s'acquiert progressivement de l'école maternelle à la fin de la scolarité obligatoire.

Trois paliers d'évaluation sont prévus :

- le premier se situe en fin de CE1 ; il est centré sur l'acquisition de la lecture courante et d'éléments premiers de mathématiques ;
- le deuxième évalue les acquisitions des règles fondamentales de la grammaire et du calcul élémentaire et des quatre opérations à l'issue de l'école primaire ;
- le troisième palier évalue l'acquisition du socle à la fin de la scolarité obligatoire.

« Un livret personnel permet à l'élève, à sa famille et aux enseignants de suivre l'acquisition progressive des compétences. [...] »

Une remédiation est mise en place à chaque palier

« Les élèves qui manifestent des besoins particuliers quant aux acquisitions nécessaires à chaque palier se voient proposer un programme personnalisé de réussite éducative [...]. » (PPRE)

LA LOI D'ORIENTATION DE 2013

Les lignes de force

1. Une nouvelle formation initiale et continue aux métiers du professorat et de l'éducation

Les écoles supérieures du professorat et de l'éducation (ESPE), intégrées à l'université, sont créées à la rentrée 2013.

2. Donner la priorité à l'école primaire pour assurer l'apprentissage des fondamentaux et réduire les inégalités

3. Faire entrer l'École dans l'ère du numérique

4. Faire évoluer le contenu des enseignements

Le socle commun (qui devient « socle commun de connaissances, de compétences et de culture ») et les programmes doivent être repensés. Cette mission est confiée à un Conseil supérieur des programmes.

5. Assurer la progressivité des apprentissages de la maternelle au collège

La loi « réaffirme le principe des cycles d'enseignement ». Le cycle 1 regroupe désormais toutes les classes de maternelle. Le cycle 3, en regroupant les CM et la 6e, vise à assurer une meilleure continuité pédagogique entre l'école et le collège.
Mise en place d'un conseil école-collège.

6. Permettre à chacun de réussir dans le second degré et de s'insérer dans la vie professionnelle dans les meilleures conditions

7. Mieux associer les partenaires de l'École et mieux évaluer le système éducatif

Mise en place des projets éducatifs territoriaux (PEDT) pouvant associer à une collectivité territoriale l'ensemble des acteurs intervenant dans le domaine de l'éducation.

LA LOI DE 2019

La loi dite « pour une École de la confiance » a été promulguée au *Journal officiel* le 26 juillet 2019.[1]

---

1. https://www.education.gouv.fr/cid143616/4-juillet-2019-adoption-definitive- projet-loi-pour-une-ecole-confiance.html.

Les lignes de force

1. Lutter contre les inégalités dès le plus jeune âge en abaissant l'âge de l'instruction obligatoire à 3 ans

À partir de la rentrée 2019, tous les enfants âgés de 3 à 5 ans sont concernés par l'obligation d'instruction. Ils doivent être inscrits dans une école ou une classe maternelle, publique ou privée, sauf si leurs parents ou responsables légaux déclarent qu'ils l'instruisent ou le font instruire dans la famille. L'article 19 clarifie et renforce le cadre juridique des contrôles de l'instruction dans la famille.

L'obligation d'instruction entraîne une obligation d'assiduité durant les horaires de classe (l'obligation peut être assouplie pour un enfant de petite section d'école maternelle).

2. Instaurer une visite médicale à l'école dès 3 ans pour un meilleur suivi des enfants

Organisée à l'école, elle vise à dépister les troubles de santé. La loi prévoit également une visite entre 5 et 6 ans, afin de sécuriser l'entrée dans les apprentissages de l'école élémentaire.

3. Créer un grand service public de l'École inclusive

La loi permet d'engager à la fois une transformation profonde de l'accompagnement des élèves en situation de handicap et une amélioration significative des conditions de recrutement, de formation et de travail de leurs accompagnants[1] qui créent les bases d'un véritable service public de l'École inclusive.

Des pôles inclusifs d'accompagnement localisés constituent une nouvelle forme d'organisation de l'accompagnement des élèves visant à améliorer la coordination des aides (humaines, éducatives et thérapeutiques) et à faciliter la gestion des accompagnants.

4. Consacrer le droit des élèves à suivre une scolarité sans harcèlement

Se reporter à la page 220 sur la violence à l'école.

---

1. Voir, pages 101 et 203, les paragraphes consacrés aux AESH.

5. Éduquer au développement durable, de la maternelle au lycée

« Le Conseil supérieur des programmes a été saisi afin de mieux identifier et valoriser les éléments ayant trait au développement durable dans les programmes d'enseignement. »

6. S'ouvrir sur le monde avec les établissements publics locaux d'enseignement international

Les collectivités territoriales volontaires peuvent s'associer pour créer des établissements à vocation internationale et européenne.

7. Combattre le décrochage des jeunes les plus fragiles avec l'obligation de formation jusqu'à 18 ans

Se reporter à la page 202 sur la lutte contre le décrochage scolaire.

8. Mieux former les professeurs dans des instituts nationaux supérieurs du professorat et de l'éducation

Les INSPE (Instituts nationaux supérieurs du professorat et de l'éducation) remplacent les ESPE (Écoles supérieures du professorat et de l'éducation).
Pour le 1er degré, au moins 55 % des temps de formation seront consacrés aux savoirs fondamentaux (lire, écrire, compter, respecter autrui, y compris la connaissance et la transmission des valeurs républicaines), au moins 20 % à la polyvalence (autres aspects disciplinaires), à la pédagogie générale et à la gestion de classe, au moins 15 % à la recherche, et 10 % au contexte, notamment territorial, et aux innovations propres de chaque institut.
Un tiers du temps de formation sera assuré par des praticiens, professeurs exerçant en parallèle devant des classes du degré d'intervention du stagiaire.

9. Permettre une entrée progressive dans la carrière de professeur

La préprofessionnalisation permet, dès la deuxième année de licence et jusqu'à la première année de master, d'être recruté sous contrat avec une rémunération. Elle se traduit par des conditions d'intervention spécifiques et progressives, toujours sous la responsabilité d'un tuteur.

10. Améliorer le système scolaire français avec le Conseil d'évaluation de l'École

Ce CEE dépend directement du ministère. Ses deux missions principales sont la mise en cohérence de toutes les évaluations de l'enseignement scolaire et la mise en place de l'évaluation des établissements scolaires à l'échelle nationale.

LE SOCLE COMMUN DE CONNAISSANCES, DE COMPÉTENCES ET DE CULTURE

Comme il était annoncé dans la loi de refondation de l'école de 2013, un nouveau socle commun est entré en vigueur à la rentrée 2016. Il a été élaboré sous la responsabilité du Conseil supérieur des programmes.
Sont concernés tous les élèves en cours de scolarité obligatoire des écoles élémentaires, des collèges et lycées publics et privés sous contrat, de l'enseignement agricole, et, pour l'annexe, les enfants instruits dans la famille ou dans les établissements d'enseignement privés hors contrat.
« Le socle commun doit devenir une référence centrale pour le travail des enseignants et des acteurs du système éducatif, en ce qu'il définit les finalités de la scolarité obligatoire et qu'il a pour exigence que l'École tienne sa promesse pour tous les élèves. »

Les cinq domaines de formation

Le socle commun de connaissances, de compétences et de culture est composé de cinq domaines de formation qui définissent les grands enjeux de formation durant la scolarité obligatoire :

« **1. Les langages pour penser et communiquer :** ce domaine vise l'apprentissage de la langue française, des langues étrangères et, le cas échéant, régionales, des langages scientifiques, des langages informatiques et des médias ainsi que des langages des arts et du corps ;

« **2. Les méthodes et outils pour apprendre :** ce domaine vise un enseignement explicite des moyens d'accès à l'information et à la documentation, des outils numériques, de la conduite de projets individuels et collectifs ainsi que de l'organisation des apprentissages ;

« **3. La formation de la personne et du citoyen :** ce domaine vise un apprentissage de la vie en société, de l'action collective et de la citoyenneté, par une formation morale et civique respectueuse des choix personnels et des responsabilités individuelles ;

« **4. Les systèmes naturels et les systèmes techniques :** ce domaine est centré sur l'approche scientifique et technique de la Terre et de l'Univers ; il vise à développer la curiosité, le sens de l'observation, la capacité à résoudre des problèmes ;

« **5. Les représentations du monde et l'activité humaine :** ce domaine est consacré à la compréhension des sociétés dans le temps et dans l'espace, à l'interprétation de leurs productions culturelles et à la connaissance du monde social contemporain. » [...]
Chaque domaine de formation comprend des objectifs de connaissances et de compétences et requiert la contribution transversale et conjointe de toutes les disciplines et démarches éducatives. L'ensemble est décliné dans les programmes d'enseignement.

Évaluation

Le **LSUN** (livret scolaire unique numérique) est construit sur un format national identique du CP à la 3e depuis la rentrée de 2016.
À la fin de chaque trimestre, l'enseignant remplit un **bulletin périodique**.
À la fin de chaque cycle (CE2, 6e, 3e), une fiche dresse un **bilan global** sur huit champs d'apprentissage du socle (langue française à l'oral et à l'écrit ; langues étrangères et régionales ; langages mathématiques, scientifiques et informatiques ; langages des arts et du corps ; méthodes et outils pour apprendre ; formation de la personne et du citoyen ; systèmes naturels et systèmes techniques ; représentations du monde et activité humaine) grâce à un indicateur simple : **maîtrise insuffisante**, **fragile**, **satisfaisante** ou **très bonne**.

fiche 15

LES PROGRAMMES DE L'ÉCOLE PRIMAIRE

LES PROGRAMMES DE 1995

Ils dotent l'école maternelle, pour la première fois depuis sa création, de programmes spécifiques.

LES PROGRAMMES DE 2002

• Deux heures par jour au moins sont consacrées à la lecture et à l'écriture, du CP au CM2. Toutes les disciplines concourent à l'apprentissage de la langue française. Une série d'œuvres de référence de littérature jeunesse est publiée pour le cycle 3.

• La place des sciences est réintroduite sur le modèle de « La main à la pâte ».

• L'éducation civique nécessite une pratique quotidienne et un apprentissage des « valeurs civiques ». Dès le cycle 2 est mis en place d'un débat hebdomadaire de trente minutes.

• Les TICE : création du B2i (brevet informatique et Internet) exigible à la fin de l'école primaire.

LES PROGRAMMES DE 2007

Ils prennent en compte les exigences du socle commun. Deux paliers sont fixés : à la fin du cycle des apprentissages fondamentaux ; à la fin du cycle des approfondissements.

La maîtrise du langage et de la langue française

L'apprentissage de la lecture au cycle 2 est recentré sur le code alphabétique et doit s'accompagner d'une *« initiation méthodique au vocabulaire »* et d'*« une prise de conscience de l'organisation de la phrase »*.

Mathématiques

Le calcul mental doit donner lieu à des séances quotidiennes de 15 minutes.

L'enseignement des langues vivantes

Engagé dès le CE1, le niveau attendu en fin d'école est le niveau A1 du cadre européen de référence, celui de l'« utilisateur élémentaire ».

L'autonomie et l'initiative

Dès le cycle 2, elles seront appréciées en complément de l'évaluation des domaines et des champs disciplinaires. Au cycle 3, les activités autonomes et l'initiative personnelle des élèves doivent être partout encouragées.

LES PROGRAMMES DE 2008

Ils sont courts et mettent fortement l'accent sur les apprentissages « fondamentaux » : le français et les mathématiques.
Ils comprennent les programmes proprement dits et les progressions annuelles, qui vont, en français, de la Petite section de l'école maternelle au CM2 et, en mathématiques, du CP au CM2. Ces progressions ont été complétées en janvier 2012 pour donner des repères et organiser la progressivité des apprentissages dans tous les domaines disciplinaires de l'école élémentaire.
Dans la partie « Programmes », les compétences attendues en fin de cycle de l'école élémentaire pour chaque discipline sont référées aux sept grands domaines de compétences du socle commun.
En français, on retrouve un enseignement explicite de la grammaire, du vocabulaire et de l'orthographe du CP au CM2. La récitation et la rédaction sont réintroduites.
Une initiation à l'histoire des arts a lieu dès le CP.
« L'instruction civique et morale » remplace l'éducation civique.

LES PROGRAMMES DE 2015

La loi de refondation de l'École a créé un cycle unique pour **l'école maternelle**. Un nouveau programme est entré en vigueur à la rentrée 2015. « Le programme établit, pour chaque domaine d'apprentissage, une définition générale, énonce les objectifs visés et donne des indications pédagogiques de nature à fournir des repères pour organiser la progressivité des apprentissages. »

Les programmes des cycles 2, 3 et 4 entrés en vigueur à la rentrée 2016 sont curriculaires : Ils donnent à la fois un programme, des objectifs précis en termes d'acquisitions et de compétences et des indications sur la manière de les évaluer.
Les programmes sont construits en trois volets :
Le premier volet « présente les objectifs de formation ainsi que les spécificités du cycle, dans la perspective de l'acquisition progressive de la culture commune définie par le socle commun de connaissances, de compétences et de culture. »
Le deuxième volet indique la contribution du cycle au socle domaine par domaine.
Le troisième volet « précise les contenus par enseignement : les compétences travaillées pendant le cycle, les attendus de fin de cycle ; les compétences et les connaissances associées ; des exemples de situations, d'activités et de ressources pour l'élève ; des repères de progressivité permettant d'organiser l'enseignement durant les trois années du cycle ; des pistes pour aménager des liens avec les autres enseignements. »

L'adaptation des programmes (cycles 2, 3 et 4) à la rentrée 2018

Les parties « Volet 1 : les spécificités du cycle des apprentissages fondamentaux », « Volet 2 : contributions essentielles des différents enseignements au socle commun » et les sous-parties « Français » et « Mathématiques » de la partie « Volet 3 : les enseignements » des programmes de 2015 ont été remplacées par celles de l'arrêté du 17-7-2018 (*JO* du 21-7-2018 parues au *Bulletin officiel* n° 30 du 26-7-2018).

Les documents d'évaluation

À l'école maternelle

Le carnet de suivi des apprentissages, renseigné tout au long du cycle, et la synthèse des acquis de l'élève, établie à la fin de la dernière année du cycle 1 sont les deux outils d'une évaluation « bienveillante » devant s'attacher à « mettre en valeur, au-delà du résultat obtenu, le cheminement de l'enfant et les progrès qu'il fait par rapport à lui-même. »

Le livret scolaire unique de la scolarité obligatoire : le LSUN (Livret Scolaire Unique Numérique) **« regroupe, pour chaque cycle** :

– les bilans périodiques du cycle en cours.

– les bilans de fin des cycles précédents et, en première année d'un cycle, les bilans périodiques de l'année précédente.

– les attestations déjà obtenues : PSC1, ASSR 1 et 2, AER, attestation scolaire « savoir-nager » (ASSN), etc.

À la fin de chaque période, un bilan détaille :

– au recto, le niveau des élèves par matière

– au verso, les appréciations générales et les projets menés

Ce modèle national est construit sur un format identique du CP à la troisième.

À la fin de chaque cycle (CE2, sixième, troisième), une fiche dresse un bilan global sur huit composantes du socle commun grâce à un indicateur simple : maîtrise insuffisante, fragile, satisfaisante ou très bonne.

À la fin de la scolarité obligatoire, les parents pourront s'être constitué un dossier d'une trentaine de bilans.[1] »

1. http://www.education.gouv.fr/cid106168/le-livret-scolaire-unique-du-cp-a-la-troisieme.html

fiche 16

LE DÉCOUPAGE DE LA SCOLARITÉ

UN DÉCOUPAGE TEMPOREL DE L'ANNÉE

Le Code de l'éducation prévoit que l'année scolaire comporte 36 semaines réparties en 5 périodes de travail séparées par 4 périodes de vacance des classes.

L'organisation hebdomadaire

Le décret relatif à l'organisation du temps scolaire dans les écoles maternelles et élémentaires du 24 janvier 2013 a fixé de nouveaux principes : l'étalement des 24 heures d'enseignement hebdomadaire sur neuf demi-journées, incluant le mercredi matin ; une journée de classe de maximum 5 heures 30 et une demi-journée de maximum 3 heures 30 ; une pause méridienne de 1 heure 30 au minimum.

Le décret du 27 juin 2017 « introduit la possibilité d'une nouvelle dérogation dans l'organisation de la semaine scolaire » et permet un retour à la semaine de quatre jours.

À la rentrée 2018, 85 % des communes sont revenues à la semaine de quatre jours, ce qui représente 80 % des élèves.

UNE ORGANISATION EN CYCLES

En 1989, trois cycles furent définis par la loi d'orientation : le cycle 1, cycle des apprentissages premiers : PS MS ; le cycle 2, cycle des apprentissages fondamentaux : GS CP CE1 ; et le cycle 3, cycle des approfondissements : CE2 CM1 CM2. La grande section, dernière année de l'école maternelle tout en appartenant au cycle des apprentissages fondamentaux, assure la continuité entre écoles maternelle et l'élémentaire.

Des cycles réorganisés en 2013

Le décret n° 2013-682 du 24 juillet 2013 réorganise les cycles ainsi :

École Maternelle			École Élémentaire					Collège			
Cycle 1 Cycle des apprentissages premiers			Cycle 2 Cycle des apprentissages fondamentaux			Cycle 3 Cycle de consolidation			Cycle 4 Cycle des approfondissements		
PS	MS	GS	CP	CE1	CE2	CM1	CM2	6e	5e	4e	3e

LA DIMENSION PÉDAGOGIQUE

La loi de 1989 a initié la philosophie du découpage de la scolarité en cycles qui permet de penser la continuité des apprentissages aux cours de la scolarité tout en favorisant une souplesse quant à la durée. Apprendre nécessite du temps afin que les compétences puissent réellement se développer et se stabiliser. Cela peut nécessiter des parcours différents d'acquisition selon les élèves afin d'aboutir aux même compétences.
Cette approche implique un réel travail d'équipe et de partenariat au sein des écoles.
La loi de 2013 réaffirme le principe des cycles d'enseignement. En 2015, le CSP précise que « l'écriture simultanée des programmes des trois cycles garantit la cohérence entre ce qui doit être appris au cours d'un cycle et la progressivité de ce qui doit être appris dans un domaine d'enseignement du début du cycle 2 à la fin du cycle 4. »

LES QUATRE CYCLES DE LA SCOLARITÉ OBLIGATOIRE

Le cycle 1 (PS, MS, GS), cycle des apprentissages premiers

« Sa mission principale est de donner envie aux enfants d'aller à l'école pour apprendre, affirmer et épanouir leur personnalité. »

Le cycle 2 (CP, CE1, CE2), cycle des apprentissages fondamentaux

« Au cycle 2, tous les domaines d'enseignement interrogent le monde. La maîtrise des langages, et notamment de la langue française, est la priorité. »

Le cycle 3 (CM1, CM2, 6e), cycle de consolidation

« Ce cycle a une double responsabilité : consolider les apprentissages fondamentaux qui ont été engagés au cycle 2 et qui conditionnent les apprentissages ultérieurs ; permettre une meilleure transition entre l'école primaire et le collège en assurant une continuité et une progressivité entre les trois années du cycle. »

Le cycle 4 (5e, 4e, 3e), cycle des approfondissements

Lors du cycle 4, les élèves travaillent sur des activités disciplinaires et interdisciplinaires.

fiche 17

L'ÉCOLE MATERNELLE

QUELQUES REPÈRES HISTORIQUES

De la salle d'asile à l'école maternelle

L'école maternelle française naît d'un besoin socioéconomique. Au XIXe siècle, avec la révolution industrielle, les salles d'asile se développent car les mères travaillent et ne peuvent s'occuper de leurs enfants ; leur mission est charitable.

Les salles d'asile sont généralisées sous le ministère Guizot en 1836. Les enfants y sont accueillis de 2 à 6 ans, s'ils sont vaccinés (ou à vacciner), l'établissement est gratuit. Leur but avant tout est de faire adopter aux enfants des habitudes d'ordre, de propreté, de bienveillance mutuelle qui les préparent *« à une vie honnête, décente et chrétienne »*. Il s'agit souvent de faire réaliser des travaux manuels en répétant en chœur des chants moraux composés pour la petite enfance.

L'action de Marie Pape-Carpantier, visant, dès 1845, à donner une instruction au sein d'une « école maternelle » ne débouche pas. Sous le second Empire, la hausse importante des effectifs conduit les salles d'asile à n'être plus que des garderies propres et chauffées.

L'intégration au système scolaire

Jules Ferry et Ferdinand Buisson souhaitent faire des salles d'asile une vraie école et créent les écoles maternelles en 1881. Elles sont publiques, gratuites, mixtes et laïques mais non obligatoires (intégrées à l'école primaire).

Pourtant, malgré les textes officiels, les méthodes pédagogiques ne changent pas !

Les travaux sur le développement du jeune enfant modifient les pratiques pédagogiques

Entre 1879 et 1917, Pauline Kergomard (inspectrice générale) insiste sur la nécessité d'adapter l'école au jeune âge des enfants (le jeu est pensé

comme le travail de l'enfant, mise en place d'un matériel pédagogique spécifique, besoin d'un mobilier modulable et adapté aux petits, les contenus notionnels ne devant débuter qu'à partir de 5 ans).
L'école maternelle devient un véritable lieu de l'innovation pédagogique.
En 1921 est créée l'AGIEM (Association générale des institutrices des écoles maternelles), devenue en 2006 AGEEM (Association générale des enseignants des écoles et classes maternelles publiques).
Le changement de sens du statut de l'enfant (ce n'est pas un petit adulte !) grâce aux études psychologiques (début XXe siècle) de Simon et Binet, Piaget et Wallon amplifie le changement des pratiques pédagogiques. Les écoles développées par Maria Montessori (en Italie), Ovide Decroly (en Belgique) participent à ce développement.

Une demande croissante des familles de tous les milieux économiques et culturels

- Après la Seconde Guerre mondiale, les enfants des milieux favorisés fréquentent de plus en plus la maternelle ; depuis 1970 la totalité des enfants de 5 ans est scolarisée.
- L'école maternelle pensée comme une famille élargie où l'institutrice est comme *« une mère intelligente et dévouée »* (P. Kergomard) n'est plus exclusivement réservée aux femmes. En 1977, les instituteurs peuvent enseigner à l'école maternelle qui n'est plus alors le domaine spécifique des institutrices.
- La loi du 26 juillet 2019 a abaissé l'âge de l'instruction obligatoire à 3 ans.

LES MISSIONS DE LA MATERNELLE AUJOURD'HUI

Un nouveau programme a été publié en 2015 avec l'objectif de mieux prendre en compte les besoins des enfants de cet âge et de mieux assurer la continuité des apprentissages.
Le programme affirme que l'école maternelle doit être :
1. une école qui s'adapte aux jeunes enfants
2. une école qui organise des modalités spécifiques d'apprentissage
3. une école où les enfants vont apprendre ensemble et vivre ensemble.

Il définit cinq domaines d'apprentissage :
1. Mobiliser le langage dans toutes ses dimensions
2. Agir, s'exprimer, comprendre à travers l'activité physique
3. Agir, s'exprimer, comprendre à travers les activités artistiques
4. Construire les premiers outils pour structurer sa pensée
5. Explorer le monde.

Des ressources d'accompagnement à la mise en œuvre du programme ont été mises en ligne sur le site Eduscol.

UN FONCTIONNEMENT SPÉCIFIQUE

L'école maternelle est organisée pour les jeunes enfants.

Organisation de l'espace

La classe est organisée avec des coins jeux (coin cuisine, construction...), coin bibliothèque, peinture, informatique. Un espace « regroupement » organisé autour de bancs ou de tapis permet à l'ensemble du groupe classe de se retrouver pour les rituels ou d'autres activités collectives.
Le mobilier est adapté à la taille des élèves, il est modulable et doit favoriser l'autonomie (casier personnel pour ranger ses dessins, bac de livres à la bibliothèque...).

Organisation du temps

Il n'existe pas d'horaires définis pour travailler les différents domaines. En revanche, l'emploi du temps de la journée :
– s'adapte aux besoins physiologiques des enfants (la collation, passage aux toilettes qui implique l'éducation à la propreté, sieste...) ;
– sécurise l'enfant par sa régularité quotidienne (accueil, les rituels, les ateliers...) ;
– favorise une prise de conscience progressive de la notion du temps qui passe.

L'accueil, les récréations, l'accompagnement des moments de repos, de sieste, d'hygiène sont des temps d'éducation à part entière. Ils sont organisés dans cette perspective par les adultes qui en ont la responsabilité et qui donnent des repères sécurisants aux jeunes enfants.

L'Atsem joue un rôle important

Les Atsem sont chargés de l'assistance au personnel enseignant pour la réception, l'animation et l'hygiène des jeunes enfants, ainsi que de la propreté des locaux et du matériel servant directement à ces enfants. L'enseignant est celui qui décide de son projet pédagogique, l'Atsem l'assiste dans l'acquisition des règles de vie, du langage, dans le rapport au corps et aux autres enfants...

ACCOMPAGNER LES RUPTURES ET ORGANISER LES CONTINUITÉS

Une école qui accompagne les transitions vécues par les enfants

L'école maternelle construit des passerelles au quotidien entre la famille et l'école, le temps scolaire et le temps périscolaire. Elle joue aussi un rôle pivot à travers les relations qu'elle établit avec les institutions de la petite enfance et avec l'école élémentaire. [...] Tout en gardant ses spécificités, l'école maternelle assure les meilleures relations possibles avec les différents lieux d'accueil et d'éducation au cours de la journée, de la semaine et de l'année. Elle établit des relations avec des partenaires extérieurs à l'école. (Programme de 2015)

La programmation des activités

« Le programme établit, pour chaque domaine d'apprentissage, une définition générale, énonce les objectifs visés et donne des indications pédagogiques de nature à fournir des repères pour organiser la progressivité des apprentissages. [...] Au sein de chaque école maternelle, les enseignants travaillent en équipe afin de définir une progressivité des enseignements sur le cycle. Ils construisent des ressources et des outils communs afin de faire vivre aux enfants cette progressivité. » (Programme de 2015)

Les moyens pédagogiques pour atteindre ces objectifs

• Le **jeu** est l'activité normale de l'enfant. Il conduit à une multiplicité d'expériences sensorielles, motrices, affectives, intellectuelles... ainsi le pro-

gramme de l'école maternelle souligne-t-il que « le jeu favorise la richesse des expériences vécues par les enfants dans l'ensemble des classes de l'école maternelle et alimente tous les domaines d'apprentissages. »
Le programme précise par ailleurs que l'enseignant doit également permettre aux enfants « d'apprendre en réfléchissant et en résolvant des problèmes, d'apprendre en s'exerçant, d'apprendre en se remémorant et en mémorisant. »

• Le travail en **projet** est particulièrement utilisé en maternelle tout comme le recours à un travail par thèmes (l'hiver, l'escargot...). Attention cependant, ces deux moyens ne s'appuient pas sur les mêmes choix pédagogiques. Le travail par thème, risque d'être un prétexte pour travailler des compétences qui ne relèvent pas nécessairement du thème (exemple : compter des escargots ou des bonshommes de neige...).

L'acquisition et le développement de la conscience phonologique

C'est l'un des points centraux du programme de 2015.
« Pour pouvoir lire et écrire, les enfants devront réaliser deux grandes acquisitions : identifier les unités sonores que l'on emploie lorsqu'on parle français (conscience phonologique) et comprendre que l'écriture du français est un code au moyen duquel on transcrit des sons (principe alphabétique). »

Développer le langage à l'école maternelle

C'est l'objectif phare de la rentrée 2017.
« Le développement cognitif de l'enfant passe nécessairement par la maîtrise du langage. La première priorité de l'école maternelle est donc la simulation et la structuration quotidienne du langage oral des élèves ainsi que l'entrée progressive dans une culture de l'écrit dont ils découvrent la fonction et qu'ils sont amenés à comprendre de mieux en mieux tout au long de l'école maternelle. »

LA PLACE DES PARENTS À L'ÉCOLE MATERNELLE

Le premier point abordé par le programme de 2015 s'intitule : « Une école qui accueille les enfants et leurs parents ».
« Dès l'accueil de l'enfant à l'école, un dialogue régulier et constructif s'établit entre enseignants et parents ; il exige de la confiance et une information réciproques. »

Dialogue et enjeux

L'enseignant doit offrir aux parents une qualité d'attention et d'écoute : le dialogue qui s'instaure leur permet de suivre la scolarité de leur enfant et d'en comprendre les règles et les enjeux.
Pour développer un climat de confiance, toutes les occasions d'expliquer les objectifs des activités doivent être recherchées :
- échanges avec les parents lors de l'accueil des enfants ;
- organisation de réunions d'informations par classe ;
- organisation d'opérations « portes ouverte » à l'occasion desquelles l'équipe pédagogique montre et explique les travaux des enfants ;
- mise en place de cahiers de vie qui s'échangent entre l'école et les parents ;
- rénovation des « livrets d'évaluation » : livrets plus lisibles et moins normatifs ou livrets de suivi de l'élève sous la forme d'un recueil d'auto-évaluation.

L'accueil quotidien

Ce moment est à privilégier dans la relation parents/enseignants. Pour les parents, c'est un moment de dialogue avec les enseignants. Pour l'enfant, c'est le passage du monde de la famille à celui de l'école. Il relève de l'action éducative de l'école et doit être organisée.
La semaine de la rentrée, en première année de maternelle, les familles peuvent rester toute une journée à l'école. Certains parents ne se déplaceraient pas pour une réunion, en revanche, tous participent à ces moments d'accueil, car tous les parents ont envie et besoin de connaître le lieu de vie de leur enfant.

fiche 18

LES PERSONNELS

De nombreuses personnes interviennent à l'école. Leur statut et leur rôle ne sont cependant pas tous identiques.

L'ÉQUIPE ÉDUCATIVE

Elle est composée de l'ensemble des personnels de l'Éducation nationale, de ceux qui travaillent auprès des classes sans être membres de l'Éducation nationale et des parents d'élèves.

LE PERSONNEL DE L'ÉDUCATION NATIONALE

Les professeurs des écoles (PE)

Leur rôle est d'assurer les enseignements dans des classes de la TPS (Toute Petite Section) au CM2.

Certains ont passé des certificats complémentaires et ont donc des responsabilités différentes.

- **Les directeurs :** ils gèrent l'école dans laquelle ils sont nommés (mission d'encadrement).
- **Les maîtres formateurs :** ils accueillent des étudiants et des stagiaires dans leur classe et interviennent dans la formation initiale et continue des PE.
- **Professeurs des écoles spécialisés chargés d'ULIS** (unités localisées pour l'inclusion scolaire) : ils sont titulaires du CAPPEI (certificat d'aptitude professionnelle aux pratiques de l'éducation inclusive).
- **Professeurs des écoles spécialisés exerçant en RASED** (réseaux d'aides spécialisées aux élèves en difficulté) : ils sont titulaires du CAPPEI (certificat d'aptitude professionnelle aux pratiques de l'éducation inclusive).
- **L'enseignant référent de scolarisation** : titulaire du CAPPEI, il est chargé des actions menées en direction des enfants en situation de handicap.

Les personnels non enseignants de l'Éducation nationale

• **Le médecin scolaire** est chargé des actions de prévention individuelles et collectives et de la promotion de la santé et du dépistage des maltraitances.

• **L'infirmier scolaire** principalement affecté dans le second degré assiste le médecin scolaire.

• **Les psychologues de l'Éducation nationale (PsyEN)** : nouveau corps unique créé à la rentrée 2017, le recrutement des psychologues de l'Éducation nationale s'effectue par concours. Les candidats doivent avoir effectué l'intégralité de leur cursus de formation en psychologie, de la licence au master. Les anciens psychologues scolaires sont intégrés à ce nouveau corps à la rentrée 2017.

LE PERSONNEL NE DÉPENDANT PAS DE L'ÉDUCATION NATIONALE

Une partie des personnes qui travaillent dans les écoles sont des agents territoriaux recrutés par la commune. Les autres ont des statuts divers.

Les agents territoriaux

• **Les ATSEM** (Agent territorial spécialisé en école maternelle). Leur mission consiste à assister les PE pour l'hygiène, la préparation matérielle et dans les activités proposées.

• **Les intervenants extérieurs** : formés en éducation physique et sportive ou dans un domaine artistique ou en langues étrangères ou régionales, ils apportent leurs compétences spécifiques aux classes des écoles de la commune. Le nombre d'intervenants extérieurs est très différent d'une commune à l'autre.

Les autres personnels

• **Les intervenants extérieurs non territoriaux :** ils interviennent dans le cadre de projets définis par le maître ou l'équipe pédagogique.

• **Les AESH** (accompagnants des élèves en situation de handicap) ont pour mission l'accompagnement des enfants en situation de handicap. Leurs activités s'exercent dans trois domaines : l'accompagnement des jeunes dans les actes de la vie quotidienne, l'accès aux activités d'apprentissage et les activités de la vie sociale et relationnelle.

fiche 19

PROJETS – ÉQUIPES – CONSEILS

Le travail en équipe est une composante essentielle du métier d'enseignant. La forme et la constitution de ces équipes varient selon les objectifs et les projets qu'elles ont à remplir. Les formes sont diverses.

LES ÉQUIPES

L'équipe pédagogique : c'est l'ensemble des personnels intervenant auprès des élèves de l'école (directeur, enseignants titulaires et titulaires remplaçants affectés à l'école, membres du RASED).

L'équipe de cycle : ce sont les enseignants de l'école intervenant dans le cycle concerné, ainsi que les enseignants du RASED et le directeur.

L'équipe éducative : c'est un lieu de dialogue et de concertation où s'élabore et s'ajuste le projet individuel de l'élève en difficulté avérée ou en intégration scolaire. Elle est composée de l'ensemble des personnels de l'Éducation nationale qui travaillent avec l'élève, ainsi que du responsable légal de l'enfant et des personnes intervenant auprès de lui hors de l'école (CMPP, instance médicale, sociale...).

LES CONSEILS

Le conseil d'école : il regroupe l'équipe pédagogique, un représentant du maire, des représentants des parents élus, l'IEN et le délégué départemental de l'Éducation nationale chargé de visiter l'école (DDEN). Le conseil d'école se réunit 3 fois par an pour voter le règlement de l'école, émettre des avis et des suggestions sur la vie de l'école.

Le conseil de maîtres : il est composé de l'équipe pédagogique. Il donne son avis sur l'organisation du service et sur tous les problèmes concernant la vie de l'école.

Le conseil de cycle : il est composé des enseignants du cycle et du directeur ; il fait le point sur la progression des enfants dans l'acquisition des diverses compétences définies pour ce cycle. Il formule les propositions concernant le passage des élèves d'un cycle à l'autre ou leur maintien dans le cycle.

Le Conseil école-collège : sous la présidence de l'inspecteur de l'Éducation nationale et du principal du collège, sa composition est équilibrée entre le premier et le second degré. Il mène des actions pédagogiques, à tout niveau, sur l'ensemble des cycles, en coopération avec les instances locales pour améliorer la continuité école-collège. Il se réunit au moins deux fois par an.

LES PROJETS

Le projet d'école : obligatoire pour chaque école depuis 1989, le projet a une durée de trois ans. Il définit les modalités particulières de mise en œuvre des objectifs et des programmes nationaux, ainsi que les activités scolaires et périscolaires qui y concourent. Il précise les voies et les moyens mis en œuvre pour assurer la réussite de tous les élèves et pour associer les parents à cette fin.

Un volet culturel est obligatoire depuis 2002, un volet sanitaire et un volet numérique depuis 2006. Les modalités d'aides doivent être spécifiées depuis 2008 et l'organisation des activités pédagogiques complémentaires (APC) précisée depuis 2013.

Un volet consacré à l'inclusion scolaire est introduit à partir de 2019.

Le projet de cycle : il doit permettre l'articulation et l'adaptation du projet d'école aux besoins du cycle qui détermine des priorités pédagogiques. Le projet de cycle laisse cependant une liberté pédagogique à chaque enseignant.

Les projets personnalisés : chaque projet intéresse un élève et lui est spécifique. C'est l'équipe éducative qui le construit en fonction des besoins de l'élève par rapport aux difficultés qu'il rencontre. Ce sont :

– les PAI (projets d'accueil individualisés) pour des enfants souffrant de certaines maladies (asthme, allergie, etc.) ;

– les PPS (projets personnalisés de scolarisation) organisant la scolarité des enfants porteurs de handicap ;

– les PPRE (programmes personnalisés de réussite éducative) s'adressant à des élèves rencontrant des difficultés d'apprentissage ;

– les PAP (plan d'accompagnement personnalisé) pour les enfants présentant un trouble des apprentissages (trouble spécifique du langage, par exemple).

fiche 20

LES CARACTÉRISTIQUES ET LES INDICATEURS DE L'ÉCOLE

Pour avoir une représentation suffisamment objective des particularités d'une école, de son contexte, il est nécessaire de se fonder sur un certain nombre d'indicateurs. Certains d'entre eux seront retenus pour élaborer le projet d'école qui doit prévoir des actions prioritaires permettant d'améliorer les résultats des élèves, d'assurer la continuité des apprentissages en tenant compte des spécificités de l'école.
Voici quelques exemples de grandes catégories d'indicateurs.

INDICATEURS EXTERNES

Indicateurs centrés sur l'environnement de l'école

Contexte socio-économique :
- catégories socioprofessionnelles des parents (PCS) ;
- taux de chômage ;
- taux de non-francophones ; langue parlée à la maison ;
- importance des foyers monoparentaux.

Les associations présentes sur le quartier.
Les structures socioculturelles :
- médiathèque, théâtre, cinéma, etc.

INDICATEURS INTERNES

Indicateurs centrés sur les élèves

- Résultats aux évaluations nationales, domaines où les élèves sont en difficulté ; taux de validations des paliers du socle commun.
- Nombre/pourcentage d'élèves ayant bénéficié d'un PPRE ; ayant fait l'objet d'un signalement au RASED.
- Nombre/pourcentage d'enfants porteurs de handicap bénéficiant d'un PPS.
- Nombre/pourcentage de cas de violence, de signalement.
- Nombre/pourcentages d'élèves ayant bénéficié d'un PAI.
- Nombre/pourcentages d'élèves ayant bénéficié d'un PAP.

Indicateurs centrés sur l'équipe

L'équipe pédagogique

– Composition et stabilité.
– Stages suivis par les enseignants : individuel/d'école.
– Fonctionnement :
  • modalités du travail d'équipe,
  • organisation des évaluations,
  • gestion des heures de soutien,
  • intervention dans le domaine périscolaire.

L'équipe éducative

– Les différents personnels intervenant dans l'école ; leur rôle.
– Les différents partenaires associés à l'école ; leur rôle (intervenants municipaux ; bibliothèque municipale, structure culturelle, etc.).

Les relations avec les parents

– Nature des concertations avec les parents ; fréquence.
– Pourcentage de parents participant aux élections.
– Nombre/pourcentage de parents intervenant dans l'école ; nature des interventions (sortie, ateliers, gestion de prêt dans la bibliothèque, etc.).

Indicateurs centrés sur les ressources matérielles

Les locaux

– Présence d'une BCD.
– Salle polyvalente.
– Salle informatique.
– Accès à un gymnase, etc.

L'équipement matériel

– Nombre d'ouvrages en BCD ; de quel type ?
– Matériel informatique : Nombre de postes dans les classes ; connexion Internet ; logiciels.
– Matériel audiovisuel.
– Matériel EPS, etc.

Les budgets

– Les crédits et leur gestion.
– Les budgets spécifiques (inspection académique, projet CAF, OCCE, etc.).

fiche 21

LES PARENTS

QUI SONT LES PARTENAIRES DE L'ÉCOLE ?

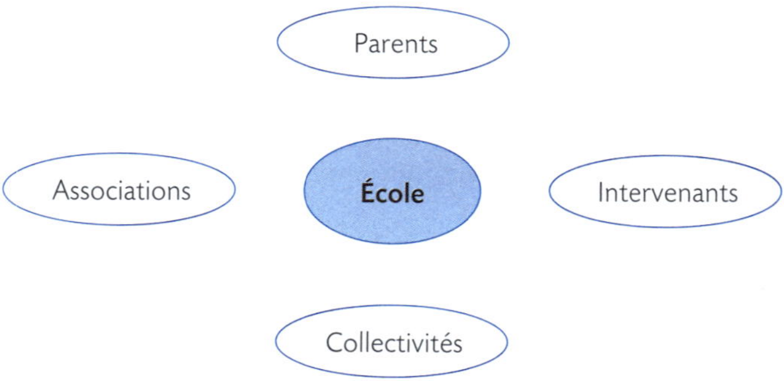

Le développement de partenariats

Le développement de partenariats autour de l'école répond à deux exigences : une école ouverte sur le monde extérieur et l'idée d'une co-éducation partagée par l'école, la famille et d'autres intervenants dans l'éducation de l'enfant pris dans sa globalité.

Cela suppose que l'école s'ouvre et accueille des partenaires ou intervenants extérieurs, et qu'elle sorte de ses murs pour participer à la vie de quartier et pour s'investir dans des missions sociales ou culturelles.

Cette politique de partenariats est particulièrement développée par l'Éducation nationale depuis les années 1980. Elle concerne d'abord la participation des parents d'élèves à la vie de l'école, mais aussi les élus et collectivités locales associées à la gestion et à la prise de décisions (sur le financement ou le calendrier scolaire, par exemple), les intervenants extérieurs associés aux activités d'encadrement ou d'enseignement, les associations sportives ou culturelles qui, en accord avec le ministère, proposent des activités parascolaires.

« L'école ouverte »

Lancée en 1991, « l'école ouverte » désigne aujourd'hui les écoles, collèges et lycées qui décident de rester ouverts durant les vacances scolaires. Sur la base du volontariat, élèves, enseignants et animateurs se retrouvent dans les locaux scolaires pour des activités de loisirs et/ou de soutien scolaire. Les objectifs consistent à aider les jeunes à modifier leur représentation de l'école et contribuer à la lutte contre la violence, ainsi qu'à collaborer à la réussite scolaire et à l'insertion sociale des jeunes.

LES PARENTS D'ÉLÈVES

Les textes règlementant la participation des parents d'élèves

Les décrets de 1985, faisant suite aux lois de décentralisation, préparent le terrain à la loi d'Orientation de 1989 qui précise dans son titre : « *les parents d'élèves membres à part entière de la communauté éducative* [...] *sont les partenaires permanents de l'école ou de l'établissement scolaire. Leur droit à l'information et à l'expression doit être absolument respecté...* ».

Le code de l'éducation du 13 juillet 2000 stipule (art. L.111.-4) : « *Les parents d'élèves sont membres de la communauté éducative. Leur participation à la vie scolaire et le dialogue avec les enseignants et les autres personnels sont assurés dans chaque établissement. Les parents d'élèves participent par leurs représentants aux conseils d'école, aux conseils d'administration des établissements scolaires et aux conseils de classe.* »

Le *BO* n° 19, du 10 mai 2001 précise les modalités de participation des associations de parents d'élèves : « *L'article L. 111-4 du code de l'éducation définit le cadre général de la participation des parents d'élèves à la vie scolaire. Membres de la communauté éducative, laquelle "rassemble les élèves et tous ceux qui, dans l'établissement scolaire ou en relation avec lui, participent à la formation des élèves", ils doivent pouvoir entretenir des relations permanentes avec les enseignants et les autres personnels des écoles et des établissements du second degré. En effet, la régularité et la qualité des relations construites par les personnels de direction, d'éducation et d'enseignement avec les parents d'élèves constituent un élément déterminant dans l'accomplissement de la mission confiée au service public de l'éducation. L'obligation faite à l'État de garantir le respect de l'action éducative des familles conduit notamment à une démarche d'éducation partagée et requiert de soutenir et renforcer le partenariat nécessaire entre l'institution scolaire et les parents d'élèves,*

légalement responsables de l'éducation de leurs enfants. L'école doit en conséquence assurer l'effectivité des droits d'information et d'expression reconnus aux parents d'élèves et à leurs représentants, ainsi que, selon les procédures prévues à cette fin, leur participation aux instances collégiales des établissements.
La participation des parents d'élèves au fonctionnement du service public de l'éducation s'exerce notamment par l'intermédiaire d'associations de parents d'élèves au sens de la loi du 1er juillet 1901, présentes au sein des écoles et des établissements du second degré ou aux conseils de l'éducation nationale institués dans les départements ou les académies. En tant qu'elles sont chargées d'une mission de représentation collective d'une catégorie de membres de la communauté éducative, ces associations trouvent leur place dans le fonctionnement du service public de l'éducation et de ses établissements scolaires. Par ailleurs, leur fonction de médiation est essentielle à l'amélioration de la participation de l'ensemble des parents, en facilitant l'accès de ces derniers aux informations qui leur sont nécessaires et en les soutenant dans leur rôle éducatif. »

Depuis plus de vingt ans, la loi s'attache à définir la participation des parents d'élèves et de leurs représentants dans le fonctionnement de l'école. Ce mouvement de fond suit l'évolution de notre société.

Un « consumérisme » familial

Avec l'élévation du niveau d'instruction de la population, les familles sont plus attentives et exigeantes quant à la réussite scolaire de leurs enfants. Particulièrement dans les milieux aisés, les parents sont mieux informés des problèmes éducatifs et pédagogiques, et exercent une vigilance croissante sur le fonctionnement de l'école et la qualité de l'enseignement. Ils vont souvent jusqu'à faire jouer la « concurrence » entre public et privé ou entre écoles publiques (contournement de la carte scolaire).

Une double exigence

La participation croissante des parents à la vie de l'école est donc le résultat à la fois de cette évolution sociale et d'une demande de l'institution scolaire de mieux impliquer et responsabiliser les familles dans la scolarisation de leurs enfants.

Les droits des parents

- Droit à la scolarisation de leur enfant dans une école publique (applicable à tout enfant, y compris étranger ou handicapé).
- Droit à être informé des objectifs, des programmes et des méthodes d'enseignement.
- Droit d'être informé des évaluations et résultats scolaires de leur enfant.
- Droit de refuser ou d'accepter un redoublement.
- Droit de demander un passage anticipé.
- Droit de refuser ou d'accepter une prise en charge spécialisée.
- Droit à être représenté dans les instances consultatives (conseil d'école).

Les parents d'élèves, même séparés, sont également responsables de la scolarisation de leur enfant, et ont également droit à la communication des informations le concernant.

Le « malentendu » école-famille

Depuis l'Antiquité, les pédagogues voient dans la famille un obstacle à une bonne éducation. En effet, les parents ont toujours été considérés comme incapables de bien éduquer leurs enfants, et comme faisant obstacle à une éducation rationnelle du fait de leurs sentiments, leurs valeurs ou leurs croyances.

Platon inventa une société communiste (communauté des femmes et des enfants) pour soustraire les enfants à leurs parents et les confier à l'État. Rousseau voulut qu'Émile fût orphelin pour échapper à la « mauvaise influence » des parents et instaurer une éducation nouvelle.

L'école républicaine s'est imposée aussi « contre » les parents, en contraignant à l'obligation scolaire des enfants de paysans qui travaillaient aux champs, en imposant une culture laïque à des familles catholiques, en réprimant les langues et dialectes régionaux.

Le conflit entre école et famille est l'héritage d'une vieille méfiance réciproque : l'école voit dans les parents des intrus envahissants ; les parents voient dans l'école un lieu fermé qui les exclut.

Les enseignants accusent les parents :

– de « démission », leur reprochant de ne plus enseigner la politesse ou de dévaloriser l'école et les enseignants aux yeux des enfants ;

– de « consumérisme », cherchant l'intérêt égoïste de leur enfant, et traitant l'école comme un supermarché ;
– d'« interventionnisme » en voulant se mêler de pédagogie.
Les parents reprochent aux enseignants :
– leur « corporatisme », plus soucieux de leurs « avantages acquis » que de l'intérêt des élèves ;
– d'être « intouchables », à l'abri de toute critique ou sanction ;
– leur manque de transparence, leur refus d'ouvrir leur classe, leur frilosité face aux innovations et aux initiatives.
Afin de remédier à ce « malentendu », l'école développe des moyens de communiquer avec les parents et de les faire participer à la vie scolaire.

Les outils du partenariat

• **Le conseil d'école** où figurent, depuis 1977, des représentants de parents d'élèves permet d'associer les familles à l'information et aux décisions : règlement intérieur, restauration, travaux, équipements, calendrier scolaire, etc.
• **La réunion de rentrée** permet à l'enseignant d'informer les parents des élèves de sa classe sur les programmes de l'année, ses choix pédagogiques, le matériel à se procurer, l'aide éventuelle demandée aux parents pour des sorties ou voyages scolaires.
• **Le carnet de liaison** est l'outil privilégié de communication entre l'enseignant et la famille : absences, sorties, matériel demandé, demande de rendez-vous...
• **Les rendez-vous individuels**, à la demande de l'enseignant ou de la famille, permettent de discuter de problèmes de discipline, d'apprentissage, de santé ou d'orientation.
• **Le livret scolaire et ses bulletins périodiques** répondent au devoir d'informer les familles sur les résultats scolaires de leurs enfants.
• **Les sites Internet** contribuent à une meilleure communication avec les familles.
• Depuis la rentrée 2016, **le ministère propose aux parents d'élèves une application mobile eParents qui leur est spécialement dédiée**.

• **Un guide des parents** existe depuis 2009, en version papier et en ligne, sur Internet. Deux versions sont proposées : la première concerne l'école maternelle, la seconde l'école élémentaire.

• **Les associations de parents d'élèves** (FCPE, PEEP, UNAAPE) sont représentées au conseil d'école et interviennent dans le fonctionnement matériel de l'école (sécurité, restauration...).

La semaine de la démocratie scolaire

Les élections des représentants des parents d'élèves aux conseils d'école et aux conseils d'administration et les élections aux conseils des délégués pour la vie lycéenne (CVL) représentent un moment essentiel de la vie des écoles et des établissements. C'est pour faire prendre conscience à tous des enjeux de cet engagement qu'a été créée la semaine de la démocratie scolaire qui se déroule, pour l'année 2018-2019, la semaine du 8 octobre. L'objectif est de permettre une plus grande implication des parents et des élèves ainsi que de soutenir la coéducation.

fiche 22

LES COLLECTIVITÉS LOCALES

Depuis la loi de décentralisation de 1982, les écoles dépendent financièrement de la commune, les collèges du conseil général (département), les lycées du conseil régional, les universités de l'État.

Cela signifie que chaque collectivité, à son niveau, est propriétaire des locaux scolaires, qu'elle en assure la construction, l'entretien, le mobilier, l'équipement et la rémunération des personnels non enseignants.

LES RELATIONS DE L'ÉCOLE AVEC LA MAIRIE

Elles passent par :
- un représentant du maire au conseil d'école ;
- un adjoint au maire chargé de l'enseignement (pour les grandes villes) ;
- la caisse des écoles ;
- le directeur qui est l'interlocuteur avec la mairie, et responsable des locaux et du matériel. Il figure souvent au conseil d'administration de la caisse des écoles, comme représentant de l'IEN.

La caisse des écoles

Instituée en 1867 par le ministre Victor Duruy, avec pour fonction d'assurer des subventions municipales à l'école, elle est généralisée en 1882 par Jules Ferry.

Présidée par le maire, elle intervient dans tous les domaines de la vie scolaire (social, culturel, éducatif et sanitaire). Elle vise à faciliter la fréquentation de l'école par des aides financières proportionnées au revenu des familles. Elle est alimentée par des subventions de la commune, du département ou de l'État.

La caisse des écoles intervient sur le premier et le second degré. Depuis 2005, elle peut aider aussi des élèves de l'enseignement privé.

Elle peut contribuer aux dispositifs de réussite éducative, en vertu de la loi de programmation pour la cohésion sociale du 18 janvier 2005 (art. 130).

LES RESPONSABILITÉS DE LA MAIRIE

Pour l'école, **la mairie est responsable** :
- de l'inscription des élèves et de leur répartition dans les écoles ;
- des locaux (construction, entretien) ;
- des équipements (manuels, photocopies, cahiers, ordinateurs, audiovisuel, matériel sportif, jeux) ;
- des personnels non enseignants (ATSEM, personnel de service) ;
- des intervenants (EPS, disciplines artistiques ; ceci n'est pas une obligation, mais un « service » que la mairie offre à ses administrés) ;
- de la restauration scolaire (assurée par une cuisine municipale ou sous-traitée à une entreprise privée) ;
- de la garderie, des études surveillées, des activités périscolaires (centre de loisirs, ateliers culturels ou sportifs) ;
- des transports scolaires (en dehors des grandes villes, les communes financent un service de « ramassage scolaire », en particulier dans les cas de RPI – regroupement pédagogique intercommunal – qui répartit les niveaux d'enseignement entre plusieurs communes).

La loi de 2013 prévoit l'organisation d'un **projet éducatif territorial** (PEDT) élaboré à l'initiative de la collectivité territoriale pour gérer les activités périscolaires (*cf.* pp. 86 et 117).

Le contrat éducatif local (CEL)

Mis en place en 1998, le CEL associe les ministères de l'Éducation nationale, de la Culture, des Affaires sociales, de la Jeunesse et des Sports et les collectivités locales. Il permet en particulier d'harmoniser le temps scolaire et le temps libre des jeunes avec priorité aux quartiers défavorisés.

Le plan mercredi

À compter de la rentrée 2018, une charte qualité Plan mercredi organise l'accueil du mercredi autour de quatre axes : complémentarité éducative des temps périscolaires du mercredi avec les temps familiaux et scolaires ; accueil de tous les enfants en particulier des enfants en situation de handicap ; inscription des activités sur le territoire et en relation avec ses acteurs ; organisation d'activités riches et variées en y associant des sorties éducatives et en visant une réalisation finale (œuvre, spectacle, exposition, tournoi, etc.)[1].

1. http://www.planmercredi.education.gouv.fr

fiche 23

ASSOCIATIONS ET INSTITUTIONS

Le ministère de l'Éducation nationale entretient des relations de partenariats avec différentes associations et institutions dans le cadre d'activités touchant divers domaines. Nous donnons ci-dessous quelques exemples de ces liens et des actions concernées.

Avec l'USEP (Union sportive de l'enseignement du premier degré, fédération sportive scolaire des écoles maternelles et élémentaires publiques et secteur de la Ligue de l'enseignement).
Une convention de partenariat, signée en 2006, précise que la mission de service public confiée à l'USEP qui portera sur :
– la construction d'une véritable culture sportive par l'organisation de rencontres adaptées à l'âge des enfants ;
– la contribution à l'engagement civique et social des enfants par leur responsabilisation progressive dans le fonctionnement de l'association d'école.
Pour mener à bien ces objectifs, le ministère favorisera et accompagnera la création des associations USEP dans toutes les écoles publiques primaires [...]. Enfin, au regard de la place et du rôle spécifique occupés par le sport scolaire dans l'enseignement du premier degré, la traduction locale de cette convention, déclinée par chaque inspection académique et chaque comité départemental USEP, sera effectuée avec le soutien des équipes de circonscription de l'éducation nationale.

L'USEP s'engage à développer toutes les actions visant à accompagner, enrichir et diversifier les enseignements scolaires, en particulier :
– en organisant, avec la participation active des enfants, les rencontres sportives relevant de l'enseignement public du premier degré ;
– en développant des pratiques associatives et des projets pédagogiques ouvrant les rencontres à des approches transversales (citoyenneté, santé, culture, sécurité routière...) ;

.../...

.../...

– en élaborant des documents pédagogiques afin d'aider les enseignants à mettre en œuvre les activités et pratiques indiquées ci-dessus ;
– en encourageant la cohérence des activités et des enseignements dans et hors l'école dans la continuité des temps de vie de l'enfant.

Avec l'OCCE (Office central de la coopération à l'école).
Cette association gère notamment les « coopératives scolaires » dont les ressources proviennent des dons, des produits des fêtes d'école, des versements libres et volontaires des familles.
Elle poursuit des objectifs éducatifs et « son existence dans un établissement ne saurait avoir comme seule justification la possibilité de gérer de l'argent pour l'amélioration des conditions matérielles. »

Définition des objectifs du partenariat entre le ministère de l'Éducation nationale et l'OCCE (extraits)

Concernant l'éducation à la citoyenneté et la mise et œuvre des droits de l'enfant à l'école, son action s'effectue par :
– le développement progressif, de la participation effective des élèves, en fonction de leur âge et de leur niveau de maturité, à l'intérieur des diverses structures coopératives : conseil de coopérative de classe, conseil de coopérative d'école, club, foyer coopératif ;
– la diffusion et la promotion de la coopération scolaire – méthode active d'éducation morale, civique et intellectuelle ;
– pour développer l'esprit d'entraide et de solidarité, stimuler les initiatives en vue du travail en commun, donner le sens et le goût des responsabilités et permettre l'apprentissage de la liberté, de la démocratie et de la fraternité humaine ;
– l'initiation à la gestion et à la vie économique ainsi qu'aux structures de base de l'économie sociale.

L'OCCE impulse ainsi, un certain nombre d'actions. « Jardinons à l'école » permet ainsi aux écoles de développer des projets de jardinage débouchant sur le concours « écoles fleuries » avec le soutien des DDEN (délégués départementaux de l'Éducation nationale) et de l'Inspection générale.

D'autres opérations sont menées en partenariat avec des associations compétentes dans le domaine (« Maisons de la nature » dans le cadre de l'écologie, par exemple.)
Des partenariats peuvent être conclus entre différentes institutions et avec des collectivités locales.
Ainsi, dans le cadre de l'EDD (éducation au développement durable), l'opération « À l'école de la forêt » regroupe-t-elle les ministères de l'Éducation nationale et de l'Agriculture, les collectivités intéressées et des associations compétentes.

Dans le cadre de la charte de l'accompagnement à la scolarité signée par le ministère de l'Éducation nationale, certaines actions peuvent être confiées à des associations. Ainsi, à titre d'exemple cité par le site eduscol :
« *Les Ceméa (Centres d'entraînement aux méthodes d'éducation active), en partenariat avec Jériko, Carré Multimédia et Scidéralle, se proposent d'intervenir plus particulièrement en direction des préadolescents en grande difficulté scolaire.*
Le projet consiste à mettre en place un dispositif s'appuyant sur une pédagogie active de production avec les TIC en ciblant les apprentissages fondamentaux. Il prévoit la formation des animateurs.
Les Ceméa envisagent un déploiement sur 70 sites des neuf académies : Amiens, Bordeaux, Créteil, Guyane, La Réunion, Martinique, Nantes, Paris, Versailles ».

D'autres partenariats sont pérennisés depuis plusieurs années avec certaines institutions. C'est le cas de la Justice dans le cadre de la prévention, et de la Santé, notamment en ce qui concerne l'éducation à l'alimentation.
Des institutions comme l'Académie des Sciences ont participé activement, comme partenaires de l'Éducation nationale, à des opérations de relance de certains domaines d'enseignement. « La Main à la pâte » concernant l'enseignement scientifique et technologique en est un exemple.

D'autres associations, agréées par le ministère de l'Éducation nationale, travaillent avec les écoles, collèges et lycées. Parmi elles, citons :
– l'**ADOSEN** (Action et documentation santé pour l'Éducation nationale) qui intervient pendant et en dehors du temps scolaire sur des thèmes liés à la santé des élèves ;

– des associations qui apportent leur aide aux parents et aux enseignants sur des problèmes particuliers. Ainsi L'**AFEP** (Association française pour les enfants précoces) « aide à prévenir l'échec scolaire et social auquel ces enfants sont si souvent confrontés » ;
– d'autres structures investies dans un domaine artistique ; ainsi l'**ANRAT** (Association nationale de recherche et d'action théâtrale) rassemble des artistes et des enseignants engagés dans des actions d'initiation, de formation et d'accompagnement des jeunes aux pratiques théâtrales au sein de l'école ou hors temps scolaire ;
– des ateliers scientifiques et techniques, clubs sciences pour enfants et adolescent comme **Les petits débrouillards** ;
– des mouvements pédagogiques tels que :
• l'**AFL** (Association française pour la lecture) impliquée dans les questions d'apprentissage et de perfectionnement liées à la lecture,
• le **GFEN** (Groupe français d'éducation nouvelle) dont les domaines d'intervention concernent l'écriture, l'animation, l'accompagnement scolaire, la création, etc.
• l'**ICEM** (Institut coopératif de l'école moderne – pédagogie Freinet), mouvement pédagogique de recherche, d'innovation et de diffusion de la pédagogie Freinet ;
– des mouvements humanitaires comme **ATD Quart Monde**, association qui « veut donner la priorité aux plus démunis, aux plus exclus » ou le **Secours populaire français** « particulièrement attentif aux problèmes d'exclusion de l'enfance et des familles défavorisées ».

Le projet éducatif territorial (PEDT)

Depuis la loi d'orientation de 2013, les activités périscolaires prolongeant le service public de l'éducation peuvent être organisées dans le cadre d'un projet éducatif territorial (PEDT). Élaboré à l'initiative de la collectivité territoriale, il associe à cette dernière l'ensemble des acteurs intervenant dans le domaine de l'éducation (administrations de l'État concernées, associations, institutions culturelles et sportives, etc.)[1].

1. Voir aussi la loi d'orientation de 2013, page 83.

fiche 24

LES PROFESSEURS DES ÉCOLES

EN 1992, LE PROFESSORAT DES ÉCOLES EST CRÉÉ POUR REMPLACER LE CORPS DES INSTITUTEURS

Ce titre de « professeur » les aligne sur le statut et la rémunération des professeurs certifiés du second degré : comme eux, ils sont recrutés à bac + 3 (niveau licence) et bénéficient du même indice de rémunération.

La spécificité reste l'obligation d'enseignement de 26 heures d'enseignement hebdomadaire (plus une heure de concertation), et un concours de recrutement académique, au lieu d'être national. De plus, le PE est polyvalent, contrairement à ses collègues spécialistes disciplinaires du secondaire.

La création des PE correspond à une volonté d'augmenter le niveau de qualification universitaire des enseignants du premier degré, et de revaloriser leur image sociale et leur rémunération. Elle repose sur l'idéequ'enseigner en maternelle ou en CP est aussi difficile et valorisant qu'enseigner en terminale, et qu'il est nécessaire d'unifier le corps des professeurs de la maternelle au lycée.

Dans sa carrière, un professeur des écoles pourra devenir maître formateur et intervenir en ESPÉ en passant le CAFIPEMF, s'orienter vers l'enseignement spécialisé (ULIS, RASED, SEGPA...) en passant le CAPPEI, devenir directeur d'école ou inspecteur de l'Éducation nationale en passant un concours.

Depuis 2011, les professeurs des écoles, comme leurs collègues du secondaire, doivent être titulaires d'un master.

Le service du PE

En vertu du *BO* du 21 février 2013, le service du professeur des écoles comprend 24 h hebdomadaires de cours en classe entière, plus une enveloppe de 108 h annuelles comprenant les missions suivantes :

– 36 h annuelles d'activités pédagogiques complémentaires (APC), soit 1 h par semaine qui remplace les 1 h 30 d'aide personnalisée ;

– 24 h de concertation ;
– 24 h forfaitaires (relation parents, suivi de projets et d'élèves, transition CM2-6e) ;
– 18 h d'animation pédagogique et de formations en partie à distance ;
– 6 h de participation au Conseil d'école.

LA POLYVALENCE DU PE

La polyvalence différencie le PE du professeur de lycée et collège. Or cette polyvalence est battue en brèche par la multiplication des intervenants qui, financés par les municipalités, prennent en charge l'enseignement des arts visuels, de la musique, de l'EPS ou de l'anglais.
La polyvalence est nécessaire pour assurer une unité de l'enseignement qui permette une approche cohérente pour l'élève, une pratique favorable au développement des compétences transversales et une relation pédagogique et affective centrée sur un adulte référent. Ces dimensions sont d'autant plus nécessaires que l'élève est jeune. C'est pourquoi on peut envisager qu'à l'approche de l'entrée au collège, soit introduite progressivement une diversité des enseignants.

LES COMPÉTENCES PROFESSIONNELLES DU PE

Voir p. 4 et suivantes.

LE STATUT DE FONCTIONNAIRE

Contrairement au secteur « privé » où la situation du salarié dépend d'un contrat, les agents des administrations de l'État, des collectivités territoriales et du secteur sanitaire et social public ne sont pas régis par le Code du travail et des conventions collectives. Le fonctionnaire est dit dans une situation statutaire, c'est-à-dire que ses conditions de recrutement, de travail et de rémunération sont définies dans le cadre d'un « statut général » fixé par la loi.
Sous ce statut général qui détermine les principes communs du travail dans le service public, chaque « métier » de la fonction publique fait l'objet d'un

« statut particulier » qui détermine sa place dans la hiérarchie, les fonctions auxquelles il correspond, ainsi que les modalités de recrutement et de carrière. Les agents soumis au même statut sont dits former un « corps » (ou, parfois, un « cadre d'emploi »). Le « statut général des fonctionnaires » se compose de :
– la loi du 13 juillet 1983 portant droits et obligations des fonctionnaires,
– la loi du 11 janvier 1984 (fonction publique de l'État),
– la loi du 26 janvier 1984 (fonction publique territoriale) et la loi du 9 janvier 1986 (fonction publique hospitalière).

LES DEVOIRS DU PE

Les devoirs du PE découlent de son statut de fonctionnaire et des obligations liées au service public d'éducation. Cela signifie qu'il représente l'État et la loi, qu'il est en charge de l'application de la loi, et qu'il est au service de tous les citoyens, sans discrimination aucune. L'article L.111-3-1 de la loi du 29 juillet 2019 précise : *« L'engagement et l'exemplarité des personnels de l'éducation nationale confortent leur autorité dans la classe et l'établissement et contribuent au lien de confiance qui doit unir les élèves et leur famille au service public de l'éducation. Ce lien implique le respect des élèves et de leur famille à l'égard des professeurs, de l'ensemble des personnels et de l'institution scolaire. »*

L'obligation de neutralité

Le principe de neutralité du service public interdit au fonctionnaire de faire de sa fonction l'instrument d'une propagande quelconque. La neutralité du service public impose à l'enseignant, dans l'exercice de ses fonctions, de s'abstenir d'exprimer ses opinions politiques, philosophiques, religieuses, et de favoriser un intérêt commercial. Cette obligation cesse dès lors que l'enseignant sort du cadre professionnel ; il retrouve alors ses droits de citoyen ordinaire à l'entière liberté d'expression et d'engagement.

• **L'obligation de réserve**

L'obligation de réserve consiste à une limitation de la liberté d'expression même en dehors du service. « Réserve » signifie l'obligation d'une certaine mesure à respecter dans ses propos publics, et le risque d'être poursuivi si l'on tient des propos excessifs (injures, caricatures, propos tendancieux ou calomniateurs) à l'encontre de ses supérieurs ou du service public. Cette obligation est une construction jurisprudentielle, née d'une série de procès intentés à des fonctionnaires accusés d'avoir émis en public des critiques excessives et disproportionnées.

La portée de cette obligation est appréciée au cas par cas par l'autorité hiérarchique sous contrôle du juge administratif. L'obligation de réserve est une construction jurisprudentielle complexe qui varie d'intensité en fonction de critères divers (place du fonctionnaire dans la hiérarchie, circonstances dans lesquelles il s'est exprimé, modalités et formes de cette expression). C'est ainsi que le Conseil d'État a jugé de manière constante que l'obligation de réserve est particulièrement forte pour les titulaires de hautes fonctions administratives en tant qu'ils sont directement concernés par l'exécution de la politique gouvernementale. À l'inverse, les fonctionnaires investis d'un mandat politique ou de responsabilités syndicales disposent d'une plus grande liberté d'expression.

L'obligation d'obéissance hiérarchique

Le fonctionnaire *« doit se conformer aux instructions de son supérieur hiérarchique, sauf dans le cas où l'ordre donné est manifestement illégal et de nature à compromettre gravement un intérêt public. »* (Art. 28, loi n° 83.634 du 13-07-83.) Le refus d'obéissance équivaut à une faute professionnelle. Les supérieurs hiérarchiques du PE sont : l'IEN (inspecteur de l'Éducation nationale, responsable d'une circonscription), l'IA (inspecteur d'Académie, responsable départemental), le recteur (responsable de l'Académie), le ministre de l'Éducation nationale. (NB : Le directeur d'école n'est pas un supérieur hiérarchique.)

L'obligation de désintéressement ou interdiction de cumul d'emplois et de rémunérations

Le fonctionnaire ne peut exercer à titre professionnel une activité privée lucrative de quelque nature que ce soit. Cette interdiction générale de cumul s'applique à l'ensemble des agents, fonctionnaires et agents non titulaires exerçant leur activité à temps complet ou à temps non complet. Pour les cumuls d'activités publiques, le fonctionnaire ne peut pas exercer une deuxième fonction qui occuperait à elle seule son activité et dont la rémunération constituerait un traitement normal.

Il existe des **dérogations** : une décision favorable conjointe des deux administrations ; une durée limitée ; pas plus de deux emplois ; pas de préjudice à l'activité principale ; une rémunération totale inférieure à deux fois le traitement principal. (Loi du 13-07-83, art. 25 et décret-loi du 29-10-1936.)

L'obligation d'information au public

« Les fonctionnaires ont le devoir de satisfaire aux demandes d'information du public » (Art. 27, loi n° 83.634 du 13-07-83.) Ce devoir d'information correspond au droit de toute personne à l'accès aux documents administratifs la concernant. Cette obligation de « transparence » administrative concerne l'accès des parents au dossier scolaire de leur enfant, mais aussi l'accès des fonctionnaires à leur propre dossier administratif.

L'obligation de secret professionnel

« Les fonctionnaires sont tenus au secret professionnel dans le cadre des règles instituées dans le code pénal. Les fonctionnaires sont donc tenus au secret professionnel visé par le code pénal en tant que dépositaires de renseignements concernant ou intéressant des particuliers à moins que les nécessités du service ou des obligations légales ne leur imposent la communication des informations dont ils ont eu connaissance dans l'exercice ou à l'occasion de l'exercice de leur fonction. Cette disposition a pour objet de protéger les intérêts matériels et moraux des particuliers. L'obligation n'est pas absolue. La révélation des secrets acquis est parfois permise, voire même obligatoire » [dans les cas où le fonctionnaire doit prouver son innocence ou sur réquisition de la justice]. (Loi n° 83.634 du 13-07-83, article 26.)
Par exemple, le secret concerne des informations sur la situation familiale ou l'état de santé d'un élève que l'enseignant a obtenues dans le cadre d'une réunion professionnelle (conseil ou commission).

L'obligation de discrétion professionnelle

« Les fonctionnaires doivent faire preuve de discrétion professionnelle pour tous les faits, informations ou documents dont ils ont connaissance dans l'exercice ou à l'occasion de l'exercice de leurs fonctions. En dehors des cas expressément prévus par la réglementation en vigueur, notamment en matière de liberté d'accès aux documents administratifs, les fonctionnaires ne peuvent être déliés de cette obligation de discrétion professionnelle que par décision expresse de l'autorité dont ils dépendent. » (Loi n° 83.634 du 13-07-83, article 26.)

Plus légère que le secret, la discrétion vise surtout des informations acquises dans son activité professionnelle et qui pourraient nuire à l'image ou à la réputation du service public ou de l'établissement, si elles étaient divulguées. Attention, il ne s'agit pas d'une « loi du silence », et cette obligation de discrétion ne s'applique pas à des faits tombant sous le coup de la loi. La discrétion s'impose, par exemple, pour des informations délicates sur la vie privée d'un collègue mais sans aucune retombée sur sa vie professionnelle. Ou encore pour des maladresses administratives ou financières dans la gestion de l'établissement, commises involontairement et vite réparées. Par contre, il ne peut y avoir de discrétion sur un détournement de fonds.

L'obligation de signalement

Tout fonctionnaire qui, dans l'exercice de ses fonctions, acquiert la connaissance d'un crime ou d'un délit doit en aviser sans délai le procureur de la République. (Circulaire n° 97 175 du 26 août 1997. *Bulletin officiel* hors-série n° 5 du 4 septembre 1997.)

Obligation de signalement ou secret professionnel ?

La question se pose, en particulier lorsque l'enseignant est en possession d'informations sur la situation familiale d'un élève qui font apparaître une menace sur sa santé ou son intégrité (alcoolisme, abus sexuels, prédélinquance...), ou lorsqu'un enseignant sait qu'un collègue se livre à des attouchements sexuels sur les élèves ou à de graves humiliations condamnées par la loi.

Aujourd'hui, le souci de lutter contre la maltraitance et de protéger l'enfant amène à insister sur l'urgence de l'obligation de signalement. C'est le sens de la loi du 5 mars 2007 qui modifie le code pénal en levant clairement le secret professionnel au profit de l'obligation de signalement.

Code pénal

« Article 226-13

La révélation d'une information à caractère secret par une personne qui en est dépositaire soit par état ou par profession, soit en raison d'une fonction ou d'une mission temporaire, est punie d'un an d'emprisonnement et de 15 000 euros d'amende.

.../...

…/…

Article 226-14 *Modifié par Loi n° 2007-297 du 5 mars 2007*
L'article 226-13 n'est pas applicable dans les cas où la loi impose ou autorise la révélation du secret. En outre, il n'est pas applicable :
1° À celui qui informe les autorités judiciaires, médicales ou administratives de privations ou de sévices, y compris lorsqu'il s'agit d'atteintes ou mutilations sexuelles, dont il a eu connaissance et qui ont été infligées à un mineur ou à une personne qui n'est pas en mesure de se protéger en raison de son âge ou de son incapacité physique ou psychique.

Article 434-3
Le fait pour quiconque ayant eu connaissance de mauvais traitements ou privations infligés à un mineur de 15 ans ou à une personne qui n'est pas en mesure de se protéger en raison de son âge, d'une maladie, d'une infirmité, d'une déficience physique ou psychique ou d'un état de grossesse, de ne pas informer les autorités judiciaires ou administratives est puni de 3 ans d'emprisonnement et de 45 000 euros d'amende. »

NB : Cette obligation concerne prioritairement les enseignants, ainsi que les médecins, personnels de santé et travailleurs sociaux au contact de l'enfance. Mais le « quiconque » étend cette obligation à tous.

Quels sont les crimes et délits concernés par l'obligation de signalement ?
– Les atteintes à l'intégrité physique (coups et blessures, violences sexuelles, racket) ou à la dignité de la personne (insultes racistes, sexistes...).
– Les atteintes graves aux biens (incendie, vol, détérioration des locaux ou d'un véhicule).
Dans la pratique, cette obligation de signalement peut s'avérer délicate et poser des cas de conscience. Par exemple, signaler un élève maltraité peut entraîner le fait qu'il soit retiré à ses parents. Lourde responsabilité ! Cette décision généralement est prise en concertation avec l'équipe pédagogique, le directeur ou l'inspecteur.
L'autre difficulté réside dans les risques de rumeurs : ainsi, il arrive que des enseignants soient poursuivis suite à des dénonciations pour sévices sexuels qui se révèlent par la suite infondées.
L'obligation de signalement imposée par la loi se révèle à la fois impérative et parfois source de cas délicats d'éthique professionnelle.

L'obligation de surveillance

Elle est rappelée par une circulaire du 18 septembre 1997.
Le manquement à cette obligation peut constituer une faute civile.
L'obligation de surveillance concerne prioritairement la récréation en raison des risques accrus durant cette période. Mais les enseignants sont soumis à une obligation de surveillance continue durant tout le temps où l'enfant est confié à l'école.[1]

RESPONSABILITÉ CIVILE ET PÉNALE DE PE

Responsabilité civile

En cas d'accident subi par un élève, la responsabilité civile est engagée si l'enseignant a commis une faute ayant favorisé involontairement cet accident (défaut de surveillance, par exemple).
Elle est définie par l'article L. 911-4 du Code de l'éducation.
Elle consiste dans l'obligation de réparer un préjudice causé à autrui (les dommages).
Deux principes :
– principe de responsabilité pour faute des enseignants ;
– principe de substitution de l'État : si l'enseignant a commis la faute dans l'exercice de ses fonctions, l'État prend à sa place la responsabilité et la réparation du dommage.
« Chacun est responsable du dommage qu'il a causé non seulement par son fait, mais encore par sa négligence ou son imprudence. » (Article 1 383 du code civil)
« Il y a également délit, lorsque la loi le prévoit, en cas de faute d'imprudence, de négligence ou de manquement à une obligation de prudence ou de sécurité prévue par la loi ou le règlement, s'il est établi que l'auteur des faits n'a pas accompli les diligences normales compte tenu, le cas échéant, de la nature de ses missions ou de ses fonctions, de ses compétences ainsi que du pouvoir ou des moyens dont il disposait. » (Article 121-3 du code pénal)
L'enseignant est dégagé de cette responsabilité en cas de force majeure, ou de faute commise par la victime, ou d'intervention d'un tiers (causes exonératoires).

1. *Cf.* http://www.maif.fr/enseignants/vos-responsabilites/recreation-interclasse/surveillance.html

Responsabilité pénale

La responsabilité pénale est engagée si l'enseignant a provoqué volontairement cet accident. La faute pénale conduit à subir personnellement une peine (l'État ne se substitue pas à la responsabilité personnelle de l'enseignant en ce cas).

Comme tout citoyen, l'enseignant est poursuivi pénalement en cas de crime ou délit commis délibérément : accidents graves, atteintes à l'intégrité physique d'un élève, homicide involontaire par défaut de surveillance...

Depuis la loi du 10 juillet 2000, la responsabilité pénale est atténuée en cas de faute involontaire ou indirecte, par imprudence ou négligence. Dans ce cas, l'enseignant pourra ne pas être condamné pénalement, sauf si la faute revêt une gravité particulière : violation délibérée d'une règle de sécurité, mise en danger d'autrui en toute connaissance de cause...[1]

LES DROITS DU PE

Les principaux droits sont :
- la liberté d'opinion politique, syndicale, philosophique ou religieuse (dans les limites du devoir de réserve) ;
- le droit de grève ;
- le droit syndical ;
- le droit à la formation permanente (l'inspection académique doit proposer chaque année des actions ou des stages de formation aux professeurs des écoles) ;
- le droit de participation aux diverses instances (par des représentants élus) ;
- la rémunération après service fait (tout travail effectué doit être payé) ;
- le droit à la protection : « *Les fonctionnaires et les agents non titulaires ont droit à une protection et le cas échéant à une réparation lorsqu'ils ont fait l'objet, à l'occasion de leurs fonctions, de menaces, d'outrages, de voies de fait, d'injures ou de diffamations. Ils ont droit à une protection, dans certaines circonstances, en cas de poursuites pénales et civiles engagées par un tiers pour faute de service.* » (Loi n° 83.634 du 13-07-83, article 11) ;

1. *Cf.* http://www.maif.fr/enseignants/vos-responsabilites/grands-principes/accueil.html

– l'État protège ses fonctionnaires ; en cas d'agression, il peut déposer plainte, ou fournir une assistance juridique à un fonctionnaire poursuivi.

Un « droit d'accueil les jours de grève »

La loi instituant un droit d'accueil a été promulguée par le Parlement le 20 août 2008.

Le principe de la loi est défini dans l'article 2 : « *Tout enfant scolarisé dans une école maternelle ou élémentaire publique ou privée sous contrat est accueilli pendant le temps scolaire pour y suivre les enseignements prévus par les programmes. Il bénéficie gratuitement d'un service d'accueil lorsque ces enseignements ne peuvent lui être délivrés en raison de l'absence imprévisible de son professeur et de l'impossibilité de le remplacer. Il en est de même en cas de grève* [...].

Cette loi permet de concilier deux libertés :

– la liberté pour les enseignants de faire grève ;

– la liberté pour les familles de poursuivre leurs activités professionnelles les jours de grève.

L'organisation du service d'accueil

Les jours de grève, les enfants sont accueillis même si leur enseignant est absent pour fait de grève.

L'État assure cet accueil si le nombre prévu d'enseignants faisant grève dans une école est inférieur à 25 %.

Les communes assurent le service d'accueil si le nombre d'enseignants faisant grève est supérieur ou égal à 25 % des enseignants des écoles publiques maternelles et élémentaires. »

LES DROITS ET DEVOIRS SUR L'USAGE DU NUMÉRIQUE

Le développement du numérique à l'école impose le rappel de règles et de devoirs dans l'utilisation des TIC pour la protection des usagers. De nombreux services numériques sont aujourd'hui à la disposition de la communauté éducative. Ils conditionnent le développement des usages administratifs et pédagogiques. Ils assurent également en grande partie la sécurité des systèmes d'information et la protection des mineurs. Les dipositifs mis en place doivent être complétés par des actions de sensibilisation et de responsabilisation des utilisateurs.[1]

Le droit de l'image

Toutes les possibilités apportées par la facilité de récupérer et réaliser des photographies numériques, et de les diffuser, voire les modifier, en employant des logiciels d'images et de retouches d'images font souvent oublier qu'il existe un droit à l'image très réglementé.

Pour une photographie, il existe trois protections :

– celle de l'auteur (le photographe), et de l'artiste (s'il n'est pas dans le domaine public) ;

– celle de l'éventuel diffuseur (agence photo, éditeur...) ;

– celle du sujet (personne, bien entendu, mais aussi des œuvres architecturales récentes, des habitations privées...).

Le droit à l'image d'une personne repose sur le respect de sa vie privée et le respect absolu sur son image. Toute personne concernée peut s'opposer à la diffusion et à l'utilisation de son image. En ce qui concerne les mineurs, la protection est encore plus affirmée, même en milieu scolaire. L'autorisation préalable des tuteurs ou parents est obligatoire.

LA FORMATION

Jusqu'en 2013, la formation de tous les enseignants, premier et second degré, est confiée aux IUFM (Instituts universitaires de formation des maîtres) créés en 1991, et intégrés aux universités à partir de 2007. Ils sont remplacés en 2013 par les ESPE (Écoles supérieures du professorat et de l'éducation).

La formation initiale s'efforce d'être en alternance, faisant se succéder des temps de formation théorique (master) et des temps de stages pratiques dans les classes.

---

1. Voir sur le portail Eduscol : http://eduscol.education.fr/pid25280/services-numeriques-et-projets-ent.html et plus particulièrement les mesures prises par l'Éducation nationale (circulaire, guides, chartes d'usage) pour protéger les élèves mineurs des dangers de l'Internet : http://eduscol.education.fr/cid57087/textes-officiels-et-preconisations.html

ENSEIGNER ET APPRENDRE

fiche 25 INSTRUIRE, ÉDUQUER, FORMER

Le vocabulaire de l'éducation est foisonnant, et l'on ne sait pas toujours quel terme adéquat utiliser.
Il est donc utile de préciser le sens de ce vocabulaire afin de clarifier les missions de l'école et la nature du métier de Professeur des écoles.

ÉDUQUER

« Éduquer » vient du verbe latin *educare* qui signifie « faire croître », ou *educere* qui signifie « faire sortir ». L'éducation est l'activité qui fait grandir les enfants pour les rendre adultes, et qui les aide à sortir de l'enfance et de l'ignorance.

L'**éducation** est propre à l'homme, au sens où les animaux naissent déjà pourvus des instincts qui guideront leur vie. Le petit d'homme, au contraire, naît « inachevé » : sans ses parents, sans la société et l'éducation, il ne saura jamais marcher, parler, écrire, compter, créer, etc.

L'éducation finit d'humaniser l'enfant, qui, sans cela, resterait un animal. Un enfant non éduqué est un « enfant sauvage » resté à l'état naturel.

L'éducation développe des capacités « programmées » chez l'enfant (parler, marcher, écouter, observer, créer...) et apporte des savoirs et des savoir-faire produits par la civilisation (technologie, sciences, religions, arts, histoire, etc.).

L'éducation concerne globalement toute la personnalité de l'enfant : elle porte avant tout sur **les comportements et les valeurs** (éduquer à la liberté ; éduquer à la politesse ; éduquer au travail en équipe) ; elle s'appuie sur l'imagination et l'affectivité (les premiers éducateurs naturels sont, selon Rousseau, les parents) ; elle procède par imitation et exercices (éducation sportive, civique ou artistique) ; elle vise plus les compétences, savoir-faire et savoir-être, que les contenus de connaissance.

INSTRUIRE

« Instruire » vient du verbe latin *instruere* qui signifie « meubler, équiper », mais aussi « ranger ». Instruire, c'est transmettre ou apporter des **connaissances**, mais aussi aider à ranger ses connaissances pour en faire un savoir méthodique.

L'instruction reste une des missions majeures de l'école. Elle définit souvent la fonction essentielle de l'école, sur laquelle on propose parfois de la recentrer : apprendre à lire, écrire, compter. Transmettre des connaissances ou instruire constitue, depuis Condorcet et Jules Ferry, la mission essentielle de l'école républicaine. Mais depuis la seconde moitié du XXe siècle, l'instruction est complétée par une mission plus large d'éducation qui dépasse les seuls contenus de connaissance.

Éduquer et instruire : la querelle

L'opposition entre éduquer et instruire est clairement posée dès la **Révolution** qui vit la confrontation en 1792 entre un projet d'Instruction publique, élaboré par Condorcet et soutenu par les girondins, et un projet d'Éducation nationale, élaboré par Lepeletier de Saint-Fargeau et soutenu par les montagnards.

Dès cette époque, le clivage politique est net entre une volonté d'éducation globale qui forme l'ensemble de la personnalité de l'enfant, et un projet plus restreint qui limite l'école à la transmission de connaissances, laissant l'éducation à la famille.

« Le premier degré d'instruction commune a pour objet de mettre la généralité des habitants d'un pays en état de connaître leurs droits et leurs devoirs. » (Premier Mémoire sur l'Instruction publique.) Pour Condorcet, l'instruction enseigne non des opinions, mais des vérités rationnelles. Elle vise à donner aux citoyens la connaissance des lois et des droits de l'homme, ainsi que les connaissances scientifiques qui forment la raison et libèrent des superstitions. L'instruction permet de libérer le peuple et de fonder la démocratie, dans le droit fil des Lumières.

L'éducation, au contraire, *« embrasse toutes les opinions politiques, morales et religieuses »* (Condorcet) ; elle s'adresse plus au cœur et à l'imagination qu'à la raison.

.../...

.../...

Le girondin Rabaut Saint-Étienne résume ainsi les deux conceptions : *« L'instruction publique demande des lycées, des livres, des méthodes, elle s'enferme dans des murs ; l'Éducation nationale demande des cirques, des gymnases, des fêtes nationales, et le spectacle imposant et doux de la société humaine rassemblée. »* On ne peut mieux dire l'opposition, dès cette époque, entre école « fermée » et école « ouverte ».

C'est en 1934 que le ministère de l'Instruction publique devient ministère de l'Éducation nationale.

L'instruction est centrée sur la transmission des **connaissances** ; l'éducation veut former les **comportements** et inculquer des **valeurs**.

Traditionnellement, l'école républicaine avait pour mission d'instruire, et l'éducation incombait aux familles. Mais aujourd'hui, cette répartition des rôles est brouillée : certains **parents** entreprennent d'apprendre à lire à leurs enfants, et l'**école** doit éduquer à la politesse ou au respect des règles de vie commune.

Certaines **disciplines scolaires** parlent d'éducation : l'éducation physique et sportive, l'éducation artistique, l'éducation civique. Ces disciplines visent d'abord à développer des comportements, des valeurs, des savoir-faire et des savoir-être. Mais on peut considérer que toutes les disciplines comportent une part d'instruction et une part d'éducation : les mathématiques, par exemple, apportent des contenus instructifs (opérations, numération...), mais aussi une éducation à la rigueur ; l'éducation civique instruit quand elle enseigne l'histoire du droit de vote (contenus de connaissances), mais elle éduque quand elle persuade qu'il faut aller voter (comportement) et que l'exercice du droit de vote garantit la démocratie (valeurs).

Enfin, les **politiques ministérielles** favorisent l'instruction quand elles veulent recentrer l'école sur ses « missions fondamentales » (lire, écrire, compter ; la transmission des connaissances), ou inclinent vers l'éducation quand elles veulent ouvrir l'école à des dimensions artistiques, sociales ou politiques plus globales.

ENSEIGNER

« Enseigner » vient du verbe latin *insignire* qui signifie « faire connaître ». C'est le terme aujourd'hui le plus générique, et le plus usuel.
L'enseignement désigne spécialement les activités scolaires visant les apprentissages prévus dans les programmes officiels et dispensés par des professionnels de la pédagogie et des savoirs : les enseignants.
Ne pas être enseigné, c'est être déscolarisé ou en grave échec.
L'acte d'enseigner comprend la transmission de connaissances et l'aide aux apprentissages.
Le terme « **enseignant** » n'est pas une appellation officielle, mais un terme issu de la sociologie et désignant une CSP (catégorie socioprofessionnelle). C'est le terme utilisé par la presse et les médias (« un mouvement de grève des enseignants ») qui recouvre toutes les catégories et niveaux (primaire, secondaire et supérieur ; professeur des écoles, certifiés, agrégés, maîtres de conférence...).

APPRENDRE

« Apprendre » est le symétrique d'« enseigner » : apprendre est l'activité de l'élève, nommé parfois « apprenant ». Mais on dit aussi que l'enseignant apprend aux élèves l'alphabet, par exemple.
Apprendre renvoie à l'acte d'apprentissage, c'est-à-dire à l'activité de l'élève dans sa compréhension de la consigne, dans l'affrontement des obstacles et des erreurs, dans l'exercice ou la production, dans l'évaluation de son travail.
Apprendre, c'est s'approprier un savoir ou une compétence.

PROFESSER

« Professer » vient du verbe latin *profere* qui signifie « déclarer, parler en public ». Le professeur est littéralement quelqu'un qui « parle devant » (il a la même étymologie que « prophète »).
C'est le terme officiel pour désigner le métier (dans le *BO*, il est question de « professeurs », non d'enseignants).

Les professeurs des écoles sont créés en 1990, en remplacement des instituteurs, les mettant sur le même pied que les professeurs du Secondaire.
Le professeur fait cours : le professeur parle, et les élèves écoutent... C'est le modèle pédagogique dominant dans l'enseignement secondaire et supérieur. En revanche, on imagine mal ce modèle pédagogique à l'œuvre à l'école primaire, où il s'agit de mettre les élèves en activité.
D'ailleurs, le terme n'est pas vraiment entré dans les mœurs : les parents parlent encore d'« instituteurs », et les élèves disent « maître » ou « maîtresse ».

INSTITUER

« Instituer » est l'acte des **instituteurs**. Les instituteurs représentent ce corps glorieux dans l'histoire de la République, surnommés *« les hussards noirs de la République »* (Péguy), car ils furent les principaux défenseurs de la République laïque à partir de Jules Ferry. On leur doit la scolarisation des campagnes et l'instruction élémentaire du peuple au cours du XXe siècle.
Leur mission fut d'« instituer » l'humanité en l'enfant, c'est-à-dire de créer l'humanité à partir de l'animalité première de l'enfant. (Montaigne intitule son essai *De l'institution des enfants.*) C'est l'héritage humaniste de la Renaissance qui veut que l'humanité n'est pas une donnée naturelle, mais une construction volontaire de l'homme se modifiant lui-même.

MAÎTRE

« Maître » et « maîtresse » restent les appellations préférées des enfants. Cela correspond aussi à une réalité professionnelle : le « maître d'école » est censé maîtriser les savoirs qu'il doit enseigner ; sinon tous les savoirs, du moins ces savoirs « élémentaires » (lire, écrire, compter...) qui font sa polyvalence et qui sont dispensés au niveau de l'école « élémentaire » (qui enseigne les « éléments » du savoir, c'est-à-dire ces rudiments donnant accès à des savoirs spécialisés).
En outre, le « maître » doit aussi être apte à « maîtriser » sa conduite de classe, sa pédagogie et la discipline.

PÉDAGOGUE

« Pédagogie » vient du grec *païs ageîn* qui signifie « conduire l'enfant ». Dans l'Antiquité, le pédagogue est un esclave qui conduit l'enfant à l'école. Puis, par dérivation, le pédagogue devient le maître d'école lui-même.

L'enseignant est un pédagogue au sens où il doit savoir mettre le savoir à la portée de l'enfant, et organiser les apprentissages de l'élève. La pédagogie désigne alors une méthode, par opposition aux contenus de connaissance : les programmes dictent les contenus à enseigner, le professeur choisit sa pédagogie la mieux adaptée au profil des élèves.

La pédagogie concerne l'organisation de l'espace dans la classe, la gestion du temps, l'autorité et la discipline, les outils d'évaluation, le choix des supports d'enseignement, l'organisation des formes de travail (individuel, en groupe...), les modes de communication (verticale : maître-élèves – ou horizontale : élèves-élèves).

L'enseignant est libre de choisir sa pédagogie, à condition de pouvoir justifier son choix dans l'intérêt des apprentissages.

FORMER

« Former » signifie imposer une forme pour adapter à une fonction. Ce verbe est parfois utilisé à l'école pour désigner, par exemple, la formation du citoyen.

Cependant, « former » paraît désigner une intervention trop dirigiste pour l'école. La formation correspond plutôt à la préparation à une tâche précise ; c'est ainsi qu'on parle de « formation professionnelle », au sens où il s'agit de conformer des comportements et un état d'esprit à un modèle préétabli. L'école, elle, n'est pas un « conditionnement » selon un modèle imposé : elle veut être au service de l'épanouissement de l'enfant.

C'est pourquoi la formation, comme spécialisation fonctionnelle, n'intervient qu'après l'éducation et le développement général de la personnalité. L'école ne peut donc avoir pour mission la formation au futur métier, mais tout au plus donner à l'enfant toutes ses chances pour aborder ensuite cette formation dans les meilleures conditions.

ÉLEVER

« Élever » renvoie à « élève » et à « élevage ». L'élève demande à être élevé à l'âge adulte par l'éducation. En ce sens, l'éducation permet l'« élévation » du niveau des élèves qui se dépassent à chaque progrès.
En revanche, l'« élevage » est traditionnellement de la responsabilité des familles. Au-delà de l'aspect choquant du terme qui évoque le monde animal, il désigne pourtant l'ensemble des tâches matérielles qui accompagnent la petite enfance : l'apprentissage de la propreté, l'alimentation, l'affection qui l'entoure, la protection, les premiers jeux, les premiers pas, bref, tous ces soins qui ne peuvent incomber à l'école.
Rappelons que l'entrée à l'école maternelle est conditionnée par la propreté de l'enfant.

DRESSER

Ce terme peut choquer en ce qu'il s'applique d'ordinaire aux animaux de cirque, et que l'on imagine mal le Professeur des écoles en « dresseur »...
Pourtant, le terme fait débat : Kant considère que le dressage doit précéder l'éducation, au sens où l'enfant doit contrôler son corps et ses désirs avant de pouvoir accéder aux apprentissages intellectuels. Il soutient que le dressage est une étape préalable qui réprime la nature animale de l'enfant et le rend disponible à recevoir un enseignement : à l'école, on apprend d'abord à rester assis... La contrainte est le détour indispensable pour éduquer à la liberté, comme l'autonomie et le contrôle de soi.
De même, Freud définit l'éducation essentiellement comme une inhibition et une frustration des désirs : apprendre à patienter et à différer la satisfaction de ses pulsions. *« L'éducation, dit-il, doit inhiber, interdire, réprimer, et c'est à quoi elle s'est, depuis toujours, largement appliquée. »* (*L'Avenir d'une illusion*, 1927.)
Enfin, le behaviorisme, ou psychologie du comportement, voit dans l'éducation une suite de conditionnements et de renforcements, selon le schéma « stimulus-réponse », qui ne diffèrent pas fondamentalement des mécanismes du dressage animal.

Ces conceptions s'opposent, bien sûr, aux éducations qui s'appuient sur la volonté consciente de l'enfant et sa capacité à comprendre le sens des règles (Alain, Freinet...).
Néanmoins, l'hypothèse du « dressage » soulève la question des premiers apprentissages, de la première socialisation, et du rapport de l'enfant aux contraintes éducatives : est-il capable de les comprendre sans qu'elles lui soient imposées par force ? Jusqu'où l'enfant peut-il « entendre raison » ?

ANIMER

« Animateur » désigne aujourd'hui un emploi précis (animateur sportif ou animateur de centre de loisirs, par exemple).
Le professeur n'est pas un animateur. La fonction de l'animateur est d'abord d'encadrer et de divertir les enfants ou les adolescents, secondairement de les éduquer ou de les instruire. Il s'agit d'abord d'« animer », c'est-à-dire de donner vie et de mettre en activité une collectivité.
La fonction du professeur est principalement d'instruire, d'enseigner et de transmettre des savoirs. Par exemple, la responsabilité d'évaluer est essentielle chez le professeur ; ce dernier est aussi soumis à des programmes.
Cela dit, ces deux activités professionnelles peuvent se rejoindre dans une mission commune d'éducation : l'animateur et le PE ont à socialiser l'enfant, à lui apprendre des règles de vie ou des valeurs. Par ailleurs, on demande de plus en plus aux enseignants des talents d'animation dans la classe : aujourd'hui, un professeur n'est pas seulement détenteur d'un savoir ; il doit savoir aussi intéresser les élèves, les motiver, mettre en place des activités attrayantes, éviter l'ennui, ménager des temps de relaxation ou de jeu, rythmer et diversifier les activités, faire partager ses « hobbies » ou ses passions.

fiche 26

L'AUTORITÉ ET LA DISCIPLINE

DÉFINIR L'AUTORITÉ

Autorité et pouvoir

Le mot « autorité » vient du mot latin *auctoritas*, dérivé du verbe *augere* qui signifie « élever » ou « faire grandir » (d'où vient également le mot « auteur »). Cette étymologie indique que l'autorité permet de tirer quelqu'un vers le haut, d'aider quelqu'un à grandir. On voit le lien étroit avec l'éducation : la personne détentrice d'autorité (le père, le maître d'école) utilise cette autorité pour le bien de l'enfant qui est soumis à cette autorité, pour l'aider à grandir. L'autorité « autorise » en interdisant.

L'autorité est légitime dans la mesure où elle sert celui qui y est soumis (*ministre* signifie littéralement *serviteur*). Sinon, elle se confond avec le pouvoir comme domination par la force.

L'autorité est la capacité à se faire obéir sans recourir à la force

Le recours à la force marque, en effet, la limite et l'échec de l'autorité. Un maître qui a de l'autorité punit rarement.

« *L'autorité*, écrit **Hannah Arendt**, *exclut l'usage de moyens extérieurs de coercition ; là où la force est employée, l'autorité proprement dite a échoué.* » Mais l'auteur poursuit : « *L'autorité, d'autre part, est incompatible avec la persuasion qui présuppose l'égalité et opère par un processus d'argumentation* [...]. *S'il faut vraiment définir l'autorité, alors ce doit être en l'opposant à la fois à la contrainte par la force et à la persuasion par arguments.* » (*La Crise de la culture*, 1961.)

L'autorité est une forme de domination intermédiaire entre le pouvoir de la force, et celui de la raison. Elle est le passage obligé de l'hétéronomie (obéir à la force d'autrui) à l'autonomie (obéir à sa propre raison).

Résumons :

1. l'autorité suppose un inférieur et un supérieur, une hiérarchie ;

2. l'autorité suppose que le supérieur commande à l'inférieur pour le bien de ce dernier ;
3. l'autorité suppose que l'inférieur obéisse volontairement, sans résister ;
4. l'autorité exclut l'usage de la force ;
5. l'autorité exclut l'usage de la persuasion, car agir par persuasion ce n'est plus obéir à une autorité extérieure, mais à la force de sa propre raison et des arguments qui nous convainquent.

Autorité et autoritarisme

Les deux sont souvent confondus, à tort. Quelqu'un d'« autoritaire » désigne une personne qui use et abuse de la force et des punitions. Au contraire, l'autorité consiste à être obéi sans recourir à la force, ou le moins possible. L'autoritarisme marque souvent l'échec de l'autorité.

Autorité et discipline

L'autorité doit être distinguée de la discipline. La discipline et les sanctions sont nécessaires quand l'autorité n'est pas acceptée. Un enseignant dont l'autorité est respectée recourt peu aux sanctions. À l'inverse, l'abus de sanctions révèle souvent un manque d'autorité réelle. Cela n'interdit pas, si besoin est, de conforter ou de rétablir son autorité par des mesures disciplinaires.

Autorité et respect

On dit souvent qu'avoir de l'autorité, c'est savoir « se faire respecter ». Le maître est respecté s'il respecte ses élèves ; sans quoi il n'y a pas autorité, mais pouvoir et rapport de force. La véritable autorité doit être « reconnue » comme voulant le bien de celui qui y est soumis. En règle générale, un élève respecte un maître même sévère, mais juste et bienveillant.

LES DIFFÉRENTS TYPES D'AUTORITÉ

« Les différentes figures de l'autorité se définissent à partir de ce qui les rend légitimes. » (Olivier Reboul, *La Philosophie de l'éducation*, PUF, 1995.)
Les différentes formes d'autorité peuvent se classer de la plus arbitraire à la plus consensuelle, selon le degré d'aveuglement ou d'acceptation rationnelle que l'on trouve dans l'obéissance.

Le charisme

Il désigne une autorité naturelle et immédiate, une sorte de force invisible qui émane de la personne et qui obtient de façon irrésistible obéissance et admiration. Cette autorité magique et irrationnelle est associée à la notion d'« *aura* », cette lumière spontanée qui, chez quelqu'un, éblouit ceux qui l'approchent. C'est l'autorité du chef, du gourou, du maître absolu qui fascine son entourage et en obtient une obéissance aveugle. Elle peut être dangereuse en matière d'éducation, en ce qu'elle maintient l'inférieur dans une admiration infantilisante.

L'arbitre

Il fonde son autorité sur son impartialité et sa neutralité. C'est l'autorité du juge ou de l'arbitre sportif. Elle intervient dans les conflits pour y mettre fin en se plaçant au-dessus des parties et en imposant les règles.

L'expert

Il fonde son autorité sur sa compétence ou son savoir. C'est l'autorité du médecin ou de l'ingénieur, du spécialiste qui « fait autorité » en la matière. Cette autorité s'exerce sous forme de conseils ou d'avis.

Le contrat

C'est l'autorité la plus rationnelle et la plus consensuelle, car impersonnelle. C'est l'autorité de la règle ou de la loi, élaborée par tous dans l'intérêt commun. L'obéissance doit y être la plus spontanée, puisqu'on obéit à soi-même dans la mesure où l'on a collaboré au contrat. L'autorité rejoint ici l'autonomie.

D'OÙ L'ENSEIGNANT TIRE-T-IL SON AUTORITÉ ?

L'autorité du savoir

Le professeur, comme expert, tire sa principale autorité de son savoir. Les élèves lui obéissent en ce qu'ils reconnaissent la supériorité de ce savoir, et le besoin qu'ils en ont. Un professeur incompétent ou qui ne sait pas faire bénéficier les élèves de son savoir voit son autorité compromise.

L'autorité statutaire ou fonctionnelle

Le professeur, comme fonctionnaire, est le représentant de l'État et de la loi. À ce titre, il bénéficie d'une autorité déléguée par l'État ; lui obéir et le respecter, c'est obéir et respecter l'État à travers lui. On sait que chez certains élèves, la contestation de l'autorité de l'enseignant vise, à travers lui, l'État et la société.

L'autorité de l'arbitre

Le professeur est responsable de l'ordre et de la sécurité dans la classe. Il veille au respect des lois et des règles. Il arbitre les conflits entre élèves. En revanche, dans les conflits qui l'opposent aux élèves, il se retrouve à la fois juge et partie, ce qui peut remettre en cause son impartialité aux yeux des élèves. Dans ce cas, le professeur doit s'imposer une égale obéissance aux règles (ponctualité, respect, vocabulaire, tenue, etc.) afin de rendre crédible son autorité qui ne saurait le placer au-dessus des règles communes.

L'autorité personnelle

À savoir égal, deux professeurs n'ont pas la même autorité. Certains professeurs ont un charisme, ou, disons, une autorité personnelle, d'autres pas. Cela n'est pas indispensable, mais vient s'ajouter aux formes précédentes d'autorité.

CONSTRUIRE SON AUTORITÉ

• L'autorité est une **compétence professionnelle** qui doit faire l'objet d'un apprentissage et d'une **formation**.
• **Travail sur soi-même :** l'autorité suppose une assurance qui dépend de l'idée ou de l'image qu'on a de soi.
• Conviction de sa **légitimité** professionnelle : « Je suis la bonne personne au bon poste ! »
• Enfin, l'autorité professorale peut pâtir de la crainte de déplaire aux élèves. Le désir plus ou moins inconscient d'être un « prof gentil » ou aimable peut empêcher de remplir les responsabilités parfois ingrates qu'impose la fonction d'autorité.

LA CRISE DE L'AUTORITÉ

L'autorité du maître contestée

Aujourd'hui, les difficultés liées au refus ou à la contestation de l'autorité par un certain nombre d'élèves conduisent à s'interroger.

Un changement de statut social du maître explique en partie cette dégradation

Le maître d'école n'est plus un notable de village dans une France rurale ; il ne bénéficie plus du prestige social et moral qui, naguère, fondait son autorité incontestée.

Un nouveau rapport au savoir

L'enseignant n'est plus le détenteur exclusif du savoir. Il est concurrencé par les médias, la télévision et Internet. Enfin, le savoir lui-même est moins valorisé socialement, et l'instruction apparaît moins qu'avant comme la clé de la réussite.

Une nouvelle éducation familiale

Dans sa famille, l'enfant bénéficie aujourd'hui d'une éducation moins autoritaire de la part des parents qui dialoguent et négocient avec lui. Cette éducation familiale, plus respectueuse pour les uns, trop laxiste pour d'autres, envoie à l'école de nouveaux élèves peu habitués à se voir imposer des règles et une autorité non négociables.

L'esprit d'égalité démocratique

La démocratie exige aussi une égalité toujours plus étendue et l'abolition des autorités traditionnelles ou « naturelles » : doit-on se résoudre à une égalité progressive de l'enfant et de l'adulte, entre lesquels la relation d'autorité sera remplacée par une relation contractuelle ?

Un avenir pour l'autorité ?

À ce mouvement historique vers l'égalité, on peut opposer la nature et la psychologie de l'enfant qui ne peut grandir et se construire sans l'autorité de l'adulte. L'enseignant conserve l'autorité de l'arbitre, garant de l'ordre et de la justice dans la classe. Il conserve l'autorité du **savoir**, car les médias apportent certes des informations, mais seul l'enseignant peut aider l'élève à construire son savoir à partir de cette masse d'informations. Il conserve l'autorité de l'**adulte** censé, à la suite des parents, donner un **modèle** de comportement responsable et certains repères éthiques. Sans un adulte représentant la loi, l'enfant est exposé au risque d'une anomie (absence de loi) déstabilisante.

DISCIPLINE ET SANCTIONS

Définition

La discipline scolaire est composée d'un ensemble de règles et d'un ensemble de sanctions, car la règle sans sanction est impuissante. Des règles sont nécessaires à la vie en commun en vue d'une fonction précise ; la fonction de l'école est l'éducation.

Il convient de **distinguer règle et loi :** la loi est commune à toute la société, et s'applique aussi bien à l'école qu'à l'extérieur de l'école ; la règle est interne à l'école. L'interdiction de voler relève de la loi ; l'interdiction d'arriver en retard relève des règles scolaires.

Il faut donc **distinguer violence et indiscipline** : un acte violent est ce que la loi interdit et relève des tribunaux ; une indiscipline est ce que le règlement interdit et relève d'une sanction disciplinaire.

Pourquoi la discipline scolaire ?

Les règles de discipline scolaire visent essentiellement deux objectifs : la socialisation et les apprentissages.

Les règles de discipline ont pour but d'organiser le travail scolaire et de faciliter les apprentissages : être assidu, lever la main pour demander la parole, etc. sont autant de règles sans lesquelles le travail en classe serait impossible.

Quelles formes d'indiscipline ?

L'indiscipline des élèves se manifeste par tout comportement qui vient perturber le bon déroulement de la vie de classe et du travail scolaire (bavardage et chahut, oubli ou détérioration de matériel, etc.).

L'élaboration des règles

Les règles communes à l'école se trouvent dans le règlement intérieur : horaires, tenue, objets interdits...

Dans la classe, l'élaboration des règles de vie peut être l'occasion de développer la responsabilité et l'autonomie des élèves. L'élaboration collective des règles facilite leur compréhension par les élèves, qui peuvent y obéir de façon plus responsable.

APPLICATION DES RÈGLES ET SANCTIONS

Il ne suffit pas d'élaborer les règles et de les afficher pour qu'elles soient automatiquement respectées. Le maître reste le garant de l'ordre et de l'équité dans la classe. Il ne peut pas déléguer aux élèves la charge d'appliquer les règles, et encore moins de décider des sanctions en cas d'infraction. Il est tenu responsable de la discipline dans sa classe.

L'école est avant tout un lieu d'éducation et doit donner priorité à la prévention. Mais la discipline doit prévoir les cas où la prévention ne suffit pas, et où une sanction s'impose.

Quelles sanctions ?

Les sanctions scolaires doivent obéir aux règles de droit commun (protection des mineurs, depuis 1945) :

- **La « sanction éducative » :** *« Toute sanction visant un élève, qu'elle soit interne et d'ordre disciplinaire, ou judiciaire, doit conserver une dimension éducative. Il est rappelé à cet égard qu'aucune sanction ou mesure conservatoire ne peut aboutir à la déscolarisation d'un élève. » (BO du 15 octobre 1998.)*
- De fait, l'**éventail des sanctions** légitimes s'avère limité : présenter ses excuses, réparer les dégâts occasionnés, être changé de place, être envoyé dans le bureau du directeur...
- Beaucoup de classes appliquent le « **permis à points** » inspiré de la prévention routière : à chaque infraction, l'élève se voit retirer des points et peut rattraper des points perdus par une conduite exemplaire. Ce dispositif privilégie la **prévention** sur la répression. Il a l'avantage de faire l'économie de réelles sanctions pour des fautes légères, par sa seule force dissuasive.

Les droits des élèves

La discipline scolaire doit aujourd'hui tenir compte des droits de l'enfant et des élèves. Elle ne peut plus, comme naguère, relever d'une autorité arbitraire et aveugle du maître.

Les droits de l'enfant obligent à respecter l'intégrité physique et morale de l'enfant, son droit à l'éducation et à la protection. La déclaration des droits de l'enfant, adoptée à l'ONU en 1959, a été complétée par une Convention des droits de l'enfant en 1989. (La Convention oblige juridiquement les États signataires à l'appliquer, la Déclaration, non.)

Les droits des élèves sont la contrepartie de leurs obligations d'assiduité et de respect des règles de discipline dans l'établissement. L'élève a droit à voir sa sécurité assurée dans l'école, à recevoir un enseignement de qualité, à être traité avec équité, sans discrimination, à pouvoir s'exprimer et à être entendu ; il a droit au respect physique et moral de sa personne.

Ces droits de l'élève, ainsi que ceux des parents, posent des limites au pouvoir de la discipline scolaire et lui imposent d'être conforme au droit ordinaire. Ainsi sont interdits les châtiments corporels et les humiliations. Une règle ne peut avoir un effet rétroactif. Une sanction doit être proportionnelle à la faute commise. Il ne peut y avoir de « tarification » des sanctions (on ne peut associer à l'avance telle sanction à telle infraction, mais la sanction doit être décidée au cas par cas). La sanction collective est interdite, au nom de la seule responsabilité individuelle. Toute sanction suppose une connaissance préalable de la règle.

Progressivement, la discipline scolaire s'efforce de se mettre en conformité avec le droit.

fiche 27

L'ÉVALUATION : DIMENSIONS HISTORIQUES ET INSTITUTIONNELLES

Évaluer

Quoi ?
- Le système scolaire
- Une classe ou un cycle
- Des compétences :
  - notionnelles
  - savoir-faire
  - savoir-être

Qui ?
- L'élève
- Les élèves
- Le maître
- L'équipe

Pourquoi ?
- Réguler la pédagogie
- Certifier
- Orienter

Comment ?
- Bilans
- Tests
- Grilles d'observation
- Entretiens
- Examens
- Concours

Beaucoup de verbes sont associés à l'évaluation : noter, contrôler, vérifier, mesurer, comparer, récompenser, sanctionner, encourager, juger, valider, sélectionner, remédier, former...
C'est un concept ambigu qui a évolué avec le temps et les conceptions de l'apprentissage.

QUELQUES REPÈRES HISTORIQUES

Si le discours sur l'évaluation semble significatif d'une soi-disant nouveauté, l'éducation a toujours évalué de façon plus ou moins consciente.

De l'implicite !

Avant Napoléon : il n'existe ni examens ni concours délivrant des diplômes professionnels, les charges sont héréditaires et la notion de compétences n'intervient donc pas pour exercer une profession.
La Révolution de 1789 souhaite plus de « justice », mais les compétences sont difficiles à mesurer.
Les habitudes des collèges de l'Ancien Régime, qui consistaient à classer les copies selon leur nombre de fautes et distribuer des prix, perdurent et s'amplifient au XIXe siècle, l'école primaire finissant par « copier » les procédés du collège.

La prise de conscience des facteurs subjectifs

Vers 1920, la **docimologie** (science de l'étude des examens) se développe sous l'influence d'Henri Piéron. Ses recherches soulignent l'imprécision des notations (une même copie corrigée par des personnes différentes reçoit des notes parfois très diverses, une même copie corrigée par le même enseignant peut aussi recevoir des notes différentes selon qu'elle est corrigée avant ou après une bonne ou une mauvaise copie).
Les facteurs subjectifs de l'évaluation sont donc mis en exergue.

Une nouvelle manière de penser l'évaluation

Les années 1970, avec la massification de la scolarisation, supposent de repenser l'éducation et de rendre les actions pédagogiques plus « efficaces ». La pédagogie par objectifs mise en place alors conduit à penser l'évaluation différemment.
Les années 1980, et plus spécialement la loi d'orientation de 1989, conduit à une nouvelle culture de l'évaluation pour le système scolaire. Il s'agit d'évaluer de manière cohérente et positive.

LES DIFFÉRENTES FORMES D'ÉVALUATION

- **Évaluation sommative** : c'est l'évaluation type « contrôle » ou bilan qui vise à voir si les objectifs d'apprentissage ont été atteints. Ce type d'évaluation est mis en place à la fin d'une séquence (évaluation à court terme) et/ou d'une période (évaluation à moyen terme).
- **Évaluation diagnostique :** permet de faire un état des compétences d'un élève avant de débuter des séances d'apprentissage.
- **Évaluation formative :** permet de gérer les apprentissages car elle se pratique durant la séquence.
- **Évaluation normative ou certificative :** c'est une évaluation par rapport à une norme (exemple : les concours, les diplômes) ; elle n'existe pas à l'école primaire.

LA DIMENSION INSTITUTIONNELLE DE L'ÉVALUATION

Outre les évaluations diagnostiques, formatives et sommatives construites par le maître de la classe (ou du cycle pour les évaluations sommatives de fin de période), l'Institution a proposé ces vingt-cinq dernières années, des évaluations appelées « nationales ».

Les premières ont été mises en place avec la loi d'orientation de 1989 (CE2 et 6e) ; elles se voulaient évaluations sommatives pour le ministère (toutes les évaluations de l'ensemble des écoles de France remontant au ministère) et diagnostiques pour les enseignants. En les plaçant volontairement en début de cycle, il s'agissait de donner de nouveaux outils aux professeurs pour gérer leur classe en s'appropriant une nouvelle démarche qui rompe avec la vision habituellement sommative de l'évaluation.

De 2006 à 2014, les évaluations ont été organisées en CE1 et en CM2, paliers du socle commun de l'époque. Elles servaient de support à la mise en place de PPRE.

La publication des programmes de 2015 s'est accompagnée de l'annonce du rétablissement de l'évaluation nationale en début de CE2 avec un caractère résolument diagnostique au service de l'équipe de chaque école.

Les résultats des évaluations nationales ont été progressivement utilisés à différents niveaux :

– Au niveau de l'Institution scolaire : rédaction des programmes ; décisions de classement des établissements et écoles en éducation prioritaire.

– Au niveau de l'école : aide à la rédaction du projet d'école.

– Au niveau du cycle : organisation des progressions.

– Dans la classe : sélection des priorités à travailler/compétences définies dans les programmes.

– Pour chaque élève : mise en place de PPRE si des difficultés importantes sont révélées.

• Rentrée 2018 : évaluations nationales en CP, en CE1 et en 6e

L'évaluation des élèves répond à plusieurs objectifs, à la fois distincts et complémentaires :

– fournir aux professeurs des outils pour ajuster leurs pratiques pédagogiques à leurs élèves ;

– doter les inspecteurs territoriaux d'indicateurs permettant de mieux appréhender les résultats des écoles ou des établissements et de mieux les accompagner ;

– ajuster les plans nationaux et académiques de formation et proposer des ressources pertinentes.

Les évaluations CP

Elles se déroulent en deux temps au cours de l'année scolaire.
Les évaluations de septembre permettent d'identifier les besoins des élèves. Un second temps d'évaluation est organisé à mi-parcours entre février et mars de façon à évaluer les apprentissages des élèves et à permettre d'adapter les enseignements.

Les évaluations en CE1 et en 6e

Les acquis des élèves entrant en CE1 et en 6e « sont évalués en français et en mathématiques à la rentrée scolaire à des fins diagnostiques. Cette évaluation permet aux enseignants d'adapter leurs pratiques pédagogiques pour répondre aux besoins de chaque élève. »

ÉVALUER : UN GESTE PROFESSIONNEL

Aspects éthiques : entre pouvoir et équité

Évaluer revient à émettre un jugement de valeur, non sur la personne mais sur les compétences évaluées. Si l'évaluation concerne l'élève, elle interroge aussi l'enseignant : d'une certaine manière celui-ci évalue aussi son action pédagogique. Évaluer fait partie des responsabilités du maître.

Au niveau de l'élève

Le maître se doit d'aider l'élève à se situer dans ses acquisitions, et bien sûr de l'accompagner pour favoriser les apprentissages.

Au niveau des familles

La relation à la famille est ici indispensable mais aussi parfois délicate surtout lorsque l'enfant rencontre des difficultés. Il est toujours préférable d'entamer un dialogue dès lors que l'on constate des difficultés dans l'acquisition de compétences (informer les parents, essayer ensemble de trouver des propositions de solutions et d'étayage) de façon à se placer dans une dynamique d'aide.

fiche 28

L'ÉVALUATION : DIMENSIONS DIDACTIQUES ET PÉDAGOGIQUES

L'ÉVALUATION ET LES MÉTHODES D'APPRENTISSAGE

La manière de concevoir l'apprentissage chez l'élève est corrélée avec la manière de penser l'évaluation.

Méthode transmissive

Contrôler, juger, sanctionner, comparer, classer, récompenser, sélectionner.
Seule l'évaluation dite **sommative** est pratiquée. Les contrôles donnent lieu à notation et renvoient à un classement des élèves, voire à des récompenses et des sanctions. Lorsque les résultats ne sont pas « bons », cela est souvent associé à un manque de travail de l'élève qui a mal appris ou pas assez appris.

Méthode behavioriste et la pédagogie par objectifs

Mesurer, vérifier, valider, remédier.
Cette méthode a vu l'introduction de l'**évaluation formative**. Le découpage en objectifs très limités et progressifs demande aux enseignants de s'assurer au fur et à mesure des séances de l'acquisition de ces objectifs. Si l'élève maîtrise la compétence visée, il passe à la leçon suivante, sinon l'élève retravaille la compétence non acquise lors de la séance.
L'évaluation **sommative** est alors composée d'un ensemble d'items reposant sur les différentes compétences travaillées isolément. Cependant, elle ne permet pas d'avoir une idée de l'acquisition des compétences complexes.

Méthode constructiviste

Encourager, remédier, ajuster, former, mesurer, valider.
La prise en compte des représentations initiales des élèves suppose la mise en place d'une évaluation **diagnostique**. Les résultats de cette évaluation aident le maître à sélectionner les objectifs d'apprentissage adaptés à sa classe. Les évaluations formatives et sommatives ont également leur place.

Cependant, les évaluations formatives sont moins fréquentes que dans le cadre de la pédagogie par objectifs et si elles conduisent le maître à repenser une éventuelle orientation de ses séances, elles n'ont pas pour objet de refaire faire à l'élève les séances précédentes non acquises.

LES DIFFÉRENTES ÉVALUATIONS ET LEUR RÔLE AUJOURD'HUI

	Quand ?	Pour qui ?	Pourquoi ?	Comment ?
Diagnostique	En début d'année ou de séquence	Le maître → Les élèves →	Identifier les objectifs à travailler Prendre conscience de leurs conceptions	Entretien, questions ouvertes... Pas de notation, climat de confiance indispensable (les erreurs sont nécessaires)
Formative	En cours de séquences	Le maître → L'élève → Les parents	Adapter les séances Être conscient des évolutions dans ses apprentissages, ses réussites et ses difficultés (ce sur quoi il faut être vigilant)	Exercices d'application, grille d'observation des procédures... La correction est très importante car elle est formatrice
Sommative	En fin de séquence et /ou en fin de période	Le maître → L'élève → Les familles L'institution	Valider les compétences Proposer des remédiations Savoir où il en est, ce qu'il sait faire	Bilan, contrôle... Les erreurs doivent être les moins nombreuses possibles ! Permet de valider des compétences

Il faut distinguer évaluer et valider :
Évaluer suppose une échelle de valeurs plus ou moins importante (acquis/en cours d'acquisition/non acquis, ou une l'échelle de notes sur 10).
Valider ne porte que sur deux termes : oui ou non (vous avez le concours ou non, vous passez dans la classe supérieure ou non...) ; elle suppose donc un seuil au-dessus duquel il y a une réussite attestée.

ÉVALUER : L'INCONTOURNABLE ANALYSE DES ERREURS

L'analyse des réponses des élèves est un temps important car elle permet de comprendre la procédure des élèves. Penser une typologie des erreurs permet d'envisager des remédiations adaptées :

• **Erreur relevant de la consigne** (la consigne est ambiguë ou trop complexe). Exemple : « Souligne le verbe conjugué, indique son infinitif et le temps » (parfois les élèves ne réalisent pas les trois opérations attendues).

• **Erreur relevant du contrat didactique :** il y a échec lorsque l'enfant n'arrive pas à décoder le contrat (qui est implicite) ; c'est en explicitant les règles que l'on aide l'enfant à progresser.
Exemple : « Un berger a 360 moutons et 10 chiens. Quel est l'âge du berger ? » (ici, pour l'élève, un problème a toujours une réponse numérique).

• **Erreur relevant du concept travaillé :** il s'agit ici des erreurs (*cf.* les représentations p. 183) relevant des conceptions initiales des élèves, parfois aussi d'obstacles épistémologiques.
Exemple : les situations additives (certains problèmes additifs posent encore problème au collège !).

• **Erreur relevant de la démarche adoptée :** l'élève trouve bien l'ordre (il les place en ligne devant lui) mais son organisation dans la page pose problème ; ainsi l'enfant colle de la manière suivante :

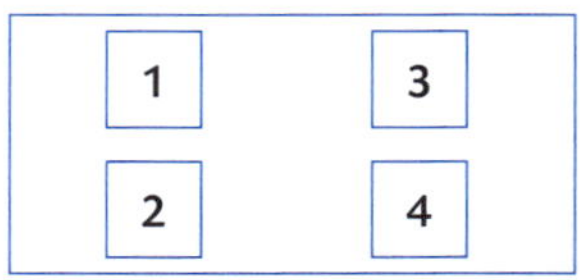

• **Erreur relevant d'une surcharge cognitive :** la tâche proposée comprend trop de compétences qui ne sont pas encore automatisées (exemple : production d'écrit) ; dans ce cas, l'enseignant décompose la tâche et accompagne les élèves sur les diverses compétences en jeu.

L'IMPORTANCE DE LA CORRECTION

L'enseignant doit informer l'élève de ses réussites et de ses erreurs à l'oral et/ou par écrit ; la correction (individuelle ou collective) est donc un temps important et participe à l'apprentissage.

LA PLACE DE L'ÉLÈVE DANS L'ÉVALUATION

En fonction des âges

En maternelle, ce sont surtout les évaluations diagnostiques et formatives qui sont mises en place. L'évaluation sommative n'a de sens qu'en fin de cycle, surtout lorsqu'il s'agit de savoir-faire et de savoir-être.

L'auto-évaluation est une attitude et un moyen qui permet de réguler les apprentissages. Il convient de la développer chez l'élève car elle lui confère l'autonomie et la régulation de ses apprentissages. L'auto-évaluation n'exclut pas le maître : il a pour tâche d'objectiver les réponses et les choix des élèves.

Lien avec échec scolaire et image de soi

L'évaluation est souvent le révélateur d'un décalage entre ce que perçoit l'élève des attentes du maître et ce que le maître (ou l'institution) souhaite développer chez l'apprenant. Le rapport aux savoirs est très différent selon les élèves et influe sur la réussite scolaire.

En cas de difficultés scolaires avérées et répétées, on constate une atteinte narcissique : l'enfant a une image de lui comme étant incapable d'apprendre. Il s'ensuit souvent un engrenage conduisant à la démotivation, voire à la dépression.

Des renforcements positifs doivent éviter cet engrenage, tout comme les adaptations pédagogiques.

Bibliographie

Jean-Pierre Astolfi, *L'erreur, un outil pour enseigner*, ESF, 1997.

Bernard Charlot, Elisabeth Bautier, Jean-Yves Rochex, *École et savoir dans les banlieues et ailleurs*, Armand Colin, 1998.

Yves Reuter, « Pour une autre pratique de l'erreur », *Pratiques* n° 44, 1984.

fiche 29

LA DIFFÉRENCIATION PÉDAGOGIQUE

UNE RÉPONSE À L'HÉTÉROGÉNÉITÉ

Le terme de pédagogie différenciée apparaît en 1973 avec la transformation du système éducatif due à la « massification », qui s'achève avec la réforme Haby et le collège unique dès 1975. La différenciation pédagogique veut répondre au *« conflit devenu insupportable entre la diversité des publics présents dans les classes hétérogènes et l'unité réalisée des programmes et des méthodes. »* (Louis Legrand, *La différenciation pédagogique*, Scarabée, 1986.)
En 1989, la mise en place des cycles va dans le sens de l'adaptation de l'enseignement à des élèves placés au « centre du système éducatif ».
La loi d'orientation de 2005 réaffirme la nécessité de s'adapter aux élèves en insistant sur les aspects d'aides et de remédiations (création des PPRE : programme personnalisé de réussite éducative).

DÉFINITIONS

Pour l'IGEN (inspection générale de l'Éducation nationale), la pédagogie différenciée est *« la démarche qui cherche à mettre en œuvre un ensemble diversifié de moyens et de procédures d'enseignement et d'apprentissage, afin de permettre à des élèves d'âges, d'aptitudes, de comportements, de savoir-faire hétérogènes, mais regroupés dans une même division, d'atteindre, par des voies différentes des objectifs communs [...] »*.
Pour André de Peretti, *« Il doit y avoir une variété de réponses au moins égale à la variété des attentes, sinon le système est élitiste. »* Le travail en équipe devient une obligation de service pour les enseignants.
Ainsi la pédagogie différenciée se donne comme objectif de tout mettre en œuvre pour que l'ensemble des élèves d'une même classe d'âge atteigne les compétences attendues par les programmes.

QUELQUES IDÉES ESSENTIELLES

• La « pédagogie différenciée » n'est pas une « nouvelle pédagogie », encore moins une « pédagogie miracle ». On lui préfère l'appellation « différenciation pédagogique » qui renvoie à une variété d'approches, une diversité de stratégies davantage qu'à une référence pédagogique unique.
• La différenciation pédagogique n'a de sens que dans un système d'objectifs constants. Si l'on quitte ce système, on intègre un modèle sélectif où l'on justifie les « groupes de niveaux ».
• La remédiation, la pédagogie de soutien, pour indispensables qu'elles sont, ne constituent qu'un aspect de la différenciation pédagogique qui s'adresse à l'ensemble des élèves.

Deux références théoriques

Les postulats de Burns

1. Il n'y a pas deux apprenants qui progressent à la même vitesse.
2. Il n'y a pas deux apprenants qui soient prêts à apprendre en même temps.
3. Il n'y a pas deux apprenants qui utilisent les mêmes techniques d'étude.
4. Il n'y a pas deux apprenants qui résolvent les problèmes exactement de la même manière.
5. Il n'y a pas deux apprenants qui possèdent le même répertoire de comportements.
6. Il n'y a pas deux apprenants qui possèdent le même profil d'intérêt.
7. Il n'y a pas deux apprenants qui soient motivés pour atteindre les mêmes buts.

La loi d'Ashby

« Plus on augmente la variété, l'hétérogénéité d'un système, plus ce système sera en principe capable de performances plus grandes du point de vue de ses possibilités de régulation, donc d'autonomie par rapport à des perturbations aléatoires de l'environnement. »

LES SIX FONDEMENTS DE LA DIFFÉRENCIATION PÉDAGOGIQUE

1. « Faire le deuil » (P. Perrenoud) **d'une classe homogène,** lieu d'apprentissages collectifs où tous les élèves font la même chose sous la direction d'un maître dispensant un enseignement unique.

2. Tenir compte des différences des élèves

• Différences de réussite dans certaines disciplines (on parle de « niveaux » différents entre les élèves en lecture, en mathématiques...).

• Différences de comportement, de rythme d'acquisition, d'acquis antérieurs, de culture...

• Différences de « styles cognitifs » rendant compte en partie de la manière dont les individus pilotent leurs apprentissages : ainsi A. de La Garanderie parle-t-il de profils pédagogiques « auditifs » et « visuels » :

– Les auditifs ont *« tendance à restituer le savoir en reconstituant sa dynamique en s'en racontant le déroulement. Leur mémorisation utilise la chronologie, les enchaînements entre les éléments. »*

– Les visuels ont *« tendance à restituer le savoir en reconstruisant des images, en s'en figurant les éléments. Leur mémorisation utilise les relations spatiales entre des éléments visuels. »*

• D'autres styles sont distingués par d'autres auteurs (« réflexivité » et « impulsivité », « dépendance/indépendance du champ »).

> *« Il y a ceux qui ont besoin de voir un triangle et ceux qui ont besoin de le parler pour le comprendre, il y a également ceux qui doivent, pour l'appréhender vraiment, le découper avec une paire de ciseaux* [...] *Le passage par la manipulation n'implique pas la rétention dans le concret immédiat, il n'exclut pas l'accession à l'abstraction, il en représente simplement l'un des chemins possibles. »*
>
> P. Meirieu, *L'École mode d'emploi*, ESF éditeur, 1990.

3. Adapter des stratégies en fonction des différentes possibilités des élèves, en prenant appui sur leurs caractéristiques cognitives tout en leur permettant d'enrichir leur façon de construire leurs apprentissages en rencontrant des situations variées (on permettra ainsi à des élèves plutôt auditifs ou plutôt visuels de trouver des situations adaptées à leur façon habituelle d'apprendre mais aussi de rencontrer de nouvelles situations leur permettant d'enrichir leurs stratégies).

4. Utiliser à bon escient les différents types d'évaluation (diagnostique, sommative mais surtout formative) et savoir s'appuyer sur les outils proposés par le ministère.

5. Donner le sens d'apprendre aux élèves en favorisant leur prise d'autonomie. La différenciation pédagogique n'appelle pas une pédagogie de soutien ou réparatrice. Elle se centre sur le sujet et ses capacités à réussir. Cette volonté impose que les apprentissages aient le sens d'un défi à relever. La différenciation pédagogique ne trouve tout son sens que dans un milieu de vie, où les différents acteurs sont amenés à agir, échanger, où l'enseignant est organisateur, médiateur, régulateur.
La différenciation pédagogique peut s'exercer au mieux dans le cadre d'une pédagogie de projet et trouve son véritable exercice quand elle est portée par les méthodes actives.

6. Faire le pari de l'éducabilité cognitive. Prendre en compte les différences, ce n'est pas renoncer à faire progresser certains élèves ; c'est chercher avec eux en permanence un chemin possible pour apprendre quand bien même tout, jusqu'alors, semble avoir échoué.

DISPOSITIFS DE DIFFÉRENCIATION

La différenciation successive

Elle permet la mise en place d'une pédagogie variée. Les méthodes utilisées mais aussi les supports, les outils sont suffisamment riches et diversifiés pour que chaque élève puisse trouver ce qui lui convient le mieux pour développer son apprentissage.
La progression reste collective, différentes modalités étant proposées alternativement.
On utilise ainsi :
– différents types de support : texte, image, schéma ;

– différents outils de communication/présentation dans la classe : parole, tableau, rétroprojecteur, ordinateur ;
– différents modes de travail : individuel, en groupes.
On propose ainsi :
– des activités permettant de faire fonctionner différents modes de pensée, par exemple :
• par déduction : on examine les conséquences de telle proposition de travail individuel,
• par induction : quand on essaie, par exemple, d'élaborer une règle provisoire à partir d'observations,
• par analogie : quand on utilise des métaphores et comparaisons (exemple : le rein fonctionne comme un filtre) en expliquant clairement les limites de la comparaison ;
– des activités où l'on va devoir chercher librement, réaliser un travail dirigé, etc.

La différenciation simultanée

Elle voit des élèves impliqués dans des tâches différentes sur une même période de classe en fonction de leurs besoins ou de leurs possibilités.
On peut ainsi prévoir un groupe de besoin dirigé par le maître en activité de remédiation, d'autres groupes travaillant de façon autonome en mathématiques ou dans d'autres disciplines, des élèves effectuant des fiches autocorrectives, etc. au même moment de la journée.

Le travail en groupes au service de la différenciation

Selon les activités, on pourra prévoir l'organisation de différents types de groupes : des groupes de confrontation dans une logique de conflit sociocognitif, d'assimilation dans une logique de reformulation, d'entraînement mutuel, de découverte dans une logique de projet, de besoins. Leur composition est différente selon les objectifs.

Un exemple de différenciation en mathématiques

Dans l'ouvrage *Chacun, tous, différemment*, publié par l'INRP, R. Charnay propose différents dispositifs de différenciation :

• **Une différenciation par les procédures :** l'enseignant doit valoriser le fait que dans certaines activités, notamment la résolution d'un problème, *« chacun réponde avec sa propre solution, ses propres procédures »* sans juger de la bonne ou de la mauvaise façon de faire. Plutôt que correction, il y a alors mise en commun, échanges, débats sur les procédures en question, chacun progressant avec le groupe...

• **Une différenciation par les variables de situation :** les élèves effectuent les mêmes tâches cognitives, mais avec des variables adaptées à leurs capacités du moment (exemple : quantité plus ou moins importante de perles à dénombrer).

• **Une différenciation par les rôles :** ainsi, un enfant rencontrant encore des difficultés pour distinguer entre valeur et quantité se verra attribuer le rôle du caissier dans « le jeu du banquier » et devra faire les échanges de monnaie sous le contrôle de ses camarades engagés dans l'activité.

• **La différenciation par la tâche** relevant des groupes de besoin n'est que l'un des quatre dispositifs proposés.

ORGANISATION DE LA DIFFÉRENCIATION

1. Déterminer un objectif à atteindre pour l'ensemble des élèves.
2. Déterminer le « noyau dur » du savoir que les élèves doivent s'approprier, les objectifs obstacles décisifs de l'apprentissage.
3. Réaliser une évaluation diagnostique (capacités/difficultés des élèves).
4. Concevoir l'opération mentale en jeu pour atteindre l'objectif.
5. Proposer aux élèves des itinéraires différenciés permettant d'effectuer la même opération mentale selon diverses stratégies.
6. Réaliser une évaluation sommative de l'acquisition.
7. Prévoir des remédiations, des phases d'entraînement ou d'approfondissements.

MISE EN PLACE DE LA PÉDAGOGIE DIFFÉRENCIÉE : L'ÉCOLE, LES CYCLES, LES CLASSES

La loi d'orientation de 2005 affirmait la nécessité d'une pédagogie différenciée préventive et réparatrice (interventions du RASED, PPRE, accompagnement d'enfants intellectuellement précoces ou ayant des troubles spécifiques du langage). Il existe bien sûr une nuance de taille entre ce type de différenciation, d'abord conçue pour prévenir et surtout remédier, et la « différenciation pédagogique fondamentale » présentée plus haut s'adressant à l'ensemble des « apprenants ».

Différencier au niveau de l'école

La mise en place des cycles dès 1989 reflète la prise en compte de la différence de rythme et de parcours d'acquisition des élèves. La loi d'orientation de 2013 réaffirme ce principe.

Le projet d'école est en lui-même un outil de différenciation. Il analyse les différentes caractéristiques de la population du quartier fréquentant l'école et définit sa politique en utilisant les compétences et ressources disponibles, en définissant des stratégies pour que l'ensemble des élèves acquièrent les compétences de fin de cycle.

Les conseils de cycles sont les centres d'organisation d'une différenciation en aval et en amont. Ils peuvent s'appuyer sur les résultats aux différentes évaluations nationales pour proposer des parcours différenciés aux élèves (voir l'exemple ci-contre).

Le socle commun de connaissances de compétences et de culture ouvre de nouvelles perspectives à la différenciation pédagogique. Ainsi le domaine « les méthodes et outils pour apprendre » doit rendre progressivement l'élève capable d'apprendre à apprendre.

Bibliographie/Sitographie

Jean-Pierre Astolfi, *L'école pour apprendre*, ESF, 1992.
Louis Legrand, *Les différenciations de la pédagogie*, PUF, 1995.
Philippe Meirieu, *Apprendre, oui mais comment ?* ESF, 2007.
http://meirieu.com/

Un exemple de différenciation pédagogique

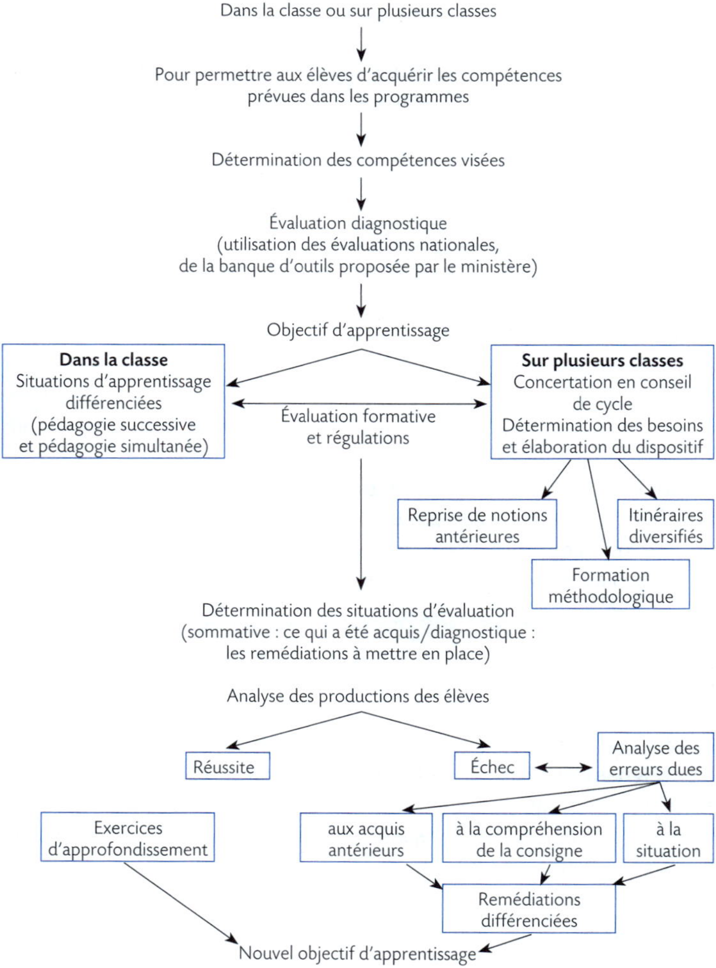

ENSEIGNER

fiche 30

LA PÉDAGOGIE EXPLICITE : DES CONCEPTIONS DIFFÉRENTES

Le terme de « pédagogie explicite » est utilisé depuis plusieurs années par l'institution scolaire et par plusieurs courants de recherche qui n'en ont pas la même approche.

Dans les textes récents de l'institution scolaire, l'explicitation est présentée comme un levier efficace pour les apprentissages de tous les élèves, particulièrement ceux en difficulté. Ainsi :

– dans les programmes de 2015

Cycle 2/volet 3/les enseignements/français

« Les démarches et stratégies permettant la compréhension des textes sont enseignées explicitement. Deux éléments sont particulièrement importants pour permettre aux élèves de progresser : la répétition, la régularité, voire la ritualisation d'activités langagières d'une part, la clarification des objets d'apprentissage et des enjeux cognitifs des tâches afin qu'ils se représentent ce qui est attendu d'eux d'autre part. »

– dans le référentiel pour l'éducation prioritaire

Les objectifs du travail proposé aux élèves sont systématiquement explicités avec eux. Les procédures efficaces pour apprendre sont explicitées et enseignées aux élèves à tous les niveaux de la scolarité.

Pédagogie explicite : une première acception

Pour un courant majoritaire de chercheurs, la pédagogie explicite ne saurait renvoyer à une méthode[1].

Enseigner plus explicitement est un processus qui se joue à plusieurs niveaux : qui explicite quoi à qui, quand et comment ?

L'enseignant explicite aux élèves : l'enseignant explicite les apprentissages visés (pourquoi), les tâches, les procédures et les stratégies (comment) et les apprentissages réalisés (institutionnalisation). On parle alors de clarté cognitive.

---

1. Voir notamment sur le site du centre Alain Savary, « Enseigner plus explicitement : un dossier ressource » : http://centre-alain-savary.ens-lyon.fr/CAS/documents/publications/docs-enseignement-plus-explicite/dossier-ressource-explicite

L'élève s'explicite à lui-même et explique à l'enseignant : « *Comment fais-tu ?* » Cette simple question posée à l'élève par l'enseignant favorise une conscientisation de ses processus intellectuels et l'encourage à une activité mentale qui favorise le développement d'une capacité réflexive, et ce dès le plus jeune âge.
Les élèves s'explicitent entre eux : c'est au maître que revient l'organisation des conditions de l'explicitation des processus intellectuels de métacognition.

Pédagogie explicite et enseignement direct : une seconde acception

Cette seconde acception renvoie au « concept » *d'instruction directe* initié dans les années 1970 aux États-Unis et au Canada.
La pédagogie explicite se définit ainsi comme :
– « une pédagogie "du modelage" qui explicite les apprentissages : [...] plutôt que... de mettre les élèves en situation de recherche au début d'une leçon, l'enseignant indique directement la réponse attendue et montre la stratégie pour l'obtenir. [...] L'enseignant explicite son raisonnement en mettant un "haut-parleur sur sa pensée" ;
– une pédagogie structurée et progressive, allant du simple au complexe, pour viser la compréhension [...] Ainsi, l'enseignant va décomposer un savoir complexe en plusieurs séances. Il veille à ne pas apporter trop d'informations nouvelles dans une même séance ;
– une pédagogie prônant la répétition pour viser la mémorisation à long terme ;
– une pédagogie qui valorise les efforts et les stratégies pour réussir. La réussite de tous les élèves est tributaire des efforts qu'il va fournir et des stratégies qu'il aura à sa disposition pour y parvenir[1]. »
« L'enseignement explicite se divise en trois étapes subséquentes : le modelage, la pratique guidée ou dirigée et la pratique autonome ou indépendante.[2] »

1. Voir sur le site ac-lyon : « Qu'est-ce que l'enseignement explicite ? Comment le définir ? » : http://www2.ac-lyon.fr/etab/ien/loire/saint-etienne-ouest/IMG/pdf/L_enseignement_explicite_stage_sept-2015.pdf
2. Voir sur le site formapex.com : Clermont Gauthier, Steve Bissonnette, Mario Richard, « L'enseignement explicite », tiré de *Enseigner*, dir. Vincent Dupriez et Gaëtane Chapelle, PUF (coll. Apprendre), 2007, pp. 107-116 : http://formapex.com/les-principes-de-base/98-lenseignement-explicite-2007?616d13afc6835dd26137b409becc9f87=d5fb3187d647993b2914804017b3d6ee

fiche 31

LES PÉDAGOGIES NOUVELLES

On regroupe sous le nom de « pédagogies nouvelles » les courants novateurs qui, au XXe siècle, veulent fonder une « école nouvelle ».
On lui oppose fréquemment la **« pédagogie traditionnelle »**, caractérisée par le cours magistral, l'autorité du maître, l'école fermée, et la priorité donnée à l'acquisition des connaissances.
La « pédagogie traditionnelle » ne se réduit pas à cette caricature, elle a eu ses succès, et elle est encore largement pratiquée. À l'inverse, les nouvelles pédagogies ne sont pas des remèdes miraculeux, elles sont critiquables, et restent cantonnées souvent à des écoles expérimentales, souvent privées.
Actuellement, l'école publique pratique le plus souvent un mélange de pédagogie « traditionnelle » et d'apports des nouvelles pédagogies, en particulier de celle de Freinet. Chaque enseignant étant libre de choisir sa pédagogie, les classes présentent tout l'éventail des méthodes pédagogiques, depuis des classes « à l'ancienne » jusqu'à celles qui expérimentent les innovations pédagogiques les plus audacieuses.

LE CONTEXTE HISTORIQUE

Au début du XXe siècle, trois facteurs au moins peuvent expliquer l'apparition de ces mouvements de rénovation pédagogique, baptisés « écoles nouvelles ».

La massification de l'école primaire depuis 1882

L'école n'est plus réservée aux élites, mais s'ouvre peu à peu au peuple. La pédagogie « traditionnelle » (magistrale), héritée des collèges jésuites et des Frères des écoles chrétiennes, paraît caduque car trop fondée sur l'autorité du maître et trop théorique. Les instituteurs recherchent alors une pédagogie plus « populaire », plus égalitaire et plus active.

L'émergence de *la psychologie de l'enfant*, sous l'influence des idées de Rousseau et de l'exigence de scientificité

Après Rousseau, qui exige qu'on connaisse la nature de l'enfant, Jean Itard fait avancer cette connaissance, au début du XIXe siècle, par ses expériences sur l'enfant sauvage et sur les enfants sourds. À l'aube du XXe siècle, Alfred Binet et Théodore Simon mettent au point les tests de QI (quotient intellectuel, 1905), Freud invente la psychanalyse, Piaget développe la psychologie cognitive... Ces avancées scientifiques dans la connaissance des besoins et des capacités de l'enfant contribuent à alimenter les nouvelles pédagogies, qui s'appuient sur les découvertes de cette psychologie naissante.

***Le mouvement révolutionnaire* qui secoue l'Europe (révolution bolchevique de 1917...) touche l'école**

De nombreux instituteurs rallient la cause révolutionnaire et veulent voir dans la rénovation pédagogique un puissant facteur révolutionnaire : l'école nouvelle doit préparer la société nouvelle ! La classe doit être une école de démocratie, où l'élève sera formé aux valeurs de la solidarité, de l'égalité et de la coopération. On crée une « internationale pédagogique » (la LIEN : ligue internationale pour l'éducation nouvelle, fondée par Adolphe Ferrière) qui fédère tous les nouveaux pédagogues à travers le monde : Freinet en France, Makarenko en URSS, Montessori en Italie, Dewey aux États-Unis. La plupart des pédagogies nouvelles se veulent alors socialistes, commu-nistes ou anarchistes.

LES PRINCIPES COMMUNS AUX PÉDAGOGIES NOUVELLES

- **Activité de l'élève :** l'enseignement ne doit plus se faire sous forme de cours magistral, mais s'appuyer sur l'activité de l'élève qui expérimente, recherche et construit son savoir de façon concrète. Les pédagogies nouvelles sont adeptes des « méthodes actives ».
- **Socio-construction du savoir :** l'élève n'apprend pas seul, mais toujours au sein d'un groupe, par l'enrichissement des échanges et des confrontations.
- **Éducation collectiviste et coopérative :** l'école et la classe ne sont pas des lieux de concurrence entre individus égoïstes ; les élèves doivent

s'intégrer à un projet collectif, travailler en équipe ou en atelier, gérer la classe de façon démocratique par des décisions collectives.

• **Partir de la motivation et de l'intérêt naturel :** l'élève n'est pas soumis à une autorité absolue ; c'est l'école qui doit servir l'élève et s'adapter à ses besoins. Les apprentissages doivent tenir compte des intérêts mentaux variables avec l'âge. Donner du sens aux apprentissages s'obtient en partant de l'utilité que l'enfant trouve dans ses activités.

• **Une pédagogie de l'expérience :** l'enseignement doit être expérimental, c'est-à-dire que l'élève doit apprendre par expériences, et que le maître doit sans cesse être en situation de recherche et d'innovation pédagogique (contre la routine et la tradition).

• **Développer les compétences transversales et méthodologiques :** l'essentiel n'est pas de mémoriser des masses de connaissances (« une tête bien pleine »), mais de devenir autonome dans ses apprentissages par l'acquisition de méthodes de travail et de recherche (« une tête bien faite »). Le but est d'« apprendre à apprendre ».

• **Ouvrir l'école :** l'école nouvelle doit être ouverte sur le monde et sur la vie sociale ; elle ne doit plus être un « sanctuaire » qui coupe l'élève des réalités de la société des adultes. L'école ouverte doit participer aux problèmes sociaux et politiques ; elle doit mettre l'élève dans des situations d'apprentissage « authentiques », et refuser les situations scolaires artificielles.

• **Respecter l'élève comme personne :** l'élève doit être traité dans le respect de ses droits, comme personne de dignité égale à celle du maître.

• **Différencier et individualiser :** on ne peut plus imposer à tous un même enseignement indifférencié. L'efficacité de l'enseignement et le respect de l'élève obligent à prendre en compte les différences de besoin et de profil, et à adapter sa pédagogie selon ces différences.

– **Un nouveau rôle pour le maître :** l'enseignant n'est plus détenteur d'un savoir à transmettre, mais une aide ou un guide pour l'élève, une « personne-ressource » qui accompagne l'élève dans la construction de son savoir. Le maître n'impose plus par autorité, mais propose à l'élève des situations d'apprentissage motivantes (les pédagogues anarchistes parlent même d'un « maître camarade » !).

Les principales pédagogies nouvelles

Célestin Freinet (1896-1966)	**La classe coopérative**	Instituteur, il crée l'école de Vence (1935) et l'ICEM (Institut coopératif de l'école moderne). Classe autogérée par le conseil de coopérative. Méthode naturelle de lecture.	« Techniques Freinet » : la correspondance scolaire, l'imprimerie à l'école, le texte libre, le fichier autocorrectif, la bibliothèque de travail.
Maria Montessori (1870-1952)	**Pédagogie du jeu adaptée aux jeunes enfants**	Pédiatre, elle fonde à Rome une école pour enfants autistes (la « casa dei bambini »), et crée un matériel éducatif adapté aux jeunes enfants (mobilier, jeux sensoriels).	Étendre aux enfants normaux la méthode d'enseignement des enfants retardés mentaux. Elle s'appuie sur l'éducation des cinq sens, et crée un matériel didactique.
Benjamin Bloom (1913-1999)	**Pédagogie par objectifs** Définir des objectifs opérationnels pour rationaliser l'enseignement.	Permet une évaluation critériée. Les objectifs dépendent d'une logique disciplinaire fixée par l'enseignant. Conception linéaire de l'apprentissage.	Prise en compte des différences individuelles. Pédagogie proche du préceptorat et de l'enseignement individualisé. Trois variables : les prérequis/ la motivation/ la qualité de l'enseignement.
John Dewey (1859-1952)	**Pédagogie de projet Une démarche de projet contre le compartimentage disciplinaire**	Il fonde l'école laboratoire du Massachusetts qui privilégie les besoins des enfants et les activités manuelles *(learning by doing)*.	La motivation remplace la contrainte.

Ovide Decroly (1871-1932)	**Pédagogie des centres d'intérêt**	Médecin belge qui crée l'école de plein air où l'enseignement part des centres d'intérêt de l'enfant ; il privilégie la méthode globale pour apprendre à lire et le travail par groupes de niveau.	Trois écoles : Saint-Mandé, Barcelone, Buenos Aires.
Roger Cousinet (1881-1973)	**Pédagogie de l'appren-tissage** L'appren-tissage par l'élève remplace l'enseigne-ment par le maître.	Promoteur du travail de groupe, il donne la priorité aux méthodes. Apprendre, c'est chercher des informations, non les recevoir.	Partir de la psychologie de l'élève, non de la logique des programmes.
A.S. Neill (1883-1973)	**Pédagogie libertaire**	Jeux et cours facultatifs, sans contraintes ni interdits. Épanouissement individuel hors des normes sociales.	1924, école de « Summerhill ».
Adolphe Ferrière (1879-1960)	**École ouverte**	Sociologue suisse, il propose d'ouvrir l'école et défend l'idée d'une loi biogénétique d'un développement parallèle de l'individu et de l'humanité : de la pensée végétative et intuitive (sauvages) à la raison pure (savants).	Développer le « solidarisme » et l'esprit critique.

Édouard Claparède (1873-1940)	**L'éducation fonctionnelle** *« C'est celle qui prend le besoin de l'enfant* [...] *comme levier de l'activité. »*	Psychologue suisse, il crée l'Institut J.-J. Rousseau en 1914. Contre la gratuité du savoir. Exercer l'esprit à travers des situations-problèmes.	Le maître est un stimulateur et un éveilleur. Susciter le besoin par le jeu.
Rudolf Steiner (1861-1925)	**Pédagogie de l'épanouissement harmonieux**	Équilibrer les matières intellectuelles et les activités artistiques ; éveiller chez l'enfant ses facultés, selon ses phases d'évolution.	921 écoles privées laïques, surtout en Allemagne (écoles Waldorf). Continuité du cursus (un même maître) ; ni note ni redoublement.

UN EXEMPLE DÉVELOPPÉ : LA PÉDAGOGIE FREINET

La vie de Célestin Freinet

Célestin Freinet (1896-1966) devient instituteur en 1920 dans les Alpes-Maritimes. Blessé au poumon en 1918, il renonce au cours magistral, supprime l'estrade et les manuels scolaires trop « scolastiques ». En 1924, il entame une correspondance scolaire avec une classe du Finistère. Il crée *L'Éducateur prolétarien*, voyage en URSS en 1925, où il rencontre Makarenko. En 1927, il fonde la CEL (Coopérative de l'école laïque).
En 1933, Freinet et son épouse doivent démissionner après une violente campagne de la droite locale. En 1935, ils fondent une école privée à Vence qui accueille des enfants d'ouvriers parisiens et de réfugiés espagnols. Durant la guerre, Freinet rejoint le maquis de Briançon (où il écrit la plupart de ses livres). En 1948, il crée l'ICEM (Institut coopératif pour l'école moderne).

Les « techniques Freinet »

- La sortie enquête : les élèves vont rencontrer le boulanger du village et enquêtent sur son métier.
- Le texte libre : de retour d'une promenade, les élèves écrivent ce qu'ils désirent (poésie, article...).

• La correspondance scolaire : deux classes distantes échangent des lettres collectives sur leur vie et leur région.
• L'imprimerie : Freinet installe une imprimerie en bois pour que les élèves produisent un journal de classe (vendu à l'extérieur).
• Bibliothèque de travail (BT) : collection de fascicules sur tous les sujets servant de supports à des activités en classe.
• Le fichier autocorrectif : un ensemble de fiches individuelles, dans toutes les matières, permettant à l'élève de travailler seul, avec questions et réponses.
• Le « quoi de neuf ? » : rituel instauré en début de journée ou de semaine, permettant un libre-échange des élèves sur le sujet de leur choix.

Le conseil de coopérative

C'est le cœur de cette pédagogie fondée sur l'organisation collective de la classe. Le maître fait partie, à égalité avec tous les élèves, d'un conseil qui se réunit régulièrement pour décider du travail de tous.
En début de semaine, le conseil décide du plan de travail, de la répartition des tâches, du calendrier. En fin de semaine, il fait le bilan.
Le conseil décide des « évaluations » sous forme de « brevets » attribués aux élèves ayant acquis une compétence reconnue dans un domaine. Il décide aussi de la discipline : il élabore les règles collectives, et examine les cas des élèves qui ont transgressé ces règles à travers un échange d'explications. La sanction est absente de cette procédure d'autodiscipline collective. Le conseil est chaque fois présidé par un élève, non par le maître.
Le maître joue un rôle de guide ou de conseil : il n'impose pas, mais propose des situations, des activités ou des outils, en fonction des intérêts des élèves.
Le travail du conseil s'appuie sur un tableau d'affichage libre comprenant trois rubriques : « je félicite », « je critique », « je propose ». Chaque élève peut librement renseigner ce tableau.

Principes et méthodes

– Partir de l'enfant et de ses besoins.
– Pédagogie de l'intérêt global et du projet (contre le morcellement des programmes).
– La coopération collective contre la concurrence individuelle.
– Tâtonnement expérimental : on progresse par essais et erreurs.

- Méthode naturelle de lecture et d'écriture : créer un milieu stimulant et une situation authentique de communication (type « correspondance scolaire »).
- Le travail contre le jeu qui infantilise l'enfant.
- Organisation de la classe en ateliers.
- Évaluation par brevets et chefs-d'œuvre. Exemple : pour un brevet d'écrivain, on aura comme épreuves le récit d'un événement, une lettre aux correspondants, une poésie. Le chef-d'œuvre consistera à réaliser un petit album illustré.

QUEL BILAN POUR LES PÉDAGOGIES NOUVELLES ?

Les pédagogies nouvelles ont fortement changé notre vision de l'école et de l'enfant : il paraît difficile de revenir à une école fermée, repliée sur elle-même comme un sanctuaire, coupée des parents, des médias, du quartier... L'enseignant n'est plus un maître absolu : il s'attache à donner du sens à leur travail, à tenir compte de leurs besoins et intérêts, à respecter leurs personnes et leurs rythmes.
La pédagogie s'efforce d'être moins magistrale : il faut faire participer les élèves, leur faire construire leur savoir. Le maître essaie de parler moins et de faire travailler plus les élèves.
Sans doute l'école actuelle doit-elle beaucoup à l'esprit des pédagogies nouvelles, même si elle conserve des contraintes réglementaires (horaires, programmes) et des habitudes directives et magistrales (le professeur parle, les élèves écoutent), qui obligent à nuancer cette influence.

fiche 32 LE DÉVELOPPEMENT DE L'ENFANT ET DE L'ADOLESCENT

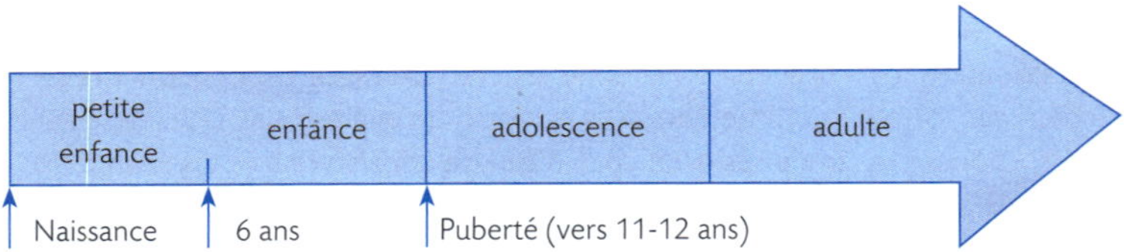

QUELQUES DÉFINITIONS

L'enfance

C'est la période qui débute de la naissance et s'achève à la puberté. Elle se caractérise par une dépendance totale aux parents (ou adulte) lorsque le nouveau-né paraît. Le développement biologique est très important (croissance, développement neuronal...) Durant cette étape, l'enfant n'est pas encore autonome, le rôle de l'adulte est crucial et l'apprentissage joue un rôle primordial. On parle souvent de la « petite enfance » pour évoquer les premières années de la vie. Parfois elle couvre les périodes 0 à 2 ans, dans d'autres cas de 0 à 6 ans.

La puberté

Elle marque le passage de l'enfance à l'adolescence. Les changements physiologiques les plus importants concernent la dimension sexuelle : début de la possibilité de se reproduire, caractères sexuels primaires (développement des organes génitaux) et secondaires (transformation taille, musculature, pilosité, voix...). La puberté chez la fille est plus précoce que chez le garçon qui, pour lui, est plus longue dans le temps.

L'adolescence

C'est la période qui débute avec la puberté et qui précède l'entrée dans l'âge adulte. Elle se traduit par un remaniement important de la personnalité qui se manifeste souvent par des oppositions à l'adulte.

REPÈRES HISTORIQUES

Jusqu'au XIXe siècle : de « l'ignorance » de la petite enfance à la prise en main de l'enfant

L'enfant est toujours inséré dans une famille, même s'il est mis en nourrice : il est fils ou fille de ces parents-là, inscrit dans une filiation. Une différence très nette existe entre la petite enfance et l'enfant de plus de 6 ans. Le bébé est considéré comme un être végétatif et l'enfant de plus de 6 ans comme un adulte miniature !

Le XIXe siècle et le début du XXe : l'enfant au cœur de la famille

Avec les progrès scientifiques, la baisse de la fécondité entraîne un nouvel intérêt pour l'enfant. Celui-ci, dès la naissance, est porteur de l'idéal du moi des parents. Il faut éduquer l'enfant en vue de la réalisation de cet idéal. L'enfant est donc précieux.
Un nouveau rapport apparaît : la relation mère/enfant (le père est souvent absent).

À partir du XXe siècle : l'éducation est au centre des préoccupations

« Le bébé est une personne » : telle est la conséquence de l'émergence des travaux en psychologie de l'enfant.
Les enjeux de l'enfance sortent du contexte de la famille, ils touchent les domaines économiques (jouets, professions...) et sociaux (spécialistes de l'éducation, les droits de l'enfant...).

LES GRANDES ÉTAPES DU DÉVELOPPEMENT DE L'ENFANT

Le petit humain se développe d'un point de vue physique, physiologique, psychologique (cognitif et affectif). Cependant, l'enfant n'est pas un être morcelé (cognitif, affectif et social).

De 0 à 2 ans : des transformations rapides et spectaculaires

• **Au niveau physiologique :** croissance rapide (masse et taille). À sa naissance, le système nerveux est loin d'être achevé. Les besoins physiologiques doivent être assurés par les adultes (alimentation, sommeil, propreté). Le développement moteur est très rapide durant ces deux premières années. (Position assise vers 6 mois, début de la marche aux alentours de 1 an.)

• **Au niveau affectif :** la première année est cruciale. L'attachement est important pour le développement émotionnel et cognitif. Il crée de la sécurité pour aller découvrir le monde environnant. Cependant, la séparation d'avec la mère (ou des parents) est difficile. Tout nouvel environnement (lieu ou personne) hors de la présence de la mère est potentiellement effrayant. Les enfants ont souvent besoin d'un objet qui apporte la sécurité car il rappelle ses parents ou un milieu ami. Winnicott l'appelle « **objet transitionnel** ».

• **Au niveau cognitif :** du geste à la parole. Les regards, gestes et jeux mis en place avec ses parents témoignent d'une volonté réelle de communiquer.
Le développement moteur (enfant couché, puis assis, qui rampe, puis marche – vers 1 an...) permet de nouvelles découvertes du monde environnant et de nouvelles expériences perceptives, affectives, sociales. D'un acte involontaire, l'enfant crée l'intentionnalité.

• 18 mois est une étape cruciale pour le développement : c'est **la permanence de l'objet**. L'enfant est capable de penser l'objet, y compris en son absence. C'est un grand progrès pour la pensée car tout objet est ainsi représenté mentalement, le langage accompagne d'ailleurs cette représentation.

• 2 ans, c'est le début de la phase du non, de la verticalité...

De 2 à 6 ans : des acquisitions très importantes pour la construction de la personne grâce à la maturité et au milieu

• **Le développement physique continue.** C'est ainsi que la maîtrise des sphincters mène à l'acquisition de la propreté, d'abord diurne puis nocturne. Cette acquisition est plus ou moins rapide selon les enfants. Ces progrès musculaires lui confèrent une autonomie qu'il cherche à gagner.

• **Au niveau affectif :** tout en étant très attaché à sa famille, l'enfant s'ouvre aux autres mais il cherche à gagner son **autonomie** et veut faire « tout seul ».

L'enfant prend conscience de son corps et de la différence fille/garçon. La relation aux autres enfants est importante.

L'imitation de postures permet aux enfants d'entrer en contact avec des pairs. Les objets sont également une source possible d'interactions, ainsi l'enfant tendant un objet à un autre enfant, ou le frappant avec cet objet ou encore l'enfant qui se retire du groupe et regarde les enfants jouer avec l'objet. La coopération peut être provoquée, refusée ou évitée.

• **Au niveau cognitif :** le développement du langage est d'abord social puis il devient un acte de pensée personnel. On observe que le développement lexical s'opère sur 2 axes : accroissement du vocabulaire (nombre de mots disponibles) et des représentations sémantiques qui y sont associées.

Les caractéristiques de la pensée sont :

– **La curiosité,** l'âge du « Pourquoi ? » qui traduit plus une recherche de réponses et d'affirmations que d'explications.

– **La pensée magique et l'animisme :** chaque chose est vivante et douée d'une intention bonne ou mauvaise.

– **L'intuition :** « C'est comme ça. »

– **L'égocentrisme :** l'enfant n'est pas ouvert à la pensée des autres.

La pensée avec ses aspects enfantins, tout en étant très ancrée dans la réalité concrète, développe des systèmes de représentations de plus en plus importants. Les jeux de rôles, les dessins traduisent l'entrée dans la **pensée symbolique**.

6 ans à 11-12 ans : l'intériorisation de l'action

• **Au niveau physique :** vers 9-10 ans chez les filles et 11 ans chez les garçons apparaissent les premiers signes dépendants des caractères sexuels (croissance des seins, début de pilosité pubienne) qui marqueront l'entrée dans l'adolescence.

• **Au niveau affectif :** les relations avec les pairs occupent de plus en plus de place, la participation à la vie de plusieurs groupes permet de jouer différents rôles lors des jeux (jeux à règles principalement, le code est accepté et validé par le groupe) et, de ce fait, la dimension égocentrique régresse. On note une différenciation des comportements sociaux chez l'enfant de cet âge en fonction des situations et des acteurs.

• **Au niveau cognitif :** les modifications de la pensée sont très importantes. La **réversibilité** de la pensée est la caractéristique principale de cette période. C'est la capacité à exécuter mentalement une action et à la penser dans son état initial et/ou final. Lorsque l'enfant développe cette capacité, on dit qu'il a atteint le niveau opératoire de la pensée. Cette étape permet une **décentration** de la pensée (passage progressif des intuitions à la pensée opératoire réversible). C'est aussi une caractéristique importante pour la construction de l'espace et du temps.

À PARTIR DE 12 ANS : L'ADOLESCENCE

Si l'entrée dans l'adolescence est marquée par la puberté, la fin de l'adolescence est aujourd'hui plus floue.

• **Au niveau physique :** un fort pic de croissance (taille et poids) s'observe lors de la croissance. Il est accompagné d'autres changements physiques et physiologiques. Les transformations sexuelles (primaires et secondaires) et hormonales aboutissent à la maturité sexuelle.

• **Au niveau affectif :** l'adolescence joue sur différents rapports qui apparaissent dans l'ordre suivant :

– rapport au corps avec la puberté (s'engager progressivement dans l'intimité sexuelle) ;

– rapport social avec la relation aux autres (prise d'indépendance progressive vis-à-vis des parents/engagement dans des relations de proximité avec ses pairs) ;
– rapport à soi avec la construction de son identité (perspective professionnelle, développement des valeurs, de croyances...).
Cette période est riche en conflits opposant parents et/ou adulte à l'adolescent.

• **Au niveau cognitif :** l'abstraction permet l'accès à la **pensée formelle** grâce à la pensée hypothético-déductive. Sa logique s'appuie non pas seulement sur les objets mais aussi sur les idées. L'adolescent recherche les règles universelles, est attiré par les théories (parfois éloignées de la réalité), est capable de réintroduire les sentiments dans la pensée (d'où les passions irraisonnées, aussi intenses que fugaces).

LE DÉVELOPPEMENT DE L'ENFANT SELON FREUD, PIAGET, WALLON

Ces trois auteurs sont des références pour le développement de l'enfant. Ils ont été à l'origine de la prise de conscience de l'importance des premières années de la vie des enfants pour le développement adulte futur.
Piaget étudie le développement de l'intelligence, Freud s'attache au développement de l'affectivité alors que Wallon présente le développement dans sa globalité, sans séparer la dimension cognitive de l'affectif. Leur vision du découpage en stades n'est pas similaire. Pour Piaget, le développement de la pensée a comme finalité la pensée adulte. Chez Freud, il n'y a pas de finalité au développement. Et pour Wallon, les composantes biologiques et sociales influent par crises et interactions de manière dialectique. Cependant, des âges clés apparaissent chez ces trois auteurs.

<table>
<tr><th>Âges</th><th>FREUD</th><th>PIAGET</th><th>WALLON</th></tr>
<tr><td>0-1</td><td>Stade oral (0-1 an)
Narcissisme et auto-érotisme primaire lié à la bouche.</td><td>Stade sensori-moteur (0-2 ans)
À partir de 1 an : invention de moyens nouveaux.</td><td>Stade impulsif (0-3 mois) et émotionnel (3 mois-1 an)
Confusion moi/autre.</td></tr>
<tr><td>1-2</td><td rowspan="2">Stade anal (1-3 ans)
Consolidation des limites extérieures du corps.
La propreté constitue un conflit relationnel (contre pulsion, interdit).</td><td rowspan="6">Stade pré-opératoire (2-7 ans)
Apparition de la fonction symbolique et début de la représentation.
La socialisation, les intérêts et les sentiments moraux se mettent en place peu à peu.</td><td rowspan="2">Stade sensori-moteur et projectif (1-3 ans)
Période d'investigation.
Primat de l'intelligence sur l'affectif.</td></tr>
<tr><td>2-3</td></tr>
<tr><td>3-4</td><td rowspan="3">Stade phallique (3-5 ans)
Identification du moi.
Complexe d'Œdipe.</td><td rowspan="3">Stade du personnalisme (3-6 ans)
Phase de non-indépendance du moi (Je) – jeu d'imitation.</td></tr>
<tr><td>4-5</td></tr>
<tr><td>5-6</td></tr>
<tr><td>6-7</td><td rowspan="6">Stade de latence (6-12 ans)
Construction de la pensée sociale, logique et morale.
Passage du principe de plaisir au plaisir de réalité.</td><td rowspan="5">Stade catégoriel (6-11 ans)
Effort d'attention, la représentation devient abstraite, pensée catégorielle, différenciation, comportements sociaux, primat de l'intelligence.</td></tr>
<tr><td>7-8</td><td rowspan="5">Stade opérations concrètes (7-12 ans)
Sériation, classification, causalité sur des opérations simples.
Réversibilité de la pensée.
Constitution de valeurs.</td></tr>
<tr><td>8-9</td></tr>
<tr><td>9-10</td></tr>
<tr><td>10-11</td></tr>
<tr><td>11-12</td><td rowspan="3">Stade de la puberté et de l'adolescence (11-16 ans)
Remaniement et achèvement de la personnalité.
Primat de l'affectif.</td></tr>
<tr><td>12-13</td><td rowspan="2">Stade génital</td><td rowspan="2">Stade de la pensée formelle (12-16 ans)
Pensée rationnelle (abstraction et opérations logiques).</td></tr>
<tr><td>13-14</td></tr>
</table>

Bibliographie

– Philippe Ariès, *L'Enfant et la vie familiale sous l'Ancien Régime* (1960), Seuil, 1975.
– Agnès Blaye et Patrick Lemaire, *Psychologie du développement cognitif de l'enfant*, de Boeck, 2007.
– Sigmund Freud, *Trois essais sur la théorie de la sexualité* (1905), Gallimard, coll. « Folio essai », 1989.
– Daniel Gaonac'h et Caroline Golder, *Manuel de psychologie pour l'enseignement*, Hachette Éducation, 1995 (pp. 50-91, pp. 222- 249).
– Maryvonne Merri, Michaël Pichat (coord.), *Psychologie de l'éducation,* tome I, Bréal, 2007.
– Alain Lieury et Fanny de la Haye, *Psychologie cognitive de l'éducation,* Dunod, 2004.
– Jean Piaget, Bärbel Inhelder, *La Psychologie de l'enfant,* PUF, 1978 (2e édition).
– Jean-Yves Rochex, *Henri Wallon, l'enfant et ses milieux,* Hachette Éducation, Paris, 1999.
– Donald Woods Winnicott, *L'Enfant et le Monde extérieur,* Payot, Paris, 1989.

fiche 33

LES MODÈLES D'APPRENTISSAGE

L'INNÉ OU L'ACQUIS

« Qu'est-ce qu'apprendre ? » et « Qu'est-ce que faire apprendre ? ». La conception de l'apprentissage a depuis toujours été sujette à discussion et réflexion. Deux thèses philosophiques distinctes se sont opposées très longtemps : l'innéisme et l'empirisme ou, en d'autres termes, le problème de l'inné et de l'acquis.

La psychologie se constituant comme une discipline scientifique autour des années 1880, ces grandes lignes philosophiques sont mises à l'épreuve des faits observés.

Les désaccords sur les modèles qui souhaitent rendre compte du comportement et du psychisme humain peuvent s'exprimer dans le tableau suivant.

L'inné ou l'acquis

Les présupposés philosophiques	Dimension psychologique
L'empirisme : rien n'est donné d'avance, tout est à construire ! Cette expérience sensorielle permet de construire les compétences (Aristote). L'enfant naît vierge de toutes connaissances (XVIIe et XVIIIe siècle : Locke, Condillac).	Le behaviorisme s'est développé à partir de l'apprentissage chez les animaux : – En Russie : Pavlov. – Aux États-Unis : Edward Lee Thorndike, Frederic Watson Skinner. Il repose sur le principe que l'association d'un stimulus et d'une réponse ne nécessite pas l'activité mentale du sujet. Les connaissances sont isolées les unes des autres.
L'innéisme : l'individu est porteur d'idées innées (Platon) qu'il porte en lui-même, ou que Dieu lui a données (Descartes). L'expérience ne sert que de révélateur à ces compétences préexistantes.	**Gestalt psychologie ou théorie de la forme** (*Kurt Koffka* en Allemagne) s'oppose aux behavioristes. Une représentation mentale *(insight)* adaptée à la solution se construit à partir de la combinaison de « formes » (= schémas mentaux préétablis donc innés).

UNE POSTURE INTERMÉDIAIRE

Entre ces grandes écoles, opposant l'inné et l'acquis, deux autres courants vont se développer.

Fonctionnaliste ou psychologie pragmatique

Né aux États-Unis avec John Dewey et S.G. Hall, ce courant affirme que la conscience est un tout et non la somme de parties différentes comme le postule la *Gestalttheorie*.
Il s'agit d'étudier la conscience à partir du sujet en activité.
L'apprentissage chez le sujet suppose **action** ET **réflexion sur l'action** menée. C'est la dimension réflexive sur l'activité du sujet qui est importante pour les apprentissages. La notion de projet d'apprentissage y est cruciale.

Le constructivisme

La figure emblématique de ce courant est Jean Piaget (Suisse). Il étudie les **moyens** dont l'esprit se sert pour aller du plus bas niveau de la connaissance à son étape jugée la plus achevée. C'est l'épistémologie génétique.
Pour lui, l'inné s'enrichit des acquis de l'environnement (acquis par aller-retour produisant l'adaptation des structures mentales).
Ce processus d'adaptation repose sur l'assimilation (chaque fois que l'individu incorpore à ses cadres personnels des données de l'expérience) et l'accommodation (nécessité où se trouve l'assimilation de tenir compte des particularités propres aux éléments assimilés).
C'est une théorie interactionniste que l'on peut traduire ainsi :

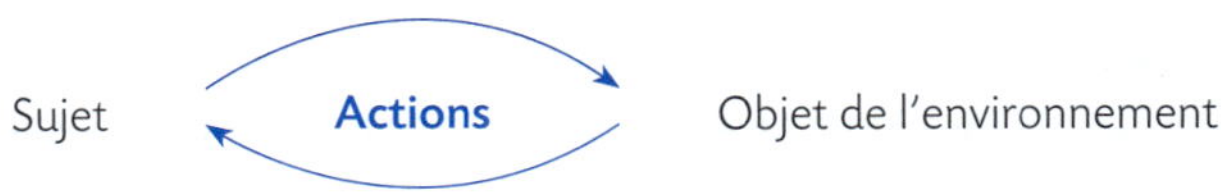

L'action du sujet permet de rétablir un équilibre et donc de construire de nouvelles compétences organisées en stades. C'est pourquoi la théorie piagétienne est une théorie constructiviste de l'intelligence.

DEPUIS 1950

Les recherches montrent que les chemins du développement et de l'apprentissage sont nombreux, c'est pourquoi le découpage en stades se définissant comme une suite de passages ordonnés et obligés est remis en question. Il faut offrir à l'individu plusieurs manières d'apprendre ; *a fortiori* lorsque les individus sont rassemblés en groupe, cela devient une nécessité !

L'émergence du social

Si la théorie constructiviste de Piaget crée une nouvelle dynamique de recherche et une nouvelle vision de l'apprendre, le manque d'interactions sociales est remis en cause dans les courants de recherches postpiagétiens. Ils développent l'idée du conflit sociocognitif comme nécessaire aux apprentissages.

Les théories du traitement de l'information ou sciences cognitives

Ce sont les sciences de la communication linguistique, l'intelligence artificielle, l'informatique, la cybernétique, la neurophysiologie. L'approche cognitive du traitement de l'information se propose d'étudier et de modéliser les activités mentales en jeu lorsque le sujet apprend. Un rôle central est attribué à la représentation symbolique et à la mémoire.

La mémoire n'est pas pensée comme un système unitaire mais comme une structure modulaire composée de deux mémoires :

• **La mémoire à court terme (MCT) :** c'est la mémoire de travail. Elle se caractérise par une faible capacité de stockage (environ +/– 7 éléments chez l'adulte) et un temps très rapide (quelques secondes), le codage serait plutôt de nature phonologique. Cette mémoire permet la manipulation simultanée des informations (celles prélevées dans la situation, celles puisées dans le réservoir de ressources [MLT]) et le maintien temporaire dans la mémoire des produits intermédiaires de traitement effectués sur ces informations.

Dans certains cas, la charge cognitive peut être trop imposante et conduit à l'échec de la tâche, c'est la surcharge cognitive (par exemple lors du calcul d'une division : mémorisation des tables, calcul intermédiaire soustractif, gestion de la partie entière...). Cette mémoire doit être rafraîchie régulièrement.

• **La mémoire à long terme (MLT) :** elle sous-tend la plupart de nos activités mentales et assure la cohérence de l'activité cognitive consciente. Elle est composée de deux dimensions : déclarative-procédurale et sémantique-épisodique.

Les connaissances procédurales sont des savoir-faire (savoir faire du vélo) alors que la dimension déclarative traite des connaissances factuelles ou conceptuelles que l'on peut énoncer : « le fruit provient de la fécondation de la fleur ». L'acquisition de savoirs procéduraux résulte d'une pratique répétée et prolongée de l'activité en question. L'apprentissage peut être long et difficile (exemple : faire une division).

La mémoire épisodique est la mémoire qui permet le rappel de souvenirs en lien avec son contexte (date, lieu, état émotionnel), alors que la mémoire sémantique correspond aux mots, connaissances et concepts indépendamment du contexte de mémorisation.

Aujourd'hui, les psychologues n'étudient plus l'apprentissage avec un grand A, mais ils essayent de décrypter les mécanismes et processus et les dynamiques spécifiques de l'apprendre. Il n'est donc plus question de donner un modèle théorique général « d'apprendre », mais bien de l'étudier en fonction des contextes et de ces spécificités.

LA PLACE DE L'ERREUR ET LES REPRÉSENTATIONS MENTALES

Les travaux de Piaget et de Bachelard

Les travaux de **Piaget** ont mis en avant les spécificités de la pensée enfantine, et donc l'importance des représentations mentales dans la construction du monde. Ces représentations font partie du développement de la logique de l'enfant et sont empreintes d'erreurs.

Bachelard se place au niveau des savoirs et de leurs constructions dans la société.

Pour lui, apprendre c'est changer de culture (et non acquérir une culture). On apprend contre... (rupture). Il faut une rupture du sens commun

(obstacle épistémologique de la connaissance) pour évoluer vers une culture scientifique.
Pour ces deux auteurs, il n'y a donc pas d'apprentissage sans erreurs ni obstacles.
Chaque individu se construit des représentations du monde en fonction de ses cadres de pensée et des situations qu'il a rencontrées. Ces représentations ne sont pas uniquement des éléments erronés mais un mélange composite de théorèmes vrais et faux sur le réel qui cohabite en pensée.

Qu'est-ce que la représentation ?

La représentation est :
1. Un modèle **explicatif** pour l'élève (ce modèle explicatif permet à l'enfant de rentrer dans l'activité).
2. Une structure **organisée** simple et **cohérente** :
– logique et tenace car pertinente aux yeux de l'élève ;
– plusieurs conceptions sont possibles pour un concept (par exemple pour la digestion, les enfants peuvent se représenter le système digestif comme étant composé de deux tuyaux, l'un pour l'évacuation de l'urine et le second pour les selles ; ou encore concevoir que le tube digestif s'achève à l'estomac...) ;
Dépendante du **niveau de connaissance** et de l'**histoire de l'apprenant**.
En relation avec le contexte socioculturel :
– histoire personnelle (culturelle familiale) et universelle (obstacle épistémologique) ;
– importance du langage qui supporte les représentations, parfois il y a décalage entre celui de l'enfant et celui du maître (exemple : aujourd'hui, nous allons travailler sur le temps ; pour le maître il s'agissait du temps qui passe, l'enfant a compris « le temps qu'il fait » car tous les jours ils « font la météo ») ;
– importance de la situation de référence.
Une conception personnelle et **évolutive**.
Pour les apprentissages, les représentations mentales sont à la fois :
– une aide : elles permettent l'action et l'entrée dans la tâche ;
– un obstacle : car elles sont empreintes d'erreurs.

LES MODÈLES PÉDAGOGIQUES

On distingue trois grands modèles pédagogiques qui se sont développés en fonction des courants philosophiques et psychologiques. Chacun d'eux conçoit le rôle de l'élève et du maître différemment, les modèles didactiques sont donc très différents.

Le premier modèle pédagogique repose sur l'idée que l'enfant est « une page vide ».

Présupposé psychologique	Rôle du maître	Rôle de l'élève	Place de l'erreur
Innéisme ou empirisme ↓ modèle pédagogique transmissif	Rôle prédominant : il explique, démontre et transmet pendant un **cours magistral ou dialogué de type maïeutique** : il fait une présentation claire des connaissances puis propose des exercices d'application et accompagne la mémorisation. Évaluation sommative.	Écoute, applique ce qui vient de lui être dit.	Aucune place à l'erreur : l'enfant ne sait pas ; il lui faut le bon modèle et uniquement le bon. S'il y a erreur, c'est la faute de l'enfant, c'est qu'il a mal écouté, ou pas assez travaillé.
	Critique : peu de place à l'enfant, efficacité à court terme principalement, décalage entre le discours et ce qui est acquis, pas de différenciation possible		

▶▶▶

APPRENDRE

Présupposé psychologique	Rôle du maître	Rôle de l'élève	Place de l'erreur
Behavioriste ↓ modèle pédagogique : **application-niste/pédagogie par objectifs**	Le maître doit **découper l'apprentissage en petites unités successives** (objectifs spécifiques) et créer des situations très planifiées et organisées favorisant la réussite de l'élève. Il propose des entraînements systématisés : la règle, l'information est apportée par le maître ou le manuel au début de l'apprentissage. Évaluation formative et sommative.	L'élève applique, il doit maîtriser la compétence visée. Il est **actif** et très guidé dans son travail. Prise en compte de ses acquis et individualisation possible.	L'erreur est due à la situation car elle est mal conçue (donc le maître est en cause, et doit proposer une nouvelle situation favorisant l'émergence du comportement). L'élève ne peut pas continuer l'apprentissage tant qu'il n'a pas acquis l'unité.
	Critique : difficulté pour les élèves à saisir la globalité des savoirs tant les concepts sont segmentés en petites unités (perte de sens) ; peu d'autonomie, simplification des tâches lorsque l'enfant ne réussit pas.		

Présupposé psychologique	Rôle du maître	Rôle de l'élève	Place de l'erreur
Constructivisme ↓ modèle pédagogique : **appropriatif/situation-problème** ↓ Pédagogie du projet Méthodes actives Démarches scientifiques	Le maître doit identifier les représentations des élèves et fixer les objectifs-obstacles adaptés à la classe. Il met en place et gère des situations-problèmes, étaye l'apprentissage des élèves (prise en compte des représentations, reformulation, structuration des savoirs). Évaluation diagnostique formative et sommative.	L'élève découvre et **construit** les concepts grâce à la démarche d'investigation et à l'étayage de l'enseignant. Il peut donner du sens aux savoirs qu'il construit et savoir quand les réinvestir.	L'erreur fait partie de la construction des savoirs. Elle doit être objectivée en cours de séance pour pouvoir être progressivement dépassée.
	Critique : déstabilisation de certains élèves face au type de tâches proposées et parfois à leur complexité, ils n'osent pas travailler sur leurs erreurs, la gestion de la classe par l'enseignant est difficile (temps, travail de groupe).		

Bibliographie

– Jean-Pierre Astolfi, *L'école pour apprendre*, ESF, 1992.
– Jean-Pierre Astolfi, *La saveur des savoirs*, ESF, 2008.
– Daniel Gaonac'h et Caroline Golder, *Manuel de psychologie pour l'enseignement*, Hachette Éducation, 1995 (pp. 50-91).
– Maryvonne Merri, Michaël Pichat (coord.), *Psychologie de l'éducation*, tome I, Bréal, 2007.

fiche 34

LES CONDITIONS DES APPRENTISSAGES SCOLAIRES

Les apprentissages scolaires impliquent le maître, l'élève (et les élèves) et le savoir (triangle pédagogique). D'autres instances jouent un rôle clé :
– la motivation ;
– les rythmes scolaires.

LA MOTIVATION

Elle implique le sujet (aspect dynamique) : « Il est motivé par... pour... » On distingue :

• **la motivation intrinsèque :** le sujet agit pour l'intérêt qu'il trouve dans la situation (satisfaction personnelle).

• **la motivation extrinsèque :** l'intérêt pour l'activité est dû aux avantages qui en découlent (récompense...).

La non-motivation est souvent invoquée de deux façons opposées lorsque l'élève ne réussit pas :
– c'est une **cause** de difficulté : elle renvoie à un état de la personne (motivée ou non) et résulte de l'histoire personnelle du sujet, du contexte socioculturel et familial, des connaissances préalables... ;
– c'est une **conséquence** de la difficulté : c'est un élément externe à l'individu. Il en résulte des caractéristiques des situations d'apprentissage, du contexte et du mode d'intervention de l'enseignant.

Depuis les années 1960, on rend compte de la motivation à la fois par des facteurs internes à l'individu et externes en lien avec les situations. La motivation prend sa source dans :
– la perception de l'**effort investi** qui conduira à la réussite de la tâche ;
– la perception que le **but visé** par la tâche permettra d'atteindre le but visé par l'apprenant ;
– la valeur et l'importance accordées au but visé en question.

Les capacités d'un apprenant à s'investir dans une tâche dépendent des représentations que le sujet s'est construit des situations d'apprentissage. L'élève doit trouver du sens dans la tâche proposée et croire en sa possibilité de réussite.

LES RYTHMES SCOLAIRES

La question des rythmes scolaires émerge au début des années 1980 avec le développement des recherches sur la chronobiologie de l'enfant (Reinberg, Testu, Montagnier...).

Ces travaux montrent l'importance des rythmes biologiques (alternance de veille et temps de sommeil), de la dimension personnelle de ces rythmes et de la fatigue comme signal d'alerte. Selon eux, l'école ne prend pas suffisamment en compte ces dimensions.

Le débat sur les rythmes scolaires influe sur

Le calendrier scolaire :
- Alternance 7 semaines de classe et 2 semaines de vacances.
- Réduction des congés d'été.
- Le rythme hebdomadaire : 4 jours ou 4 jours et demi.

Rythme hebdomadaire :
En maternelle, les lundis matins et les vendredis après-midi sont des moments sensibles (lundi car l'enfant doit retrouver ses repères d'élève, le vendredi car la fatigue est importante vue les efforts cognitifs).
La réalisation de l'emploi du temps doit être bien pensée, répartissant harmonieusement les temps d'EPS, de disciplines artistiques et notionnelles.

La journée de classe :
- Si les besoins physiologiques (faim, hygiène et sommeil) ne sont pas respectés, les apprentissages ne peuvent avoir lieu. (C'est très important en maternelle et même ensuite.)
- Au début de la matinée et de l'après-midi, il y a une baisse de vigilance ; ce sont des moments non propices aux apprentissages cognitifs.
- Il faut alterner des moments nécessitant des temps collectifs et individuels, oraux et écrits, statiques et moteurs.

Le temps d'attention varie selon les périodes et les variations climatiques, l'enseignant doit alors s'adapter.

La semaine de quatre jours et demi a été rétablie en 2013, les activités périscolaires prolongeant le service public d'éducation étant organisées dans le cadre d'un projet éducatif territorial (PEDT). Liberté a été donnée en 2017 au retour de la semaine à quatre jours.

À la rentrée 2018, 85 % des communes sont revenues à la semaine de quatre jours, ce qui représente 80 % des élèves.

fiche 35

DEUX GRANDES INFLUENCES

LES APPORTS DU SOCIOCONSTRUCTIVISME

Autour des années 1960, alors que la révolution cognitive s'amorce, la psychologie souligne l'importance de la dimension sociale dans les apprentissages. Plusieurs courants théoriques se développent en Europe et aux États-Unis. Les travaux de Vygotski, psychologue russe du début du XXe siècle, maintenus dans l'oubli jusqu'alors sont découverts et diffusés.

Vygotski (1896-1934) s'intéresse à l'apprentissage et à ses conditions. Pour lui l'apprentissage est social. Il débute par l'interaction entre le sujet apprenant et un tiers plus avancé que lui dans cet apprentissage. La pensée est donc toujours médiatisée par le langage et la culture.

Pour Vygotski, l'apprentissage doit précéder le développement et non pas l'inverse. Il s'inscrit dans la zone de proche développement (ZPD) : L'apprenant n'est pas encore en mesure de réaliser seul la tâche. L'école et les enseignants ont donc un rôle fondamental pour l'aider à apprendre.

Bruner, psychologue américain (1915-2016) a développé l'idée de tutelle et le concept d'étayage lié à celui de la ZPD. Le tuteur (l'enseignant) prend à sa charge les éléments qui sont hors des capacités du débutant afin de lui permettre de concentrer ses efforts sur les compétences qui lui permettront de mener à bien la tâche à réaliser.

Le conflit sociocognitif

Vers 1975, l'école post-piagétienne de Genève, prend en compte les interactions sociales dans le développement de l'intelligence. Doise, Mugny, Perret-Clermont, développent alors l'idée de **conflit sociocognitif** qui combine le rôle moteur des conflits cognitifs avec les interactions sociales entre apprenants lors de l'apprentissage.

Le rôle de l'imitation

Wynykamen signale que l'imitation n'est pas un acte passif mais bien un processus actif car il suppose l'extraction d'informations pour pouvoir être reproduit. Bandura (É.-U.) parle de l'apprentissage sociocognitif par obser-

vation. L'attention est discriminante, elle suppose la rétention d'informations, puis une reproduction motrice ou symbolique. L'exécution de la tâche se fait par des ajustements correctifs.
Pour Wallon aussi, l'intelligence de l'enfant est due à l'importance de ses relations avec l'entourage et à l'imitation.

Quelques influences sur la pédagogie

• Les situations-problèmes

Les situations-problèmes doivent permettre à l'apprenant de dépasser un obstacle grâce à un questionnement, de déconstruire une représentation inopératoire et de découvrir des stratégies plus efficaces. Elles doivent avoir du sens pour les élèves et être « assez mobilisatrices pour qu'ils relèvent le défi. » « Cela exige une organisation du temps et des activités très proches des méthodes actives et des démarches de projet, un renoncement à proposer toujours "plus du même" aux plus lents, une rupture avec l'idée que la différenciation est soit une micro-orientation optimale, soit une remédiation dans l'après-coup. » (Ph. Perrenoud, *La Pédagogie différenciée*, ESF)

• Le travail en groupes

La démarche socioconstructiviste souligne l'importance du travail en groupe. Il existe plusieurs types de groupes d'apprentissage, leur composition et leur fonction ne sont pas de même nature selon les objectifs visés. Ainsi, des groupes hétérogènes permettront d'aborder des situations problèmes, des groupes homogènes de besoin proposeront aux élèves des situations adaptées aux compétences qui doivent être développées à un moment donné.
Si l'intérêt du travail en groupes est souligné, cela ne veut pas dire que toutes les situations d'apprentissage doivent impérativement reposer sur ce mode d'organisation.
Un temps de travail individuel est indispensable à l'apprenant pour asseoir ses connaissances. Les exercices d'entraînement ou d'application sont également nécessaires.

• Le rôle de l'enseignant

Dire que l'enfant apprend par lui-même renvoie souvent à des confusions quant au rôle de l'enseignant. Si personne ne peut apprendre à la place de l'autre, l'apprentissage ne peut se faire seul. C'est l'enseignant qui choisit la situation d'apprentissage. C'est à lui qu'incombe la tâche de médiation avec le savoir mais aussi le rôle de tuteur, tel que Bruner l'a défini quand cela s'avère nécessaire.

Bibliographie

– Willem Doise, Gabriel Mugny, *Le Développement social de l'intelligence*, Interéditions, Peter Lang, 1981.

– Michel Gilly, « Approches socio-constructives du développement cognitif de l'enfant d'âge scolaire » in Daniel Gaonach'et Caroline Golder, *Manuel de psychologie pour l'enseignement*, Hachette Éducation, 1995.

ACTUALITÉ DES NEUROSCIENCES

Les **neurosciences** ont émergé dans les années 1970. Leur objectif est de mieux comprendre, voire de modéliser le fonctionnement du cerveau humain. Actuellement, elles s'appuient principalement sur l'imagerie cérébrale : l'imagerie anatomique, permettant de visualiser les structures du cerveau et l'imagerie fonctionnelle qui, elle, permet de relever l'activité neuronale des sujets étudiés face à une tâche particulière.

L'étude du cerveau comme base des comportements humains a connu de nombreuses étapes. D'Hippocrate postulant que le cerveau est la base de la pensée aux neurosciences actuelles, c'est notamment au milieu du XIXe siècle que de nombreux scientifiques ont tenté de comprendre cette « boîte noire » en pratiquant des autopsies post-mortem sur des patients atteints de lésions cérébrales. C'est ainsi que le médecin Paul Broca découvre en 1861 que l'activité de production langagière se situe dans l'hémisphère gauche, grâce à l'étude du cerveau de M. L. devenu aphasique.

Au début du XXe siècle, les travaux de biologistes établissent que les cellules nerveuses sont composées d'un corps principal, d'axones et de dendrites. Ces quelque cent milliards de neurones « communiquent » entre eux et constituent ainsi des réseaux présentant une activité que des techniques de plus en plus évoluées vont s'attacher à évaluer.

L'électroencéphalographie, longtemps utilisée, mesure l'activité électrique de ces réseaux grâce à des électrodes placées sur la boîte

.../...

.../...

crânienne et réagissant à des signaux très faibles. C'est le fameux tracé connu sous le nom d'électroencéphalogramme, permettant de figurer les ondes électriques traversant le cerveau et surtout leurs variations. Depuis, les études en imagerie par résonance magnétique (IRM, imagerie anatomique et imagerie fonctionnelle) permettent aux chercheurs et aux scientifiques de disposer d'un outil plus précis. L'IRM produit des images en trois dimensions grâce à un aimant et à des ondes mesurant le signal magnétique émis par les cellules en l'amplifiant. L'hypothèse de base est que ce signal se modifie en fonction de la quantité d'oxygène circulant, celle-ci variant en fonction de l'activité du cerveau.

Les **neurosciences cognitives** sont nées des liens entre neurosciences, psychologie cognitive et psychologie du développement. Elles interrogent les mécanismes cérébraux impliqués dans toutes les activités cognitives, allant de la perception à la mémorisation en passant par le raisonnement ou le langage. Les neurosciences cognitives traitent notamment des questions d'apprentissage chez les enfants et ont permis des avancées récentes dans la connaissance du fonctionnement de l'élève apprenant.

Quel impact sur la pédagogie ?

L'acquisition des notions mathématiques aussi bien que l'apprentissage de la lecture posent question depuis longtemps aux neuroscientifiques.

Le principe des recherches en neurosciences, et, plus généralement, de celles qui suivent une méthode expérimentale, est de procéder à un zoom sur l'effet d'un facteur tout en veillant à ce qu'aucun autre ne puisse influencer les résultats. Il est par exemple courant en psychologie du développement de tester une hypothèse sur un groupe d'enfants en faisant en sorte d'avoir autant de filles que de garçons. Ce principe est fondamental et incontournable dans ce cadre scientifique[1]. Il permet de se donner une forte probabilité d'attribuer les changements de comportement (les apprentissages) au bon facteur.

Les travaux des neurosciences ont permis d'avancer dans une certaine connaissance du fonctionnement cognitif et neurologique des enfants, notamment en situation d'apprentissage.

1. Certains domaines de recherche liés à l'éducation s'appuient sur d'autres types de méthodes.

L'enseignant peut bien sûr s'appuyer sur ces apports pour penser ses séquences pédagogiques et adapter son enseignement. Mais il doit bien avoir conscience de plusieurs réalités :

1. À l'inverse du chercheur qui se focalise sur un aspect de l'élève et des apprentissages, l'enseignant doit, lui, considérer l'élève dans sa globalité. Plutôt que d'isoler un facteur, le professeur des écoles doit prendre en compte l'interaction de tout ce qui fait l'enfant : les dimensions cognitives, affectives, sociales, familiales, culturelles, etc.

2. Comme l'écrit le chercheur de l'éducation Philippe Meirieu, si « l'apport des neurosciences est extrêmement intéressant, il ne doit pas pour autant éclipser tous les autres éclairages nécessaires à l'acte pédagogique que sont la psychologie, la sociologie, la linguistique, l'histoire, ou la pédagogie ».

3. Par ailleurs, comme le précisait Jean-Émile Gombert, professeur des universités en psychologie cognitive des apprentissages, en ouverture du rapport de la Conférence de consensus organisée par le CNESCO en 2016 : « Il ne suffit pas de savoir comment l'élève apprend à lire pour savoir comment enseigner la lecture ».

4. Le neuroscientifique Olivier Houdé souligne lui aussi qu'il convient « d'éclairer les choix pédagogiques (c'est l'objet de la recherche en éducation), plutôt que d'imposer une méthode ».

La pédagogie ne saurait relever d'une seule influence. Les données issues des sciences s'intéressant à l'école et aux apprentissages doivent donc être vues comme autant d'aides et de supports pour faire des choix pédagogiques au plus juste. S'il est indispensable de s'y référer, elles ne pourront en aucun cas donner l'entière marche à suivre à l'enseignant qui doit rester l'expert professionnel.

Bibliographie et sitographie

– Dehaene S., *Les Neurones de la lecture*, Odile Jacob, 2007.
– Houdé O., *La Psychologie de l'enfant*, Que sais-je ? PUF, 2012.
– CNESCO, *Dossier de synthèse de la conférence de consensus « Lire, comprendre, apprendre », Comment soutenir le développement de compétences en lecture ?*, 2016 : http://www.cnesco.fr/wp-content/uploads/2017/04/Lecture_dossier_synthese.pdf
Le site de Philippe Meirieu : https://www.meirieu.com

ÉCHECS, DIFFICULTÉS ET BESOINS SPÉCIFIQUES

fiche 36

ÉCHEC SCOLAIRE ET ÉLÈVES EN DIFFICULTÉ

L'ÉCHEC SCOLAIRE RENVOIE À DES SITUATIONS TRÈS DIFFÉRENTES D'ÉLÈVES EN DIFFICULTÉ

L'échec scolaire est une notion complexe renvoyant à de nombreuses interprétations.
L'échec scolaire est en fait une expression générique *« qui englobe des situations extrêmement différentes chez des élèves ayant des difficultés différentes pour des raisons différentes »* (B. Charlot).

Les causes

Liées à l'individu	**Familiales et sociales**	**Liées à l'école**
Handicap, maladie, difficultés non organiques dont psychologiques.	Familles en difficulté. Origine sociale : CSP. Langue maternelle, accès à la culture écrite.	L'école génératrice de l'échec scolaire. Absence de sens du travail scolaire pour certains élèves.

Pédagogie différenciée

Les « solutions » : s'intéresser aux difficultés des élèves pour combattre ou prévenir l'échec

La prévention	**Les remédiations**
Institutionnelle : REP, REP+ Individuelle : évaluations, dépistage À l'école : pédagogie différenciée. Lire, écrire, vivre ensemble En dehors de l'école : l'accompagnement	PPRE Aide du RASED Structures adaptées (enfants précoces, ayant des difficultés spécifiques) Rééducations (orthophonie...) Aides psychologiques (CMPP...)

L'« ÉCHEC SCOLAIRE » EST UNE CONSTRUCTION SOCIALE

Comme le souligne Bernard Lahire, l'émergence du problème social de l'échec scolaire naît de la transformation du système scolaire dans les années 1960.

On ne parlait pas d'échec scolaire quand les deux voies enseignement primaire réservé à l'école du peuple et enseignement secondaire apanage de l'élite étaient parfaitement disjointes. L'enseignement primaire permettait à chacun de trouver un emploi et de s'inscrire dans la société en maniant ce qu'elle exigeait alors du savoir « lire, écrire, compter ».

CRITÈRES ET DÉFINITIONS

Du côté de l'élève, l'échec scolaire renvoie à deux réalités :

- La sortie du système scolaire sans qualification.
- L'incapacité à suivre les normes prévues par le système scolaire :

– incapacité d'acquérir connaissances et savoir-faire prévus dans les délais fixés par les programmes ;

– orientation dans certaines sections (BEP...). (À noter la dévalorisation des sections professionnelles.)

L'échec scolaire peut s'apprécier **du côté de l'école** :

– Même avec des diplômes, les élèves ne sont pas préparés à la vie professionnelle et sociale.

– De nombreux élèves ne trouvent plus de sens à l'école.

ÉCHECS ET DIFFICULTÉS : OÙ SONT LES DIFFÉRENCES ?

Dans *Apprendre oui, mais comment ?* (ESF éditeur, 2007), Philippe Meirieu écrit : « *Pour surmonter une difficulté, il est possible de poursuivre et d'approfondir la méthode (d'apprentissage) utilisée* [...] *Pour dépasser un échec, il est indispensable de proposer une alternative en cherchant de nouveaux points d'appui.* »

L'échec est directement lié à l'incapacité à se représenter les attentes de l'école, l'intérêt des apprentissages, à y trouver du sens.

On voit bien que le terme d'échec renvoie dans certains cas à une image de soi à restaurer, dans d'autres cas à des difficultés insurmontables en l'état. Lutter contre l'échec c'est restaurer le sens des apprentissages, gérer les erreurs de façon positive, différencier ; c'est s'intéresser aux différentes situations d'échec possibles pour gérer les difficultés en amont et éviter que s'installe précisément « l'échec scolaire ».

LES CAUSES DE « L'ÉCHEC SCOLAIRE » ASPECT HISTORIQUE

• **Jusqu'aux années 1950**, les élèves en échec scolaire sont dits anormaux ou déviants

La création des classes de perfectionnement en 1909 signe l'exclusion des « arriérés éducables » des classes normales ; ces enfants restent toutefois inscrits à l'école.

L'orientation des élèves va progressivement prendre appui sur des tests.

• **Des années 1950 aux années 1960**, une éducation spécialisée est organisée : elle prend en charge les élèves les plus en difficulté qui sont « inadaptés » et n'ont donc « pas leur place dans les classes normales ».

• **Des années 1960 aux années 1970**, la sociologie impose ses points de vue. Les explications dominantes trouvent leurs sources dans la thèse de la « reproduction » (P. Bourdieu et J.-C. Passeron) ou dans la notion de « handicap socioculturel ». (Cette dernière notion est radicalement remise en cause aujourd'hui.)

La fonction de reproduction de l'école
(Pierre Bourdieu ; Jean-Claude Passeron)

• La réussite des élèves est déterminée par la culture familiale. Les enfants des classes dominantes héritent d'un « capital culturel » et d'un « habitus » qui les favorisent à l'école.

• La culture scolaire et la culture des classes dominantes sont homologues.

• Une partie de ce que transmet l'école l'est de manière implicite. Seuls « les initiés » (les enfants des classes dominantes) possèdent le code pour y accéder.

.../...

.../...

• L'école exerce une violence symbolique : sans imposer explicitement la transmission d'une culture dominante, elle fait de telle sorte que les élèves des milieux défavorisés adhèrent au principe même de leur domination.
• Une certaine autonomie est accordée à l'école dans la mesure où elle contribue à légitimer la culture des classes dominantes.

• **À partir des années 1970-1980**, ce sont des différences individuelles de diverses origines qui expliquent les inégalités d'accès à l'école. La pédagogie différenciée s'impose. Le rôle de nouvelles variables est mis en évidence : le sexe (les filles réussissent mieux que les garçons) ; la région géographique ; le travail de la mère ; l'effet établissement, etc. Les inégalités sociales peuvent être détachées des performances scolaires même si le maintien sous de nouvelles formes des écarts entre classes sociales se vérifie toujours (les enfants d'immigrés appartiennent en très grande majorité aux catégories sociales défavorisées).
Ces dernières années voient s'imposer les termes d'adaptation, d'intégration et d'inclusion. On parle ainsi de « besoins éducatifs particuliers » pour certains élèves au sein d'une « école inclusive ».

Du rapport au savoir
Bernard Charlot

• Bernard Charlot bat en brèche la notion de handicap socioculturel.
• Plutôt que de parler d'élève en échec, de regarder l'élève « en creux », il conviendrait de comprendre le pourquoi de ses erreurs et de lui permettre de réinterpréter pour apprendre...
• Les études menées chez les élèves des milieux populaires montrent toutefois qu'il y a des logiques d'interprétation récurrentes de la situation scolaire s'organisant en trois points :
1. On va à l'école « pour passer ».
2. À l'école, c'est le professeur qui est actif, pas l'élève.
3. Les élèves entretiennent un rapport binaire au savoir : « je sais » ou « je ne sais pas ». Les enfants qui réussissent sont, eux, dans une logique de progressivité du savoir : « je sais chaque jour un peu plus ».

.../...

…/…

• Ces trois éléments pointent la difficulté centrale qui reste celle du sens : quel sens cela a-t-il pour les enfants d'aller en classe, d'étudier, de travailler, d'apprendre et de comprendre à l'école ?

QU'EN EST-IL AUJOURD'HUI ?

Les deux grands types de causes demeurent : inégalités sociales d'une part, raisons liées à l'individu de l'autre. Elles renvoient à deux domaines d'intervention que nous présenterons successivement : l'éducation prioritaire et la scolarisation des élèves à besoin éducatifs particuliers.

L'école et les environnements familiaux et sociaux

L'interrogation centrale de B. Chariot, É. Bautier et J.-Y. Rochex est la suivante : Quel sens cela a-t-il pour un enfant d'aller à l'école, d'y travailler, d'y apprendre des choses ?

Pour les « bons élèves », le rapport à l'école est rapport au savoir, l'école est le lieu où l'on vient apprendre et où le savoir est constitué comme objet qui prend sens en tant que tel. Pour les élèves en difficulté, c'est un rapport au métier, à l'avenir professionnel. Ils perçoivent aussi l'école comme un lieu de sociabilité entre copains, où « réussir » consiste à se conformer aux exigences du métier d'élève, à « faire le programme ».

P. Perrenoud, quant à lui, parle du « métier d'élève ». Être élève consiste à acquérir non seulement des connaissances mais aussi une série de règles du jeu, de codes implicites permettant à ceux qui les possèdent de s'intégrer pleinement dans le système. Certains enfants ont reçu de leurs familles tous les codes nécessaires pour faire leur métier d'élève : ils savent par exemple adopter une stratégie qui leur permet de « faire avec » les exigences du professeur. Les autres élèves (souvent des enfants de milieux défavorisés) investissent une grande part de leur énergie dans le décryptage des codes qu'ils ne maîtrisent pas au détriment d'un investissement dans le travail d'apprentissage. Pour eux, aller à l'école, c'est uniquement faire un métier consistant à lever le doigt, être ponctuel, tenir correctement son cahier, etc. ; ils ne perçoivent pas, sous ces différentes habitudes, l'intérêt propre du travail d'acquisition de connaissances (P. Perrenoud, *Métier d'élève et sens du travail scolaire*, ESF, 2004).

F. Dubet insiste sur le problème central de la « démotivation » de certains élèves. *« Les élèves ne doivent pas seulement apprendre un "métier d'élève", ils doivent aussi apprendre à donner du sens à leur expérience [...] Quand ils n'y parviennent pas, ils peuvent subir l'école d'une façon strictement ritualiste. Enfin, des élèves peuvent percevoir cette obligation de construire du sens comme une violence dans la mesure où leur échec les invalide à leurs propres yeux. Ils peuvent alors se retourner contre l'école de manière plus ou moins violente. Ainsi le problème essentiel est devenu celui de la motivation des élèves. »* (*Sciences humaines* n° 76, octobre 1997.)

La question centrale de la lecture et du rapport à l'écrit

L'écrit est source d'exclusion. Pour B. Lahire, *« ce qui caractérise les domaines dans lesquels échouent les enfants de milieu populaire, c'est qu'ils reposent tous sur la capacité à maîtriser le langage écrit. »* Le rapport *« scriptural »* imposé par l'école (formel, métalinguistique, réflexif) est en décalage avec le rapport « oral et pratique » (contextualisé, pragmatique, direct) qui est dominant dans les classes défavorisées. Ainsi, affirme B. Lahire, il n'est pas juste de définir l'échec scolaire en terme de manque. Les élèves en échec scolaire ne manquent pas de *« quelque chose »* (d'esprit abstrait par exemple), ils ne parviennent simplement pas *« à adopter la bonne attitude face au langage qui leur permettrait de rendre compréhensible les demandes des exercices scolaires. »* (B. Lahire, *Culture écrite et inégalités scolaires*, PUL, 1993).

Bibliographie

– É. Bautier et P. Rayou, *Les inégalités d'apprentissage. Programmes, pratiques et malentendus scolaires*, PUF, 2009.
– P. Bourdieu, J.-C. Passeron, *Les héritiers. Les étudiants et la culture*, Éditions de Minuit, 1964.
– B. Charlot, *Du rapport au savoir, éléments pour une théorie*, Anthropos, 1997.
– B. Chariot, É. Bautier, J.-Y. Rochex, *École et savoir dans les banlieues... et ailleurs*, A. Colin, 1992.
– B. Lahire, *Culture écrite et inégalités scolaires, sociologie de « l'échec scolaire » à l'école primaire*, PUL, 1993.
– P. Meirieu, *Faire l'école, faire la classe*, ESF, 2006.
– P. Perrenoud, *Métier d'élève et sens du travail scolaire*, ESF, 2004.

fiche 37

ÉDUCATION PRIORITAIRE – LA LUTTE CONTRE LE DÉCROCHAGE SCOLAIRE

L'ÉDUCATION PRIORITAIRE

• Créées en 1982, les **ZEP** (zones d'éducation prioritaire) reposent sur le principe inégalitaire de discrimination positive : pour développer l'égalité des chances, il convient de donner plus à ceux qui ont le moins.
Des moyens sont accordés : effectifs limités à 25 élèves par classe, encadrement renforcé (postes de bibliothécaires par exemple) ; budgets supplémentaires.
Différents partenaires sont impliqués (municipaux, sociaux, associatifs, culturels, police et justice). Le projet de zone articule les différentes actions.
Le classement en ZEP obéit aux critères suivants :
– Environnement social et démographique (taux de chômage, proportion d'étrangers, de familles nombreuses, type d'habitat), etc.
– Réalités scolaires proprement dites : pourcentage d'élèves ayant plus de deux ans de retard à l'entrée en sixième, nombre de boursiers, proportion d'élèves étrangers, etc.
Différentes relances ont lieu entre 1998 et 2015 avec différents changements de dénomination du dispositif.

L'éducation prioritaire aujourd'hui

Deux types de réseaux sont identifiés en 2015 : les **REP+** (REP renforcés) qui concernent les quartiers ou les secteurs isolés connaissant les plus grandes concentrations de difficultés sociales ayant des incidences fortes sur la réussite scolaire, et les **REP**, plus mixtes socialement mais rencontrant des difficultés sociales plus significatives que celles des collèges et écoles situés hors de l'éducation prioritaire.
Un référentiel de l'éducation prioritaire est élaboré. Parmi un ensemble de quatorze mesures clés, il faut citer le dispositif « plus de maîtres que de classes ».
Le dédoublement des classes de CP en REP+ a été l'une des mesures phares de la rentrée 2017. La mesure a été étendue à la rentrée 2018 aux CP et aux CE1 en REP et en REP+.

À la rentrée de 2019, 300 000 élèves sont concernés par cette mesure.
La circulaire de rentrée précise les modalités de formation des enseignants en Rep+.
Il est prévu de dédoubler les classes de grande section en éducation prioritaire à la rentrée 2020.

LA LUTTE CONTRE LE DÉCROCHAGE SCOLAIRE

Le décrochage est un processus qui conduit un jeune en formation initiale à se détacher du système de formation jusqu'à le quitter avant d'avoir obtenu un diplôme.
Un décrocheur est un jeune qui quitte un système de formation initiale sans avoir obtenu de diplôme de niveau V (BEP ou CAP) ou de niveau supérieur (baccalauréat).
En France, près de 80 000 jeunes sortent chaque année du système scolaire sans aucune qualification. Notre pays compte 60 000 jeunes mineurs ni en emploi, ni en formation, ni en études : les « Neets » (jeunes qui ne sont pas en emploi, en études ou en formation). Ces jeunes mineurs se heurtent à de grandes difficultés pour s'insérer sur le marché du travail et sont les premières victimes de la pauvreté.[1]
L'article 15 de la loi de 2019 (qui entrera en vigueur à la rentrée 2020) concrétise un engagement gouvernemental de la stratégie de lutte contre la pauvreté. Il prolonge l'instruction obligatoire par une obligation de formation pour tous les jeunes de 16 à 18 ans.

1. https://solidarites-sante.gouv.fr/affaires-sociales/lutte-contre-l-exclusion/lutte-pauvrete-gouv-fr/la-mise-en-oeuvre/accompagner-vers-l-emploi-et-l-autonomie/article/l-obligation-de-formation-jusqu-a-18-ans.

fiche 38

LA SCOLARISATION DES ÉLÈVES À BESOINS ÉDUCATIFS PARTICULIERS

La scolarisation des élèves à besoins éducatifs particuliers implique de distinguer entre les ressources et dispositifs relevant de l'adaptation (différenciation, aide personnalisée complémentaire, PPRE, aides du RASED) et ceux relatifs à l'inclusion (élèves nouvellement arrivés en France, élèves en situation de handicap...).

LES PLANS POUR LA RÉUSSITE

Les PPRE (Programmes personnalisés de réussite éducative)

« À tout moment de la scolarité élémentaire, lorsqu'il apparaît qu'un élève ne sera pas en mesure de maîtriser les connaissances et les compétences indispensables à la fin du cycle, le directeur d'école propose aux parents de mettre en place un dispositif de soutien, notamment un programme personnalisé de réussite éducative. »

Le PPRE à l'école élémentaire

- Il est élaboré par l'équipe pédagogique ; le conseil des maîtres du cycle définit les actions à mettre en œuvre.
- Il est adapté à chaque élève et s'appuie sur les compétences acquises par l'enfant.
- Il implique différents acteurs :

– l'élève qui doit s'engager et donc comprendre le sens de ce qui lui est proposé ;
– les parents : leur accord est déterminant dans la réussite du programme ;
– l'enseignant qui propose le PPRE au conseil des maîtres et est le premier référent de l'élève ;
– le directeur, garant du dispositif ;
– les enseignants du RASED peuvent être également associés.

Le PPRE est formalisé dans un document conçu pour être lisible par tous et signé par l'élève et sa famille. Il précise :
– les objectifs de l'action d'aide identifiée ;

.../...

.../...

- son descriptif ;
- les indicateurs d'évaluation qui y sont associés ;
- l'échéancier des aides et les bilans intermédiaires ;
- les remarques de l'élève et de ses parents.

Le RASED (Réseau d'aides spécialisées aux enfants en difficulté)

Le RASED est composé :
- d'un psychologue de l'Éducation nationale,
- de deux enseignants spécialisés titulaires du CAPPEI :
  - un maître chargé des interventions à dominante pédagogique pour aider à comprendre et apprendre des élèves en difficulté dont les capacités de travail mental sont par ailleurs satisfaisantes ;
  - un maître chargé des interventions à dominante rééducative dans le but de restaurer l'investissement scolaire de l'élève ou d'aider à son instauration.

Les aides spécialisées peuvent intervenir à tout moment de la scolarité à l'école primaire, en appui et en accompagnement de l'action des enseignants des classes. Elles ont pour objectif de prévenir et remédier aux difficultés scolaires persistantes qui résistent aux aides apportées par les enseignants des classes.

L'action de prévention s'exerce à tout moment de la scolarité même « s'il est vrai que l'école maternelle est le lieu privilégié où s'exprime pleinement la mission préventive car c'est le moment où s'ouvre le chemin des apprentissages scolaires, où les difficultés ne sont pas encore installées » (circulaire de 2002).

• L'action de remédiation

Le projet d'aide spécialisée envisagé pour un élève donne lieu à un document écrit qui précise les objectifs visés, la démarche envisagée, une estimation de la durée de l'action et les modalités d'évaluation de sa mise en œuvre. Les parents sont systématiquement mobilisés.

• Les autres missions

– Travail de liaison et de coordination permettant le suivi du parcours des élèves de classes de 6e ayant rencontré des difficultés à l'école élémentaire.

– Contribution à l'élaboration et à la mise en œuvre des plans d'accompagnement personnalisés (PAP) et au suivi des projets personnalisés de scolarisation (PPS).

– Appui pour l'équipe enseignante dans les relations et les entretiens avec les familles.

Les PAP (plans d'accompagnement personnalisés)

La dyslexie et la dysphasie sont dénommées « troubles spécifiques des apprentissages » chez un individu normalement scolarisé ayant un niveau intellectuel, un développement global et un milieu affectif et culturel normaux. Ces difficultés sont durables, et non pas un simple retard d'acquisitions. L'Organisation mondiale de la santé (OMS) indique, dans sa dixième édition internationale des maladies, le classement de ces troubles.
Depuis 2014, les élèves dont les difficultés scolaires résultent d'un trouble des apprentissages peuvent bénéficier d'un plan d'accompagnement personnalisé (PAP) leur permettant de bénéficier d'aménagements et d'adaptations de nature exclusivement pédagogique, d'utiliser le matériel informatique de l'établissement scolaire ou leur propre matériel informatique.

Les PPS (projets personnalisés de scolarisation)

Ils sont destinés aux élèves en situation de handicap. Voir fiche 39.

LES PAI (projets d'accueil individualisé)

Ils permettent l'organisation de l'accueil d'enfants atteints d'« un trouble de la santé invalidant de type maladie chronique, allergie et intolérance alimentaire ». Ils sont élaborés avec le concours du médecin scolaire (ou de PMI) à la demande de la famille.

LES AUTRES DISPOSITIFS D'ACCOMPAGNEMENT

Les élèves intellectuellement précoces

Les enfants « intellectuellement précoces » ont longtemps été qualifiés de « doués » ou de « surdoués ». On admet aujourd'hui qu'ils ont un QI (quotient intellectuel) supérieur à 125. Ils ont tendance à s'ennuyer en classe. Leur décalage intellectuel risque paradoxalement de les mener à l'échec scolaire.

Toutefois, « il ne saurait être question d'entreprendre un repérage systématique des enfants présentant des potentialités intellectuelles exceptionnelles. »

• **Les réponses pédagogiques**

La circulaire de 2009 distingue trois niveaux :
- la prise en charge dans la classe et autour de la classe avec des aménagements nécessaires ;
- une organisation particulière (par exemple la prise en charge dans des groupes spécifiques) ;
- un parcours scolaire adapté (avec la possibilité d'accélération du cursus).

Les élèves présentant divers problèmes psychologiques

Pour le Dr Cyrille Cahen, auteur de *Thérapie de l'*échec scolaire, « l'échec scolaire est le plus souvent révélateur d'un ensemble de conflits : contentieux familial [...], lutte d'influence à l'intérieur de la fratrie, rébellion contre l'institution scolaire, [...] conflit interne enfin chez un sujet qui souffre de son échec [...]. »

Les CMPP (centres médico-psycho-pédagogiques) proposent des interventions adaptées aux difficultés de ces élèves, dont des psychothérapies.

La scolarisation des enfants allophones nouvellement arrivés en France

Les UPE2A (unités pédagogiques pour élèves allophones), accueillent les enfants à partir du cours préparatoire « pour un enseignement de français comme langue de scolarisation, quotidien et pour un temps variable (et révisable dans la durée). » Des temps de présence des élèves dans la classe ordinaire sont organisés et évoluent dans le temps, le but à atteindre étant bien sûr l'inclusion des élèves dans la classe.

« Pour des élèves peu ou non scolarisés antérieurement et arrivant à l'âge d'intégrer le cycle 3, un maintien plus long dans la structure d'accueil, sans dépasser une année supplémentaire, peut être envisagé. »

Les UPE2A sont confiées à des enseignants non spécialisés. Priorité est toutefois accordée à des professeurs des écoles ayant obtenu une certification complémentaire en français langue seconde ou ayant suivi un cursus universitaire en français.

fiche 39

LA SCOLARISATION DES ENFANTS EN SITUATION DE HANDICAP

DÉFINITION DU TERME DE « HANDICAP » ET OBLIGATION DE L'ÉTAT

Article 2

Constitue un handicap, toute limitation d'activité ou restriction de participation à la vie en société subie dans son environnement par une personne en raison d'une altération substantielle, durable ou définitive d'une ou de plusieurs fonctions physiques, sensorielles, mentales cognitives ou psychiques, d'un polyhandicap ou d'un trouble de santé invalidant.

Toute personne handicapée a droit à la solidarité de l'ensemble de la collectivité nationale qui lui garantit, en vertu de cette obligation, l'accès aux droits fondamentaux reconnus à tous les citoyens ainsi que le plein exercice de sa citoyenneté.

[...]

Article 19

Pour satisfaire aux obligations qui lui incombent, le service public de l'éducation assure une formation scolaire, professionnelle ou supérieure aux enfants, aux adolescents et aux adultes présentant un handicap ou un trouble de la santé invalidant. Dans ses domaines de compétences, l'État met en place les moyens financiers et humains nécessaires à la scolarisation en milieu ordinaire des enfants, adolescents ou adultes handicapés. Tout enfant, tout adolescent présentant un handicap ou un trouble invalidant de la santé **est inscrit dans l'école** ou dans l'un des établissements mentionnés à l'article L. 351-1, **le plus proche de son domicile, qui constitue son établissement de référence.**

Loi du 11 février 2005 pour l'égalité des droits et des chances, la participation et la citoyenneté des personnes handicapées.

QUELQUES GRANDS PRÉCURSEURS DE L'ÉDUCATION DES ENFANTS « DIFFÉRENTS »

• **L'abbé de l'Épée** fonde une école pour enfants sourds dès 1770 et est à l'origine de la langue des signes.

• **Louis Braille**, lui-même aveugle depuis l'âge de trois ans, met au point l'écriture qui porte son nom au sein d'un institut créé en 1784.

• **Le docteur Itard** tente d'éduquer un enfant sauvage, qu'il prénomme Victor, et qui deviendra « Victor de l'Aveyron », région où il a été découvert en 1800 alors âgé d'une douzaine d'années. Il parviendra à l'éduquer à la vie sociale et à lui donner des rudiments de langage grâce à une approche essentiellement sensorielle.

• **Désiré Magloire Bourneville**, à l'origine de progrès remarquables dans la connaissance de ceux qui sont dénommés « idiots ou arriérés », lutte pour que leur soit reconnu le droit à l'éducation. Il est l'un des militants à l'origine de la création des classes de perfectionnement.

LES ENFANTS « DIFFÉRENTS » AU SERVICE DE LA PÉDAGOGIE DES « ENFANTS TOUT COURT »

• **Maria Montessori**, médecin italien, observe que le besoin et le désir de jouer de jeunes retardés mentaux sont intacts et qu'il est possible de les éduquer par cette voie.

• **Ovide Decroly**, chef de clinique pour l'observation et le traitement d'enfants anormaux, développe des méthodes nouvelles centrées sur les besoins et intérêts qu'il généralise à l'ensemble des enfants.

• **Fernand Oury**, dans les années 1950, est instituteur dans les classes de perfectionnement. Il pose les bases de la pédagogie institutionnelle influencée tout à la fois par les techniques Freinet et les données de la psychanalyse.

QUELQUES REPÈRES HISTORIQUES

La prise en compte des enfants et adolescents porteurs de handicap a radicalement changé depuis le début du XXe siècle.

L'éducation spéciale

• **Au début du XXe siècle :**

– **Les classes de perfectionnement** voient le jour (1909). Elles accueillent au sein de l'école des enfants « arriérés » incapables de suivre la norme scolaire.

– **La mise au point de tests** (échelle verbale de Binet et Simon) vise à classer les enfants selon leur « degré d'intelligence ».

• **Entre 1950 et 1970**, les enfants atteints de handicaps spécifiques (auditifs, visuels, mentaux) sont majoritairement accueillis dans des établissements spécialisés en dehors de l'Éducation nationale. Les **externats médico-pédagogiques** (EMP), gérés par le ministère de la Santé et financés par la Sécurité sociale, voient ainsi le jour. Y intervient une équipe pluridisciplinaire, à la fois médicale, paramédicale, sociale et éducative (éducateurs spécialisés). Ces établissements peuvent passer une convention avec le ministère de l'Éducation nationale pour permettre l'intervention d'un enseignant spécialisé.

En 1967, les SES (**sections d'éducation spécialisées**) sont créées au sein des collèges. Elles constituent l'une des offres essentielles de prolongation de la scolarité pour les élèves ayant fréquenté les classes de perfectionnement.

L'idée dominante à cette période est que certains enfants ne peuvent fréquenter des classes normales et que l'école doit s'adapter à eux dans le cadre d'une éducation spécialisée pour des enfants inadaptés à la norme scolaire. L'objectif annoncé étant de mettre en œuvre une pédagogie de compensation.

Adaptation et intégration scolaires

• **La fin des années 1960** annonce les prémices d'un changement de politique. On parle désormais d'**adaptation et intégration scolaire** (AIS).

Deux dispositifs sont clairement distingués : un dispositif d'éducation spéciale destiné aux enfants souffrant de handicaps ou de difficultés durables et un dispositif d'adaptation et de prévention pour ceux présentant des difficultés temporaires.
Les **GAPP** (groupes d'aides psycho-pédagogiques), précurseurs des RASED, sont créés en 1970.

• **La loi d'orientation de 1975** affirme une politique résolument intégrative.
L'article 4 précise que « *les enfants et adolescents sont soumis à l'obligation éducative. Ils satisfont à cette obligation en recevant soit une éducation ordinaire, soit, à défaut, une éducation spéciale, déterminée en fonction des besoins particuliers de chacun d'eux.* »
Le champ de l'éducation spéciale se voit reconsidéré au profit d'une observation et d'une individualisation de l'aide suivant l'âge et le type de difficulté ou de handicap.

• **À partir de 1982**, des intégrations d'enfants porteurs de handicap dans des classes ordinaires, notamment en maternelle, sont organisées à travers des projets d'intégration.
Les SES sont transformées en **SEGPA** (section d'enseignement général et professionnel adapté) autorisant ces structures à accueillir des jeunes de 18 et 19 ans dans le cadre de projets d'insertion professionnelle.
La création de **SESSAD** (service d'éducation spécialisée et de soins à domicile) impose une prise en charge globale des enfants porteurs de handicap insistant sur la nécessité d'une intégration scolaire dès que possible.

• **Entre 1990 et 2000.** En **1990**, les **RASED** voient le jour. De nouveaux dispositifs d'intégration sont créés : les **CLIS** (classes pour l'inclusion scolaire) accueillent un maximum de 12 élèves et sont confiées à des enseignants spécialisés.
Les **ULIS** (unités localisées pour l'inclusion scolaire) accueillent des enfants porteurs de handicap au collège.
En 2005, la loi « pour l'égalité des droits et des chances, la participation et la citoyenneté des personnes handicapées » achève un parcours de prise en compte qui va de l'exclusion à la scolarisation.

En septembre 2015, « qu'ils soient situés dans une école, un collège ou un lycée, les dispositifs de scolarisation des établissements scolaires destinés aux élèves en situation de handicap sont dénommés unités localisées pour l'inclusion scolaire (ULIS) ».

LA SCOLARISATION DES ENFANTS EN SITUATION DE HANDICAP

La loi de 2005 introduit des transformations fondamentales.

L'établissement de référence

Tout enfant présentant un handicap est inscrit dans l'école la plus proche de son domicile, qui constitue son établissement de référence. Certains enfants ayant des besoins spécifiques peuvent toutefois être accueillis dans des structures spécialisées déjà existantes.

De nouvelles instances

- **La Maison départementale des personnes handicapées** (MDPH) : *« Sous la responsabilité du président du Conseil général, elle offre un guichet unique pour améliorer l'accueil, l'information et l'aide apportés aux élèves handicapés et à leur famille. »*
- **La Commission des droits et de l'autonomie des personnes handicapés** (CDAPH) : c'est elle qui prend les décisions d'orientation. Elle est composée d'un tiers de représentants des personnes handicapées et de leurs familles.

Une équipe pluridisciplinaire dépendant de la MDPH décide de l'intérêt pour un enfant d'être scolarisé dans une école ordinaire ou s'il semble préférable de l'accueillir dans un établissement spécialisé. Elle propose aux familles un projet personnalisé de scolarisation au sein d'un parcours de formation.

Le projet personnalisé de scolarisation (PPS)

Il organise la scolarité de l'élève porteur de handicap : accompagnement thérapeutique ou rééducatif, attribution d'un auxiliaire de vie scolaire, etc. L'équipe de suivi de la scolarisation comprend tous les intervenants concernés (enseignants dont l'enseignant référent de scolarisation, personnel médical et social si nécessaire : psychologue, médecin, assistante sociale) ainsi que les parents d'élèves. Elle a l'obligation de se réunir au moins une fois par an. C'est aux parents de faire la saisine de la MDPH pour demander un projet personnalisé de scolarisation pour leur enfant.

Des enseignants référents de scolarisation

Tout élève en situation de handicap est doté d'un enseignant-référent de scolarisation titulaire du CAPPEI qui est chargé de le suivre tout au long de son parcours scolaire.

Les personnels chargés de l'accompagnement des élèves en situation de handicap (AESH)

Les AESH sont des agents contractuels de l'État recrutés par contrat de droit public. Ils se voient confier des missions d'aide aux élèves en situation de handicap. Ainsi, sous le contrôle des enseignants, ils ont vocation à favoriser l'autonomie de l'élève, sans se substituer à lui, sauf lorsque c'est nécessaire.

DISPOSITIFS DE SCOLARISATION

À l'école maternelle

Si leur famille en fait la demande, les enfants porteurs de handicap peuvent être scolarisés à l'école maternelle de leur secteur dès l'âge de 2 ans. Un projet personnalisé de scolarisation organise la scolarité avec des mesures d'accompagnement décidées par la CDAPH.

À l'école élémentaire, la scolarisation peut être individuelle ou collective

Chaque projet d'école doit comporter un volet sur l'accueil des élèves à besoins éducatifs particuliers et prendre en compte les projets personnalisés de scolarisation.

La scolarisation individualisée est recherchée en priorité. Elle consiste à scolariser un ou des élèves porteurs de handicap dans une classe ordinaire. Elle peut être effectuée à temps plein ou partiel ; elle passe par une adaptation des conditions d'accueil de manière à prendre en compte les besoins éducatifs particuliers de chaque élève porteur de handicap (mise en place du PPS). Les élèves peuvent être accompagnés par un AESH ou bénéficier, en complément de la scolarité, de l'intervention d'un service d'éducation spéciale et de soins à domicile (SESSAD).

La scolarisation collective se réalise grâce aux ULIS (unités localisées pour l'inclusion scolaire).

Les élèves orientés en ULIS sont ceux qui, en plus des aménagements et adaptations pédagogiques et des mesures de compensation mises en œuvre par les équipes éducatives, nécessitent un enseignement adapté dans le cadre de regroupements.

L'organisation des ULIS correspond à une réponse cohérente aux besoins d'élèves en situation de handicap présentant des :

- TFC : troubles des fonctions cognitives ou mentales ;
- TSLA : troubles spécifiques du langage et des apprentissages ;
- TED : troubles envahissants du développement (dont l'autisme) ;
- TFM : troubles des fonctions motrices ;
- TFA : troubles de la fonction auditive ;
- TFV : troubles de la fonction visuelle ;
- TMA : troubles multiples associés (pluri-handicap ou maladie invalidante).

Les établissements spécialisés

Quand la situation de l'enfant ou de l'adolescent l'exige, l'orientation vers un établissement médico-social est décidée de façon à lui « *offrir une prise en charge scolaire, éducative et thérapeutique équilibrée.* »

Parmi ces établissements, on distingue :

- les IME (instituts médico-éducatifs) encore dénommés EMP accueillant des enfants et des adolescents atteints de déficience intellectuelle ;
- les ITEP (instituts thérapeutiques, éducatifs et pédagogiques) accueillant des enfants, des adolescents et des jeunes adultes présentant des troubles du comportement ;
- les IES recevant des enfants et des adolescents atteints de troubles sensoriels (auditifs ou visuels) ;
- les IEM (instituts d'éducation motrice) accueillant des enfants atteints de déficiences motrice et intellectuelle.

Les unités d'enseignement

« Au cours de son parcours de formation, l'élève en situation de handicap peut être orienté vers un établissement médico-social à temps plein ou à temps partiel. Il poursuit alors sa scolarité dans une unité d'enseignement, soit au sein de l'unité d'enseignement de l'établissement spécialisé (voir ci-dessus) soit dans cette unité localisée au sein d'un établissement scolaire avec lequel l'établissement coopère.
À chaque fois que cela est profitable aux élèves, les unités d'enseignement seront implantées dans les établissements scolaires plutôt que dans les établissements médicosociaux. »[1]
Depuis la rentrée 2014, des unités d'enseignement pour les élèves présentant des troubles du spectre autistique ont été ouvertes au sein d'écoles maternelles (UEM).

LES ENSEIGNANTS SPÉCIALISÉS

Entre 2004 et 2017, les enseignants spécialisés devaient être titulaires du CAPA-SH (certificat d'aptitude professionnelle pour les aides spécialisées, les enseignements adaptés et la scolarisation des élèves en situation de handicap) qui se prépare en alternance et comporte sept options.
« Le décret n° 169 du 10 février 2017 crée le **certificat d'aptitude professionnelle aux pratiques de l'éducation inclusive (CAPPEI) pour les enseignants du premier et du second degrés de l'enseignement public**, titulaires et contractuels employés par contrat à durée indéterminée, ainsi que les maîtres contractuels, les maîtres agréés et les maîtres délégués employés par contrat à durée indéterminée des établissements d'enseignement privés sous contrat. [...]
La diversité et l'augmentation du nombre d'élèves en situation de handicap scolarisés tout comme les évolutions législatives et réglementaires récentes nécessitent une évolution de la formation des enseignants du premier et du second degrés exerçant leurs fonctions dans les écoles, les établissements scolaires et les établissements et services, accueillant des élèves présentant des besoins éducatifs particuliers liés à une situation de handicap, de grande difficulté scolaire ou à une maladie. »

1. http://www.education.gouv.fr/cid207/la-scolarisation-des-eleves-handicapes.html

OBJECTIF À LA RENTRÉE 2019 : CONSTRUIRE UN GRAND SERVICE PUBLIC DE L'ÉCOLE INCLUSIVE

Le plan[1] s'articule autour de sept axes :

1. Instituer un service de l'accompagnement des élèves en situation de handicap : déploiement d'un pôle inclusif d'accompagnement localisé (Pial) (voir encadré).
2. Mieux accueillir les parents et l'élève et simplifier les démarches.
3. Former et accompagner les enseignants.
4. Professionnaliser les accompagnants d'élèves en situation de handicap.
5. S'adapter aux besoins éducatifs particuliers des élèves.
6. Structurer la coopération entre les professionnels de l'éducation nationale et du secteur.
7. Piloter et évaluer le déploiement des mesures.

Les pôles inclusifs d'accompagnement localisés (Pial)

Le Pial peut concerner les écoles maternelles et élémentaires ou un collège. Il mobilise l'ensemble des personnels de l'équipe éducative pour identifier les besoins pédagogiques de l'élève et mettre en œuvre les réponses adéquates au niveau de sa classe et, au-delà, de l'école ou de l'établissement dans lequel il est scolarisé.

Dans chaque Pial, un coordonnateur met en adéquation les ressources en accompagnement avec les besoins qui ont été notifiés par les CDAPH et identifiés par l'équipe pédagogique et éducative. Il établit les emplois du temps des accompagnants en lien avec les directeurs d'école et les chefs d'établissement concernés, et en tenant compte des besoins des élèves et des compétences des accompagnants.

.../...

1. https://www.education.gouv.fr/cid142657/pour-une-rentree-pleinement-inclusive-en-2019.html.

.../...

Fonctionnement du Pial

– Avant la rentrée scolaire :

• Le coordonnateur du Pial recense les besoins en accompagnement qui ont été notifiés par la CDAPH et réalise une estimation des besoins nouveaux pour l'année scolaire à venir.

• Les accompagnants sont pré-affectés et, le cas échéant, recrutés pour permettre de répondre aux besoins anticipés par le coordonnateur du Pial.

– Au moment de la rentrée scolaire ou lorsqu'ils reçoivent leur notification pour les élèves qui sont nouvellement accompagnés :

• L'accompagnement humain notifié par la CDAPH est mis en œuvre sans délai.

• Les familles des élèves en situation de handicap sont reçues par le directeur d'école ou le chef d'établissement et rencontrent l'enseignant ou le professeur principal et l'accompagnant de leur enfant.

• Les familles peuvent s'adresser à une cellule de réponse qui dispose d'un numéro dédié sur toutes les questions relatives à l'aide humaine.

– Tout au long de l'année, l'accompagnement est organisé au sein du Pial pour tenir compte, en continu, de l'évolution des besoins pédagogiques des élèves accompagnés, des événements scolaires (périodes de stage, sorties et voyages scolaires, etc.) et des aléas de gestion (absence d'un accompagnant ou d'un élève accompagné).

fiche 40

LA QUESTION DE L'« ILLETTRISME »

DÉFINITIONS

• **Le Groupe permanent de lutte contre l'illettrisme (GPLI)** (1995) parle de « *situations d'illettrisme* » en se refusant à toute stigmatisation. Relèvent de ces situations « *des personnes de plus de seize ans, ayant été scolarisées, et ne maîtrisant pas suffisamment l'écrit pour faire face aux exigences minimales requises dans leur vie professionnelle, sociale, culturelle et personnelle. Ces personnes, qui ont été alphabétisées dans le cadre de l'école, sont sorties du système scolaire en ayant peu ou mal acquis les savoirs premiers pour des raisons sociales, familiales ou fonctionnelles, et n'ont pu user de ces savoirs et (ou) n'ont jamais acquis le goût de cet usage. Il s'agit d'hommes et de femmes pour lesquels le recours à l'écrit n'est ni immédiat, ni spontané, ni facile, et qui évitent et (ou) appréhendent ce moyen d'expression et de communication.* »

• **L'OCDE propose l'introduction du terme de littératie** (1995). La littératie est « *l'aptitude à comprendre et à utiliser l'information écrite dans la vie courante, à la maison, au travail et dans la collectivité en vue d'atteindre des buts personnels et d'étendre ses connaissances et ses capacités.* » Les compétences en communication écrite sont ainsi abordées résolument d'un point de vue économique, en les référant à la société de l'information et à ses enjeux économiques : les compétences en littératie, axées sur la compréhension et l'utilisation de l'information, sont inscrites dans un continuum avec cinq niveaux de capacité. Les situations d'illettrisme correspondent au premier niveau.

QUI SONT LES PERSONNES EN SITUATION D'ILLETTRISME ?

Les situations d'illettrisme sont liées à des phénomènes très différents : pauvreté, précarité des moyens d'existence, mode de vie des populations nomades ne permettant pas une scolarité régulière des jeunes, sortie du système scolaire sans qualification, relations difficiles à l'écrit pour différentes raisons scolaires ou personnelles.

L'ILLETTRISME : UN PROBLÈME DE SOCIÉTÉ

La complexité croissante de la vie moderne va de pair avec les exigences de plus en plus pressantes d'une société où existe une tension sur le marché de l'emploi. L'illettrisme y est un lourd handicap. Il ne suffit plus d'utiliser l'écrit dans ses pratiques contemporaines quotidiennes, de remplir un chèque. La lecture, comme l'écrit, doit être capable d'élaborer une pensée. (A. Lion, P. de Meca, *Culture et pauvreté*, La Documentation française, 1988 ; J.-P. Velis, *La France illettrée*, Seuil, 1988.)

LA PRÉVENTION DE L'ILLETTRISME À L'ÉCOLE PRIMAIRE

Les programmes et le socle commun de connaissances, de compétences et de culture font de la maîtrise de la langue une priorité.
À la rentrée 2017, le ministère a prévu un plan de mobilisation en faveur du livre et de la lecture. À la rentrée 2018-2019, l'accent a de nouveau été mis par le ministère sur « la transmission des savoirs fondamentaux à tous les élèves ». Deux notes de service (*Bulletin officiel* spécial n° 3 du 26 avril 2018) concernant l'apprentissage de la lecture et l'enseignement de la grammaire et du vocabulaire ont été publiées dans cet objectif.

LA LUTTE CONTRE L'ILLETTRISME AU NIVEAU NATIONAL

L'Agence nationale de lutte contre l'illettrisme (ANCLI) créée en octobre 2000 a pour mission de fédérer et d'optimiser les moyens affectés par l'État, les collectivités territoriales et les entreprises à la lutte contre l'illettrisme.

Pacte national pour agir ensemble contre l'illettrisme

En septembre 2018, un pacte national pour agir ensemble contre l'illettrisme a été lancé. Plus de 50 grandes organisations de la société civile fédérées par l'Agence nationale de lutte contre l'illettrisme (ANLCI) appellent à amplifier la mobilisation contre l'illettrisme et réaffirment 10 engagements communs pour que les solutions soient à la hauteur des besoins.

Voir le site http://www.anlci.gouv.fr/

fiche 41

LA VIOLENCE À L'ÉCOLE

ACTUALITÉ DU PROBLÈME

En avril 2010, le ministère a tenu des ***États généraux sur la sécurité à l'école***, réunissant chercheurs et responsables de l'Éducation nationale. Ce colloque s'appuyait sur un rapport du criminologue Alain Bauer.

Le 8 avril 2010, à l'issue des travaux, le ministre annonce « cinq orientations pour faire reculer la violence en milieu scolaire » :

- Améliorer la mesure de la violence dans les établissements, en particulier grâce à de nouveaux indicateurs dans l'enquête Sivis (Système d'information et de vigilance sur la sécurité scolaire).
- Améliorer la formation des enseignants et des personnels au moyen de modules spécifiques consacrés à la gestion des conflits et à la tenue de classe. L'objectif est triple en direction des enseignants : « briser l'isolement, restaurer l'autorité et travailler en équipe ».
- Renforcer la sécurisation des établissements par des équipes de police accrues et par un partenariat avec la Justice (magistrats référents).
- Responsabiliser et mieux sanctionner, au moyen d'« une charte des bonnes pratiques qui sera déclinée dans les règlements intérieurs ». Pour toute sanction, il faudra une motivation orale et écrite. Les conseils de discipline seront tenus hors de l'établissement. Enfin, il faut « rendre à l'exclusion de la classe et de l'établissement son caractère exceptionnel ». Les parents doivent être responsabilisés, la communication avec les familles renforcée par les outils numériques, et la pratique du sport développée dans les établissements les plus en difficulté. La santé des élèves demande une réflexion sur les rythmes scolaires.
- Une nouvelle cartographie des établissements en difficulté doit permettre de revoir les dispositifs actuels et de mieux cibler les actions. La création « d'un nouveau programme centré sur l'ambition, l'innovation et la réussite », nommé « Clair » (collèges et lycées pour l'ambition, l'innovation et la réussite), doit permettre aux chefs d'établissement de choisir leur équipe et de nommer un « préfet des études » qui, à chaque niveau, sera responsable de l'organisation pédagogique et éducative.

UN PHÉNOMÈNE RÉCENT

• La question de la violence à l'école est apparue massivement à partir des **années 1980**.

La violence fait irruption à l'école sous forme de racket, d'incendies de locaux scolaires, de trafic de drogue, de violences physiques envers les enseignants ou les élèves, d'agressions verbales, insultes ou injures, de règlements de compte entre bandes rivales au sein d'établissements...

Cette violence touche plus le second degré, mais le primaire n'est pas épargné. Elle concerne surtout certains quartiers de banlieue, classés en « zone sensible » ou en « zone violence ». Enfin, elle est **un phénomène international** commun à tous les pays développés, aussi bien aux États-Unis qu'en Europe.

• Il faut veiller à **ne pas sous-estimer ni surestimer** les phénomènes de violence.

Longtemps sous-évaluée, elle est devenue dans les années 1990 un objet de préoccupation du ministère, comme le manifeste la succession de « plans anti-violence » durant cette période.

Elle fut d'abord sous-évaluée dans un souci de ne pas nuire à l'image des établissements scolaires et de ne pas effrayer les familles.

La **médiatisation** excessive des phénomènes de violence scolaire a ensuite conduit à une exagération du phénomène.

Les établissements vraiment « violents » restent une minorité, et l'arbre ne doit pas cacher la forêt d'une majorité d'établissements plutôt paisibles. Cependant, les parents se plaignent un peu partout de la montée d'une violence gratuite, et de plus en plus d'enseignants sont victimes d'agressions ou d'agressivité, physique ou verbale, de la part d'élèves ou de parents d'élèves.

• La violence provoque des **réactions passionnelles** légitimes, qui réclament une action préventive ou répressive accrue. Mais il faut aussi essayer de **comprendre** cette violence, sans pour autant **l'excuser** ou la justifier. La violence paralyse la pensée, le langage. Après un travail de deuil, elle crée un besoin pratique de réparation.

La violence pose deux problèmes à l'école : celui de la **sécurité** que l'école doit garantir aux enfants qui lui sont confiés, et aux personnels qui y tra-

vaillent ; celui aussi de **l'interruption que cette violence occasionne dans le travail scolaire**, en perturbant la continuité et la concentration que requièrent les apprentissages.
Enfin, s'inquiéter de la montée de la violence contre l'école ne doit pas faire oublier que l'école peut elle-même être source de violence envers certains élèves.

COMMENT DÉFINIR LA VIOLENCE ?

Violence et « sentiment de violence »

On sait que la violence ressentie ne correspond pas toujours à une violence objective. La difficulté est de définir une violence « objective », alors que chacun a une sensibilité différente à la violence. Une injure qui est reçue par l'enseignant comme une violence humiliante sera parfois considérée par l'élève comme une façon ordinaire de parler. Ces décalages dans les registres de langue peuvent occasionner certains malentendus entre enseignants et élèves, qui seront interprétés comme phénomènes de violence ou « incivilités ».
Parler de violence suppose de prendre en compte à la fois la « **violence objective** », définie par la loi comme crimes et délits (insultes à caractère raciste, coups et blessures, etc.), et la « **violence subjective** », relative à la sensibilité de chaque personne et de chaque époque.

La violence est un « mouvement contre nature »

Cette définition d'Aristote donne un critère objectif de mesure de la violence physique. Est violent tout acte ou mouvement qui n'est pas spontané ou volontaire : jeter une pierre en l'air revient à lui imposer un mouvement violent ; un « vent violent » déracine les arbres et arrache les toitures ; un « mouvement violent » provoque entorse ou fracture. Si l'on suit cette définition, on doit admettre que se lever tôt pour aller en classe est une forme de violence (on dit bien « **se faire violence** »), et que toute éducation ou vie sociale impose certaines violences à l'individu (contraintes du travail, de la politesse, des rythmes sociaux...).

Violence légitime et violence illégitime

Certains auront du mal à accepter que la politesse ou l'école puissent comporter une violence. Cela parce que la violence est généralement condamnée comme un mal absolu, sans voir que certaines violences sont nécessaires pour le bien de celui qui les subit : obliger l'enfant à aller à l'école est, qu'on le veuille ou non, une violence, mais justifiée et légitime ; punir un élève qui perturbe la classe est une violence légitime ; alimenter de force quelqu'un qui se laisse mourir de faim est une violence légitime. Est légitime toute violence conforme à la loi ou à l'intérêt de celui qui la subit ; est illégitime toute violence contraire à la loi ou à l'intérêt de la victime. On peut dès lors admettre que l'école ou les parents exercent sur l'enfant une certaine violence légitime, « pour son bien ».

Violence et « incivilités »

Ce dernier terme désigne certaines violences légères, généralement verbales, qui ne tombent pas sous le coup de la loi. Cela va du manque de ponctualité à la tenue vestimentaire incorrecte. Ce sont elles qui sont le plus souvent dénoncées : insolences, gros mots, insultes, gestes obscènes, refus de politesse, tenues provocantes... Ces incivilités constituent le gros de la violence ordinaire, moins spectaculaire aux yeux des médias, mais plus agressive au jour le jour pour une majorité des personnels.

Violence et indiscipline

Il convient de les distinguer, car les problèmes de discipline ont toujours existé : un chahut, un bavardage, un refus de travailler ne sont pas des violences, mais des marques d'indiscipline. Même si certains enseignants peuvent les ressentir comme des violences, ces indisciplines font partie du fonctionnement normal d'une classe, auxquelles tout enseignant doit faire face un jour. En revanche, la violence est incompatible avec l'école qui doit assurer sécurité et tranquillité aux élèves dans leur travail.

Violence et agressivité

On peut constater dans une classe une agressivité latente, une « tension », sans que cela engendre des faits de violence. C'est le problème du

passage à l'acte : chaque individu, chaque relation humaine est porteuse d'une certaine agressivité ; mais, heureusement, tous ne passent pas à l'acte, et l'éducation doit justement apprendre à l'enfant à maîtriser ses pulsions afin d'éviter ce passage à l'acte.

QUELLES SONT LES DIFFÉRENTES FORMES DE VIOLENCE ?

• **La violence physique** est la plus connue, parce que la plus spectaculaire. Elle provoque des destructions matérielles (saccage, pillage, dégradations...) ou humaines (coups et blessures). À l'école, elle prend la forme d'agressions physiques, sexuelles, de vols, de racket, de dégradation ou d'incendie de locaux.

• **La violence verbale** est plus ordinaire et banale. Elle consiste en insultes, injures racistes ou sexistes, menaces, incivilités, propos obscènes, plaisanteries humiliantes, interruptions fréquentes de la parole du maître ou des autres élèves.

• **La violence morale** passe souvent par l'agression verbale visant à humilier l'autre. Mais rappelons que la plus grave violence morale est sans doute le silence et l'indifférence, qui refuse d'adresser la parole et ignore l'autre comme personne humaine. Sans en avoir toujours conscience, certains enseignants peuvent exercer ce type de violence morale envers un élève « oublié » ou « transparent ».

• **La violence symbolique ou institutionnelle** désigne la violence cachée qu'une institution impose aux individus qui lui sont soumis afin d'assurer un pouvoir. Cette violence symbolique passe souvent par le langage et l'image : selon certains codes implicites, elle structure une relation de pouvoir sur des inférieurs qui ne maîtrisent pas ces codes. Par exemple, bien parler français permet d'imposer un pouvoir du maître sur l'élève, ou du cadre sur l'ouvrier. La violence symbolique permet de maintenir un ordre social accepté inconsciemment par ceux qui y sont soumis. Cette théorie est soutenue par Pierre Bourdieu (*La Reproduction*, 1970).

QUELLES SONT LES CAUSES DE LA VIOLENCE ?

• **Les causes économiques et sociales** sont la première explication de la violence. La pauvreté, l'exclusion, le sentiment d'injustice engendrent des réactions de violence. Certains parlent d'une « violence réactive » comme une réaction de défense contre la violence de la pauvreté et de l'injustice. Cependant, si certaines révoltes sociales ou certaines formes de résistance peuvent légitimer certaines violences, comprendre ces violences ne peut conduire à légitimer toute violence. Expliquer la violence n'est pas la justifier ; que la violence ait toujours des causes ne doit pas interdire de la condamner ; enfin, la violence n'est pas le privilège des pauvres, et un élève défavorisé n'est pas fatalement un délinquant en puissance.

• **Les pulsions agressives :** les psychologues et les éthologues (qui étudient le comportement animal) soutiennent que l'homme, comme l'animal, est naturellement porteur d'une agressivité qui conditionne la lutte pour la vie. Freud explique qu'il ne peut y avoir de sexualité sans une certaine dose d'agressivité. Le même auteur émet l'hypothèse d'une « pulsion de mort » présente dans l'inconscient humain, qui vise la destruction, y compris de soi-même, et qui rivalise avec la pulsion de vie ou recherche du plaisir. Selon K. Lorenz (*L'Agression*, 1963), l'agressivité permet de structurer les relations de pouvoir au sein d'un groupe. Cette présence d'une « violence primaire » en chaque individu suppose que la violence est naturellement présente chez l'enfant, comme peut l'illustrer la cruauté de certains comportements à l'école maternelle.

• **Les médias** sont souvent accusés, en raison du spectacle de la violence qu'ils offrent aux enfants. Il est vrai que ce type de spectacle, d'une violence qui peut être gratuite, conduit à banaliser la violence. Mais il faut rappeler que l'enfance a toujours été confrontée à la violence, comme l'illustrent les contes traditionnels où il n'est question que de loups, de sorcières, d'enfants dévorés par des ogres ou perdus dans la forêt. C'est que, explique B. Bettelheim (*Psychanalyse des contes de fées*, 1976), l'enfant est habité par des angoisses et des terreurs inconscientes, et qu'il a besoin de les projeter dans des récits et spectacles qui peuvent le soulager et le rassurer (fonction « cathartique » du spectacle violent).

• **Le langage déficient** est souvent source de violence. Ne pas trouver les mots pour dire son émotion ou sa colère peut conduire à mettre les « maux » à la place des « mots », et à passer à l'acte par impuissance langagière.

• **La crise de l'autorité** peut expliquer certaines violences lorsque les adultes, les parents en particulier, ont démissionné dans l'exercice de leurs responsabilités éducatives. Certains enfants, alors sans interdits ni repères, voient dans la violence un moyen comme un autre d'obtenir une satisfaction immédiate de leurs désirs.

• **L'école** elle-même peut être cause de violence, quand l'enseignant impose des humiliations gratuites à un élève. De même, un élève en échec scolaire peut éprouver un ressentiment à l'encontre d'une école qui l'exclut. Mais l'élève en difficulté n'est pas forcément un élève agressif. Reste que l'aggravation de l'échec scolaire expose l'école à une montée des violences chez des élèves en rupture avec la situation scolaire.

QUELS REMÈDES PÉDAGOGIQUES À LA VIOLENCE ?

• La violence à l'école n'est pas séparable de la violence dans le reste de la société ; elle relève avant tout de la loi. Néanmoins, de nombreux conflits mineurs peuvent se régler « en interne », en demandant, par exemple, à l'élève agresseur de s'excuser auprès de sa victime. Outre le recours répressif à la loi, l'école doit éduquer et prévenir les conflits par des moyens pédagogiques.

• **Maîtriser les langages** et enrichir ses moyens d'expression par des ateliers d'écriture, le théâtre, les jeux de rôles, la musique, la poésie, le débat argumenté.

• **Donner du sens** au travail scolaire afin que l'intérêt et l'utilité que l'élève y trouve le détournent d'un sentiment de révolte qu'engendrerait une école « absurde ».

• **Responsabiliser** les élèves par l'attribution de tâches valorisantes et un fonctionnement de la classe autant que possible démocratique et respectueux les uns des autres.
• **Éduquer à la loi** afin que chaque élève comprenne l'utilité de la loi, en ce qu'elle vise la protection de tous. Cette éducation peut s'appuyer sur l'élaboration collective et argumentée des règles de la classe ou de l'école, sur la participation des élèves à des conseils de classe ou d'école, et sur l'éducation civique
• **Développer des partenariats** avec les parents ou les associations de quartier permet de mener une action éducative cohérente autour de l'élève, en articulant sa vie scolaire et sa vie hors de l'école.
• **Travailler en équipe** permet aux enseignants de ne pas affronter seuls les situations de conflit, et d'offrir aux élèves une attitude cohérente des adultes (enseignants et autres personnels) dans l'encadrement des activités.

La loi d'orientation du 8 juillet 2013 fait une place importante au climat scolaire avec l'objectif d'« *améliorer le climat scolaire pour refonder une école sereine et citoyenne en redynamisant la vie scolaire et en prévenant et en traitant les problèmes de violence et d'insécurité* ».
Le guide du ministère de l'Éducation nationale « Agir sur le climat scolaire à l'école primaire » précise que « *le climat scolaire relève de sept facteurs interdépendants sur lesquels il est possible d'agir :*
– La dynamique et les stratégies d'équipe, pour briser la solitude dans la classe
– Les stratégies pédagogiques en faveur de l'engagement et de la motivation des élèves
– Un cadre et des règles explicites et explicitées
– Prévenir les violences et le harcèlement www.agircontreleharcelementalecole.gouv.fr
– La coéducation avec les familles
– Le lien avec les partenaires
– La qualité de vie à l'école : organiser le temps et l'espace. »[1]

1. http://www.education.gouv.fr/cid2765/climat-scolaire-et-prevention-des-violences.html

LE HARCÈLEMENT EN MILIEU SCOLAIRE

• Le harcèlement se fonde sur le rejet de la différence et la stigmatisation de certaines caractéristiques. Les risques de harcèlement sont plus grands à la fin de l'école primaire et au collège. Il y a harcèlement lorsque les agressions sont répétées et s'inscrivent dans la durée. Le harcèlement implique la mise en place d'une situation de domination.

• Le cyberharcèlement est une forme récente du harcèlement.

• 10 nouvelles mesures contre le harcèlement ont été présentées par le ministère en 2019[1] :

– inscrire dans le Code de l'éducation le droit de suivre une scolarité sans harcèlement ;

– proposer un programme anti-harcèlement clé en main aux écoles et aux collèges ;

– mesurer la qualité du climat scolaire, en incluant explicitement le harcèlement dans l'évaluation des établissements ;

– former l'ensemble des acteurs à la prévention au harcèlement ;

– étendre les horaires de la plateforme Net écoute dédiée au cyberharcèlement ;

– aider les écoles et les établissements via un réseau départemental d'intervention en cas de situation de harcèlement complexe ;

– s'appuyer sur un comité d'experts national contre le harcèlement pour enrichir les contenus diffusés aux personnels, aux élèves et aux familles ;

– créer une plateforme nationale pour identifier les intervenants à contacter dans le cadre d'actions de prévention (associations, etc.) ;

– instituer, dès le CP, un prix *Non au harcèlement* ; lancer une campagne de communication pour les élèves du 1er degré ;

– organiser en France un colloque international ; prendre l'initiative d'une convention internationale d'engagement des pays contre le harcèlement entre élèves.

---

1. https://www.education.gouv.fr/cid142479/prix-non-au-harcelement-ceremonie-de-remise-des-prix-2019.html#c10_nouvelles_mesures_pour_lutter_contre_le_harcelement_entre_eleves.

ENTRÉES THÉMATIQUES ET DISCIPLINAIRES

fiche 42

LA MAÎTRISE DE LA LANGUE FRANÇAISE

LA QUESTION CENTRALE DE LA LECTURE

En 1923, le ministère de l'Instruction publique, tout en laissant l'instituteur libre des méthodes utilisées, encadre rigoureusement l'enseignement de la lecture : au cours préparatoire, le déchiffrage, au cours élémentaire, la lecture courante, au cours moyen et au cours supérieur la lecture expressive.

En 1938, la prolongation de la scolarité à quatorze ans, sous le ministère Jean Zay, ajoute à cette formation une initiation à la lecture silencieuse et à la lecture des textes littéraires pour rapprocher les programmes de l'enseignement primaire de ceux du secondaire moderne.

Au lendemain de la Seconde Guerre mondiale, on préconise l'utilisation de méthodes mixtes. Elles sont « à point de départ global » : les premières séances proposent en effet, pour intéresser les enfants, la découverte « globale » de phrases ou de mots ayant un sens, plutôt qu'un travail direct sur des syllabes sans signification. Toutefois, ces méthodes consacrent très rapidement l'essentiel du temps à l'étude des relations entre code écrit et code oral.

Jusqu'aux années 1960, toutefois, l'école élémentaire forme les élèves à une lecture expressive. On considère que le déchiffrage doit précéder la compréhension et l'accès à la culture écrite. On doit savoir lire avant de pouvoir écrire. Le certificat d'études primaires n'évalue que la lecture à voix haute « expressive » d'un texte mais pas sa compréhension.

C'est l'arrivée de tous les enfants dans le secondaire qui va imposer l'exigence d'un autre « savoir lire ». Il devient indispensable de passer d'une « lecture expressive » à « une lecture silencieuse » qui seule permet d'apprendre individuellement de façon autonome.

Les années 1980 imposent le slogan « lire c'est comprendre ». On doit favoriser l'accès à l'écrit par la compréhension, la production de textes à travers notamment la littérature de jeunesse. La lecture à voix haute comme évaluation de la compréhension est contestée. Le travail sur le code, le déchiffrage et son automatisation est minimisé. La priorité est de permettre à tous les élèves d'entrer dans la culture de l'écrit (création des BCD, bibliothèques centres documentaires).

En 1995, les programmes associent « *apprentissage de la lecture et accès au sens* [...] *procédant essentiellement de trois démarches* [...] *constitution d'un premier capital de mots, déchiffrement et recours au contexte.* [...] *L'intérêt de la lecture à haute voix comme de la lecture silencieuse est réintroduit.* »

Les programmes de 2002 officialisent les deux voies d'apprentissage de la lecture qu'il convient de respecter chez les enfants :
– la voie directe permet une identification quasi instantanée des mots (mémorisés sous leur forme orthographique) ;
– la voie indirecte est celle du déchiffrement. Pour ce faire, « *on utilise deux types d'approche complémentaires* [...] : *analyse de mots entiers en unités plus petites référées à la connaissance déjà acquise de leurs constituants phoniques et graphiques, synthèse, à partir de leurs constituants de syllabes ou de mots réels ou inventés.* »

Les programmes de 2008 opèrent un recentrage sur le code : « *Au cours préparatoire, l'apprentissage de la lecture passe par le décodage et l'identification des mots et par l'acquisition progressive des connaissances et compétences nécessaires à la compréhension des textes.* »

Les programmes de 2015 soulignent d'emblée qu'au cycle 2, « Lecture et écriture sont deux activités intimement liées dont une pratique bien articulée consolide l'efficacité. Leur acquisition s'effectue tout au long de la scolarité, en interaction avec les autres apprentissages ; néanmoins, le cycle 2 constitue une période déterminante.
Au terme des trois années qui constituent désormais ce cycle, les élèves doivent avoir acquis une première autonomie dans la lecture de textes variés, adaptés à leur âge. La pratique de ces textes les conduit à élargir le champ de leurs connaissances, à accroitre les références et les modèles pour écrire, à multiplier les objets de curiosité ou d'intérêt, à affiner leur pensée. »
Les attendus de fin de cycle 2 sont les suivants :
– Identifier des mots rapidement : décoder aisément des mots inconnus réguliers, reconnaitre des mots fréquents et des mots irréguliers mémorisés.
– Lire et comprendre des textes adaptés à la maturité et à la culture scolaire des élèves.

– Lire à voix haute avec fluidité, après préparation, un texte d'une demi-page ; participer à une lecture dialoguée après préparation.
– Lire au moins cinq à dix œuvres par an.

Depuis 2017, des injonctions ministérielles se sont exprimées dans le sens du recours à la méthode syllabique. Cette méthode est considérée comme étant la seule dont l'efficacité est reconnue scientifiquement (par les neurosciences).

« Au CP, les élèves pratiquent, de manière concentrée dans le temps, des activités sur le code de l'écrit dont ils ont eu une première expérience en GS. Il s'agit pour les élèves d'associer lettres ou groupes de lettres et sons, d'établir des correspondances entre graphèmes et phonèmes. L'apprentissage systématique de ces correspondances est progressivement automatisé à partir de phrases et de textes que les élèves sont capables de déchiffrer. Ces activités de lecture, menées conjointement aux activités d'écriture, doivent être régulières et structurées. [...] L'automatisation du code alphabétique doit être complète à la fin du CP.

L'identification des mots écrits est soutenue par un travail de mémorisation de formes orthographiques : copie, restitution différée, aptitude à transcrire les sons en lettres. Écrire est l'un des moyens d'apprendre à lire, en lien avec le vocabulaire, la grammaire, l'orthographe et la compréhension. La multiplicité des entraînements sous diverses formes, conduit à une automatisation progressive. » [...]

La lecture à voix haute est une activité centrale pour développer la fluidité et l'aisance de la lecture. [...] La compréhension est la finalité de toutes les lectures.[1] »

Les méthodes en raccourci

La méthode syllabique, ou synthétique, a plus de 2000 ans ; elle est aussi ancienne que l'alphabet.

Elle propose de partir des éléments les plus « petits » (et les plus abstraits) : la lettre ou le son pour aller progressivement vers les plus grands :

.../...

1. http://cache.media.education.gouv.fr/file/30/62/2/ensel169_annexe1_985622.pdf

…/…

l'élève apprend d'abord à reconnaître les lettres, puis à les combiner en syllabes pour parvenir enfin à lire des mots et des phrases.
La volonté de simplifier va jusqu'à n'inclure les majuscules et la ponctuation qu'après une première phase exclusive de déchiffrement.

Synthèse	↑	Phrase	↓	Méthode globale
		Mot		
Méthode syllabique		Syllabe		Analyse
		Graphème/phonème		

La deuxième méthode, dite globale ou analytique, est plus récente.
Elle propose la démarche inverse de la précédente : elle privilégie l'entrée dans l'écrit par le sens. Initiée par l'abbé de Radonvilliers puis Nicolas Adam à la fin du XVIIIe siècle, elle est développée par Ovide Decroly dans la première partie du XXe siècle.
L'enfant reconnaît d'abord globalement différents énoncés écrits correspondant à ses centres d'intérêt. Le travail d'analyse ne vient que progressivement.
La méthode analytique part donc d'abord d'une unité de sens pour distinguer ensuite mots, syllabes, lettres et sons.

La méthode mixte.
En tout début d'année, l'enfant mémorise un certain nombre de phrases et de mots.
Très rapidement, après les premiers jours de classe, s'engage un travail d'apprentissage des graphèmes et des phonèmes.

La méthode dite naturelle proposée par Célestin Freinet postule que l'enfant apprend à lire comme il apprend à marcher et à parler, en situation de vie réelle, à travers la nécessité d'utiliser les écrits (affiches, documentaires, etc.).

La méthode idéovisuelle, défendue par Jean Foucambert, vise à favoriser un apprentissage de la lecture excluant tout recours au déchiffrement qui nuirait au développement d'une lecture efficace.

LES QUATRE COMPOSANTES DE L'ACTE DE LIRE

Apprendre à lire ne saurait se limiter à la maîtrise d'une technique.
Quatre domaines doivent faire l'objet d'un travail continu :
- l'identification de mots ;
- la compréhension de textes ;
- la production écrite ;
- l'acculturation.

Trois dimensions interviennent dans tout l'apprentissage :
- la dimension linguistique ;
- la dimension culturelle ;
- la dimension métacognitive.

Bibliographie

– Anne-Marie Chartier, Jean Hébrard, *Discours sur la lecture (1880-1980)*, BPI – Centre Pompidou-Fayard, 2000.
– Gérard Chauveau, Éliane Rogovas-Chauveau, *Les chemins de la lecture*, Magnard, 1994.
– Stanislas Dehaene, *Les neurones de la lecture*, Odile Jacob, 2007.
– Jean Foucambert, *L'enfant, le maître et la lecture*, Nathan, 1994.
– Roland Goigoux, Sylvie Cèbe, *Apprendre à lire à l'école : tout ce qu'il faut savoir pour accompagner l'enfant*, Retz, 2006.
Pour enseigner la lecture et l'écriture au CP, guide du ministère de l'Éducation nationale, 2018.

DE LA GRAMMAIRE À... LA GRAMMAIRE

L'enseignement de la grammaire a fait couler beaucoup d'encre : « *Notre expérience* [...] *montre qu'on peut apprendre à écrire le français à la perfection sans connaître les règles de grammaire.* [...] *L'école s'est trompée de chemin en plaçant l'étude des règles de grammaire à la base de l'étude scolaire du français* », affir-

mait Célestin Freinet. L'enseignement de la grammaire serait-il inutile ? Les textes officiels imposeraient-ils de surcharger la mémoire des enfants de règles fonctionnant finalement à vide ?
Quelques repères historiques semblent nécessaires.

Une grammaire pour l'écrit

Les programmes de 1923 affirment : *« De même qu'il doit être simple, l'enseignement grammatical doit être concret. Le maître doit partir des textes placés sous les yeux des enfants pour leur faire comprendre la fonction habituelle du nom, de l'article, de l'adjectif, du pronom et du verbe. Il ne s'agit pas de formuler des définitions abstraites dont une connaissance plus approfondie de la langue ferait vite apparaître le caractère artificiel. »*
Les instructions de 1961 précisent : *« On ne perdra pas de vue que l'enseignement de la grammaire ne porte pas de fin en lui-même. »*
Ainsi, depuis 1923, les différents programmes et instructions semblent répéter les mêmes directives. Pourtant, chacun des nouveaux textes officiels insiste sur le fait qu'il convient d'alléger le programme tout en insistant sur la persistance de l'échec de l'enseignement du français auprès de nombreux enfants.
Est-ce la faute de la nature de la grammaire enseignée ? En tout état de cause, depuis 1882, elle n'intéresse que la langue écrite. Elle est dénoncée avec force par les tenants de la linguistique structurale au début des années 1970 comme étant traditionnelle, mentaliste et ne rendant pas compte du fonctionnement réel de la langue.

De l'oral à l'écrit

En 1971, le Plan Rouchette propose une rénovation de l'enseignement de la langue où est reconnue la primauté de l'oral.
On y distingue une grammaire « implicite » et une grammaire « explicite ». *« Dans le premier cas, on se contentera de faire fonctionner telle ou telle structure syntaxique, sans chercher à faire analyser par l'enfant les lois de ce fonctionnement. Dans le second cas intervient une réflexion sur ces lois [...] qui ne saurait se réduire à un ensemble de règles à mémoriser. Une règle telle que "le verbe exprime l'action" est contestable dans son énoncé même ; mais de toute façon, en tant que règle, on ne voit pas comment son apprentissage pourrait concourir à une plus grande maîtrise de la langue. La démarche de l'enseignement grammatical ne doit pas se fonder sur*

la réception passive par l'enfant de connaissances transmises par le maître, mais sur la découverte par un élève actif guidé par un maître attentif, du fonctionnement de sa langue maternelle. »

Des outils au service de l'expression orale et de la production d'écrits

Les programmes de 1995 parlent de « *connaissances nécessaires à la maîtrise de la langue orale, de la lecture et de l'expression écrite* » :

« *À la fin de sa scolarité à l'école élémentaire, le futur collégien doit avoir acquis des connaissances de base en vocabulaire, grammaire et orthographe. Ces connaissances permettent d'accéder à une compréhension progressive du fonctionnement de la langue.* »

Si la grammaire reste essentielle, elle n'est pas première mais doit être considérée comme un outil. Des éléments de grammaire textuelle apparaissent concernant l'organisation et la cohérence du texte (rôle du chapitre, du paragraphe, des mots permettant l'agencement des parties entre elles).

Observation de la langue

Les programmes de 2002 confirment cette orientation. On parle désormais d'observation réfléchie de la langue française (ORLF) au cycle 3. Elle recouvre grammaire, conjugaison, orthographe, vocabulaire ; elle intéresse l'écrit. « *L'observation réfléchie de la langue française conduit les élèves à examiner les productions écrites comme des objets qu'on peut décrire et dont on peut définir les caractéristiques.* [L'ORLF] *doit être un moment de découverte visant à développer la maîtrise du langage et non une série d'exercices répétitifs mettant en place des savoirs approximatifs, et l'usage prématuré d'une terminologie inutilement complexe. Les connaissances acquises dans les séquences consacrées à la grammaire sont essentiellement réinvesties dans des projets d'écriture (quel que soit l'enseignement concerné). Ceux-ci peuvent servir de supports à de nouvelles observations des phénomènes lexicaux, morphosyntaxiques, syntaxiques ou orthographiques.* » La place d'une grammaire de texte aux côtés de la grammaire de phrase est confirmée et accrue.

Le retour de la grammaire

Les programmes de 2007 consacrent la suppression de l'observation réfléchie de la langue et replacent « *l'étude de la langue (grammaire)* » au centre de l'enseignement concernant la maîtrise du langage et de la langue française.

Ce recentrage fait suite au rapport sur la grammaire commandé par le ministre Gilles de Robien au linguiste Alain Bentolila et s'inscrit dans le mouvement de même nature concernant la lecture.

Les programmes de 2008 confirment le *« recentrage sur l'essentiel »*. Au domaine « La maîtrise du langage et de la langue française » des précédents programmes se substitue celui du « Français ». Aux dires des rédacteurs, *« on retrouve un enseignement explicite de la grammaire, du vocabulaire et de l'ortho-graphe du CP au CM2 ; on réintroduit de façon visible la récitation et la rédaction. »* Les enseignements fondamentaux (le français et les mathématiques) font l'objet d'une progression par année scolaire (et non plus par cycle) qui est jointe au programme. Les compétences attendues pour chaque palier du socle commun sont précisées par ailleurs.

Les programmes de 2015 aménagés en 2018 : Étude la langue (grammaire, orthographe, lexique)

« Après le cycle 2 qui a permis une première structuration des connaissances sur la langue, le cycle 3 marque une entrée dans une étude de la langue explicite, réflexive, qui est mise au service de la compréhension de textes et de l'écriture de textes. Il s'agit d'assurer des savoirs solides en grammaire autour des notions centrales et de susciter l'intérêt des élèves pour l'étude de la langue. Cette étude prend appui sur des corpus, des éléments collectés, des écrits ou des prises de parole d'élèves.

Dans des séances spécifiques, elle doit permettre un éclairage des textes lus, des propos entendus et un accompagnement des textes écrits. Son objectif est de mettre en évidence les régularités et de commencer à envisager le système de la langue.

L'acquisition de l'orthographe (orthographe lexicale et grammaticale) est privilégiée et son apprentissage est conduit de manière à mettre d'abord en évidence les régularités du système de la langue. De la même façon, l'étude de la morphologie verbale prend appui sur les régularités des marques de personne et de temps.

La découverte progressive du fonctionnement de la phrase (syntaxe et sens) permet une compréhension simple et claire de ses principaux constituants, qui feront l'objet d'analyses plus approfondies au cycle 4. »[1]

1. Source : http://cache.media.education.gouv.fr/file/30/05/0/ensel169_annexe2V2_986050.pdf

fiche 43

LES MATHÉMATIQUES

QUELQUES CONCEPTS ASSOCIÉS À LA DIDACTIQUE DES MATHÉMATIQUES

La transposition didactique

Pour Yves Chevallard (1985), elle a pour objet l'étude des étapes par lesquelles un savoir savant devient un savoir enseigné.

Savoirs et pratiques en cours dans la société
↓
Curriculum prescrit ou formel (les programmes)
↓
Curriculum réel (en place dans la classe)
↓
Apprentissages effectifs chez l'élève

Exemple : Guy Brousseau étudie la transposition didactique des décimaux : si la communauté mathématique ne considère qu'un nombre, dans l'enseignement il y a distinction entre mesure et nombre opérateur. Un des problèmes de l'enseignement est alors d'unifier ces deux sortes de nombres.

Contrat didactique

Toute interaction sociale est régie par un contrat qui assigne aux différents partenaires des droits et des « *déboires* ». Ce contrat opère comme un code qui prend valeur de norme. Il n'est jamais explicité !
De nombreux implicites sont à l'œuvre dans les classes (exemple : pour l'élève un problème suppose d'utiliser toutes les données numériques présentées).

La théorie des situations

Guy Brousseau distingue différentes étapes nécessaires pour que des situations didactiques conduisent à construire des notions mathématiques :
- Situation de l'action : la résolution du problème se fait de manière implicite.
- Situation de la formulation : explicitation des procédures par le langage.
- Situation de validation : mécanisme de preuve, le savoir établit la preuve.
- Situation d'institutionnalisation : savoir comme référence culturelle.

Théorie des champs conceptuels

Pour Gérard Vergnaud (1990), c'est un ensemble de situations dont le traitement implique des schèmes, concepts et théorèmes en étroite connexion, ainsi que des représentations langagières et symboliques susceptibles d'être utilisées pour le représenter.
Exemple : les situations additives couvrent au moins six types de situations différentes (partie-tout, transformation, comparaison, compositions de relations, compositions de transformations, transformations de relation). Ces différentes situations ne sont pas acquises aux mêmes âges.

ÉVOLUTION DES PROGRAMMES : DES VISÉES DIFFÉRENTES

Les mathématiques constituent une base essentielle à la formation générale :
- **Avant les années 1969 :** pour la vie pratique.

Au primaire, le calcul, l'arithmétique et la géométrie étaient enseignés comme outil pour la vie pratique avec une distinction entre les écoles de filles (cuisine...) et de garçons (plomberie, transports...).
- **1970 :** former l'esprit.

Le monde se modernise (technologie...) et les travaux de Piaget et de Bourbaki (mathématicien) conduisent à la réforme des mathématiques modernes. Naissance de la didactique des mathématiques.
- **1980 :** la résolution de problèmes.

Le bilan négatif des « maths modernes » par son enseignement trop abstrait conduit à une réorientation. L'enseignement des mathématiques a pour visées :
- former les citoyens ;
- être utiles à d'autres disciplines et dans l'enseignement professionnel ;
- maîtriser le langage (raisonnement et argumentation).

- **1990 :** retour de la géométrie en plus de la résolution de problèmes (situation-problème, problème d'entraînement, problème pour chercher).
- **2008 :** des mathématiques à appliquer plus qu'à résoudre.
- **2015 :** les programmes replacent la résolution de problèmes au centre de l'activité mathématique.
- **2018 :** les recommandations (rapport Villani - Torossian) portent sur l'enseignement du calcul et la résolution des problèmes.

fiche 44

LES SCIENCES

QUELQUES REPÈRES HISTORIQUES

De la leçon de choses à « la main à la pâte »

L'école républicaine de Jules Ferry rend obligatoire à l'école primaire l'enseignement de la physique et des sciences naturelles par le biais de **la leçon de choses**. Il s'agit d'éveiller l'esprit de l'enfant en lui faisant découvrir les réalités de son temps (moyens de transport, énergie...), les aspects de la vie quotidienne (exemple : fonctionnement de la lessiveuse). Elle permet un savoir pratique qui présente les usages des objets. C'est surtout une leçon de mots où la présentation de l'objet réel est conseillée mais non nécessaire.

Dans les années 1970 une rupture « didactique » va avoir lieu avec l'introduction **des activités d'éveil** (sciences, histoire, géographie et travaux manuels et artistiques). L'attitude scientifique devient la priorité et les contenus passent au second plan. Le questionnement et la prise en compte des représentations de l'enfant sont alors les incontournables de la didactique par résolution de problème. L'observation et l'expérimentation si nécessaire apportent des réponses provisoires assorties ensuite de croquis, tableaux... pour mémoriser.

Progressivement, les activités d'éveil « s'essoufflent » et laissent place aux activités de lecture/écriture et mathématiques. À l'école primaire, dans les années 1980, de moins en moins de classes pratiquent des activités scientifiques. C'est dans ce contexte que le projet **« la main à la pâte »** voit le jour en 1996, autour du prix Nobel de physique Georges Charpak. L'objectif est de redonner à l'école le goût des sciences en suscitant l'émerveillement, la curiosité, l'expérimentation, l'apprentissage du langage et de l'argumentation. Les élèves doivent être capables en fin d'école primaire de s'interroger, de distinguer le réel, de se repérer dans une société empreinte de sciences et de techniques. L'enseignant a pour tâche de gérer les projets scientifiques avec ses élèves.

Le Plan de rénovation de l'enseignement des sciences et de la technologie à l'école (PRESTE) en 2000

La démarche pédagogique repose sur le questionnement et la démarche d'investigation. Elle doit mettre en œuvre des expérimentations et une recherche documentaire. Ces deux voies sont complémentaires. L'expression orale (lors des phases de débat) mais aussi écrite (dessins d'observations, schémas, compte rendu ...) est bien évidemment favorisée.

LES PROGRAMMES

Depuis 2002, les différents programmes ont confirmé leur attachement à la démarche d'investigation.

Les programmes de 2015 précisent que « la mise en œuvre de ces démarches permet aux élèves de développer des manières de penser, de raisonner, d'agir en cultivant le langage oral et écrit. »

Le terme de « sciences et technologie » n'apparaît qu'au cycle 3.

Au cycle 1, on parle d' « explorer le monde ».

Au cycle 2, on parle de « Questionner le monde du vivant, de la matière et des objets. »

Cette partie du domaine « Questionner le monde » comprend elle-même trois parties : Qu'est-ce que la matière ? Comment reconnaître le monde vivant ? Les objets techniques, qu'est-ce que c'est, à quels besoins répondent-ils, comment fonctionnent-ils ?

Au cycle 3, « l'enseignement des sciences et de la technologie a pour objectif de faire acquérir aux élèves une première culture scientifique et technique indispensable à la description et la compréhension du monde et des grands défis de l'humanité. Les élèves apprennent à adopter une approche rationnelle du monde en proposant des explications et des solutions à des problèmes d'ordre scientifique et technique. Les situations où ils mobilisent savoir et savoir-faire pour mener une tâche complexe sont introduites progressivement puis privilégiées, tout comme la démarche de projet qui favorisera l'interaction entre les différents enseignements.[1] »

1. Programmes de 2015.

LA DIDACTIQUE DES SCIENCES

Un parallèle entre la recherche scientifique et la didactique des sciences

La compréhension du monde a toujours été un objet de spéculation de débat et de pouvoir mêlant opinions et savoirs. La construction de savoirs scientifiques relève d'une construction lente et complexe qui ne suit pas du tout la méthode expérimentale dite « O H E R IC » (observation, hypothèses, expériences, résultats, interprétations, conclusions) de Claude Bernard (médecin au XIXe siècle).

On peut faire un rapprochement entre la démarche scientifique (telle qu'elle est pratiquée dans les laboratoires de recherche) et la démarche prônée par la didactique actuelle des sciences.

Le savoir scientifique	Initiation scientifique
Observations des objets de notre environnement. Imagination, créativité et questionnement.	**Observations** guidées par le maître.
Observations, expériences Nombre des observations. Diversité des échelles... Objectivité/subjectivité.	Réalité source de **questionnement**, de représentation. Recherche de réponses : **situations** d'observations et d'expérimentations, enquêtes... Limitation de l'étude.
Communication des résultats Validation et universalisation. Vocabulaire spécifique.	**Confronter ses idées aux autres** Élaboration d'un langage commun. Niveau de formulation.
Élaboration d'un savoir construit Partiel/total. Savoir provisoire (histoire des sciences).	**Communiquer ce qui a été appris** Généralisation.

Dans un cas il s'agit de produire de nouveaux savoirs, dans l'autre il s'agit de faire construire aux élèves des connaissances scientifiques.

Cependant, il ne faut pas négliger que dans chacun des cas :
- l'observation est un acte difficile et qu'il ne va pas de soi ! ;
- l'expérience est difficile (isoler des variables est complexe) voire parfois impossible (exemple : raisons éthiques...).

La didactique des sciences à l'école repose sur différents principes

« Un esprit scientifique se reconnaît d'une part à la curiosité, à la capacité de s'étonner devant tout fait que le savoir antérieur ne permettait pas de prévoir, d'autre part à la volonté de chercher une réponse au lieu de se contenter d'hypothèses non vérifiées. La démarche scientifique engage toute notre personnalité : affectivité, imagination, créativité, volonté, même si elle aboutit toujours à une expression rationnelle. » (Astolfi, *Comment les enfants apprennent les sciences*, p. 220.)

Bibliographie

- Jean-Pierre Astolfi, Michel Develay, *La didactique des sciences*, PUF, coll. « Que sais-je ? », 2002.
- Jean-Pierre Astolfi, Brigitte Peterfalvi, Anne Vérin, 1998, *Comment les enfants apprennent les sciences ?* Retz, 2006.
- Gaston Bachelard, *La formation de l'esprit scientifique*, 1938, Vrin.
- Georges Charpak *et al.*, *La main à la pâte*, Flammarion, 1996.

fiche 45

L'ENSEIGNEMENT MORAL ET CIVIQUE

L'alternance des deux appellations **éducation** ou **instruction civique** a persisté entre la Révolution et la loi d'orientation de 2013 selon qu'on accordait la priorité à l'information ou à la formation, aux savoirs ou aux valeurs, aux connaissances ou au comportement.

L'instruction civique a été redéfinie comme discipline à part entière dans les programmes 2008 (« Instruction civique et morale »).

L'instruction morale, dans la continuité d'une « morale laïque » fondée sous Jules Ferry, commune à toutes les croyances, comme la politesse ou le respect d'autrui devant préparer la véritable instruction civique.

L'enseignement moral et civique (EMC) a été créé par la loi du 8 juillet 2013 d'orientation et de programmation pour la refondation de l'École de la République. Il se substitue aux programmes d'éducation civique existants à partir de la rentrée 2015.

Un nouveau programme prend effet à la rentrée 2018 (*Bulletin officiel* n° 30 du 26-7-2018).

« L'enseignement moral et civique poursuit trois finalités qui sont intimement liées entre elles.

1) Respecter autrui

La morale enseignée à l'école est une morale civique en lien étroit avec les principes et les valeurs de la citoyenneté républicaine et démocratique. L'adjectif « moral » renvoie au projet d'une appropriation par l'élève de principes garantissant le respect d'autrui. [...]

Respecter autrui, c'est respecter sa liberté, le considérer comme égal à soi en dignité, développer avec lui des relations de fraternité. C'est aussi respecter ses convictions philosophiques et religieuses, ce que permet la laïcité.

2) Acquérir et partager les valeurs de la République

Le Code de l'éducation affirme « qu'outre la transmission des connaissances, la Nation fixe comme mission première à l'école de faire partager aux élèves les valeurs de la République » (article L 111-1) Cette mission est

réaffirmée dans le socle commun de connaissances, de compétences et de culture [...]
Les quatre valeurs et principes majeurs de la République française sont la liberté, l'égalité, la fraternité et la laïcité. S'en déduisent la solidarité, l'égalité entre les hommes et les femmes, ainsi que le refus de toutes les formes de discriminations. L'enseignement moral et civique porte sur ces principes et valeurs, qui sont nécessaires à la vie commune dans une société démocratique et constituent un bien commun s'actualisant au fil des débats dont se nourrit la République.
3) Construire une culture civique
La conception républicaine de la citoyenneté insiste à la fois sur l'autonomie du citoyen et sur son appartenance à la communauté politique formée autour des valeurs et principes de la République. Elle signale l'importance de la loi et du droit, tout en étant ouverte à l'éthique de la discussion qui caractérise l'espace démocratique.
Elle trouve son expression dans le socle commun de connaissances, de compétences et de culture, selon lequel l'École « permet à l'élève d'acquérir la capacité à juger par lui-même, en même temps que le sentiment d'appartenance à la société. Ce faisant, elle permet à l'élève de développer dans les situations concrètes de la vie scolaire son aptitude à vivre de manière autonome, à participer activement à l'amélioration de la vie commune et à préparer son engagement en tant que citoyen ».
La culture civique portée par l'enseignement moral et civique articule quatre domaines : la sensibilité, la règle et le droit, le jugement, l'engagement.[1] »

1. http://cache.media.education.gouv.fr/file/30/73/4/ensel170_annexe_985734.pdf

fiche 46

L'HISTOIRE-GÉOGRAPHIE

HISTOIRE ET GÉOGRAPHIE

Ces deux disciplines sont étroitement liées. Elles intéressent l'ensemble des domaines du socle commun et plus particulièrement ceux intitulés « les représentations du monde et de l'activité humaine » et « la formation de la personne et du citoyen ».

SE REPÉRER DANS LE TEMPS ET L'ESPACE

En maternelle et au cycle 2, on ne parle pas encore d'histoire-géographie. L'enfant doit auparavant structurer le temps et l'espace en acquérant des repères correspondant à son développement psychologique.
Ces activités relèvent du domaine intitulé « explorer le monde » au cycle 1 et « questionner le monde » au cycle 2.
En maternelle puis au cycle 2, il s'agit pour l'enfant de repérer la succession des moments de la journée, puis de la semaine, du mois, de l'année. Il doit apprendre à mesurer le temps (calendriers, sabliers, montre), et à distinguer progressivement le passé proche du passé lointain.
Concernant l'espace, l'enfant apprend d'abord à se décentrer, à distinguer les repères (gauche-droite, haut-bas...), puis à décrire un parcours, à représenter un espace géométrique.

LES OBJECTIFS D'APPRENTISSAGE DE L'HISTOIRE-GÉOGRAPHIE

Distinguons deux grands domaines d'apprentissage en histoire-géographie : d'une part, un apprentissage **méthodologique** (recherche documentaire, critique de document), d'autre part une acquisition de **connaissances** (chronologies, grands personnages, civilisations...).

• **Des compétences méthodologiques :**
– La recherche documentaire.
– L'esprit critique et la curiosité.
– L'étude de document et l'objectivité.
• **Des connaissances :**
– Identifier les grandes périodes chronologiques (Préhistoire, Antiquité, Moyen Âge, Renaissance...).
– Connaître les personnages et les événements représentatifs.
– L'aménagement du territoire géographique (local, national, européen, mondial).
– La protection de l'environnement.

Les programmes de 2015 fournissent des repères annuels de programmation en histoire et en géographie en proposant des thèmes à traiter ainsi que des démarches et contenus d'enseignement.

L'ensemble de ces objectifs aide à constituer une culture commune et à construire une identité nationale.

On remarque que la progression va toujours du proche au lointain, du singulier au général. En géographie, on part du quartier et de la ville pour élargir au pays, à l'Europe et au monde. En histoire, on part de l'histoire nationale pour l'inscrire dans l'histoire mondiale. France, Europe, monde sont les trois dimensions imbriquées.

Cependant, dans la structuration du temps, il faut partir du temps vécu (en maternelle), mais aussi donner de grands cadres de référence périodiques au cycle 3 pour y inscrire les événements particuliers.

QUELLES DÉMARCHES PÉDAGOGIQUES ?

L'histoire-géographie doit favoriser une démarche **interdisciplinaire** : il s'agit de montrer que les autres disciplines contribuent à ces apprentissages. On peut étudier un texte de français témoignant de la vie au Moyen Âge, étudier une musique de la Renaissance, observer les systèmes de numération romain ou indien.

Ces disciplines favorisent le **travail de groupe**, en équipe : la recherche documentaire peut être répartie à plusieurs, faire l'objet d'une mise en commun et d'une synthèse sous la forme d'un exposé ou d'une exposition.

fiche 47

L'ÉDUCATION PHYSIQUE ET SPORTIVE (EPS)

On peut envisager cette discipline à travers ses objectifs spécifiques, ou en ce qu'elle permet de développer des compétences transversales, ou en ce qu'elle doit être mise en relation avec d'autres disciplines, ou encore en ce qu'elle s'inscrit dans un débat plus général (la place du corps à l'école par exemple).

SPÉCIFICITÉ DE L'EPS

Il convient d'abord **de ne pas confondre EPS et sports**.
L'EPS se pratique dans le cadre scolaire et elle vise avant tout le développement physique global de l'enfant. Le sport se pratique généralement au sein d'une association extrascolaire (qui peut être l'USEP, Union sportive de l'enseignement du premier degré, ou un club sportif), et elle vise avant tout la compétition dans une discipline sportive. L'EPS est une éducation, non une compétition.
Les objectifs principaux de l'EPS sont :
– le développement des conduites motrices (locomotion, équilibre, lancer, etc.) ;
– l'accès à la culture sportive et artistique (danse) ;
– connaître son corps et le garder en forme.

QUELLES COMPÉTENCES TRANSVERSALES L'EPS DÉVELOPPE-T-ELLE ?

L'EPS contribue avec les autres disciplines à développer certaines compétences transversales :
– se connaître et se maîtriser ;
– comprendre et appliquer des règles ;
– accepter et respecter les autres ;
– coopérer et s'intégrer à un collectif.

APPROCHE INTERDISCIPLINAIRE DE L'EPS

L'EPS doit être pensée et pratiquée en relation avec les autres disciplines. C'est pourquoi il est souhaitable que le PE polyvalent en conserve la responsabilité, et qu'elle s'inscrive autant que possible dans des projets pluridisciplinaires.

- EPS et français : faire verbaliser sur sa pratique, écrire des documents ou récits (par exemple, un « article sportif »).
- EPS et éducation artistique : articuler danse et musique, danse et arts visuels, graphisme et motricité ; éducation sensorielle.
- EPS et instruction civique : éducation à la santé, éducation au respect des règles collectives ou au respect de l'adversaire, éducation à la responsabilité et à l'action collective, éducation à l'effort.
- EPS et sciences : étude du corps et de ses capacités motrices, étude des paramètres physiques (vitesse, durée, poids, hauteur, etc.), étude des matériels techniques (vélo, javelot, canoë, ski, escalade...), étude des environnements naturels.

Ces liaisons interdisciplinaires peuvent converger dans un projet. Par exemple, un projet autour du cirque permettra de réunir des objectifs et des activités d'EPS (équilibre, lancer...), d'arts visuels (affiche, décors, costumes), de musique, de français (récits, programme, poésies), de sciences (animaux, lois physiques), d'éducation civique (l'effort, le courage, la persévérance, le travail collectif) ou de géographie (les cirques dans le monde).

L'EPS DOIT-ELLE ÊTRE ASSURÉE PAR DES INTERVENANTS EXTÉRIEURS ?

C'est une pratique qui se répand : des municipalités financent des intervenants en EPS, comme dans les disciplines artistiques.

Pourtant, il faut rappeler que l'EPS fait partie des programmes et qu'elle reste de la responsabilité du PE polyvalent.

En conséquence, le PE doit veiller au respect des horaires impartis à l'EPS, il reste responsable de l'activité, doit les encadrer avec l'éventuel intervenant, et doit s'assurer des objectifs, de la progression et de l'évaluation.

Enfin, le PE, par sa polyvalence, peut assurer l'intégration de l'EPS dans une interdisciplinarité respectueuse d'une prise en compte globale de la personne de l'enfant.

fiche 48

L'ÉDUCATION ARTISTIQUE ET CULTURELLE

Les objectifs de l'éducation artistique et culturelle[1]

L'éducation artistique et culturelle à l'école répond à trois objectifs :
- permettre à tous les élèves de se constituer une culture personnelle riche et cohérente tout au long de leur parcours scolaire ;
- développer et renforcer leur pratique artistique ;
- permettre la rencontre des artistes et des œuvres, la fréquentation de lieux culturels.

Le parcours d'éducation artistique et culturelle (PEAC)[2]

Le PEAC met en cohérence la formation des élèves du primaire au secondaire sur l'ensemble des temps éducatifs : scolaire, périscolaire et extrascolaire. Il s'appuie sur les enseignements artistiques proposés dans les écoles et les établissements, les rencontres avec les artistes et les œuvres et les pratiques artistiques.

Développer les pratiques artistiques à l'école et en dehors de l'école

Le développement des pratiques artistiques des élèves s'appuie d'abord sur les enseignements artistiques, principalement les arts visuels et l'éducation musicale à l'école. « Les enseignements d'arts visuels, d'expression artistique et d'éducation musicale sont propices à une démarche de projet. Ils s'articulent aisément avec d'autres enseignements pour consolider les compétences, transférer les acquis. [...] Ils s'enrichissent du travail concerté avec les structures et partenaires culturels. »

Un enseignement sous la responsabilité de l'enseignant

L'éducation artistique et culturelle est toujours de la responsabilité de l'enseignant, qu'elle soit assurée soit à l'école même, soit dans d'autres lieux

1. http://www.education.gouv.fr/cid20725/l-education-artistique-et-culturelle.html
2. http://www.education.gouv.fr/cid116114/le-parcours-d-education-artistique-et-culturelle-peac.html

culturels ou qu'elle implique la participation d'intervenants (comédiens, plasticiens, etc.)

À l'école des arts et de la culture[1]

Selon les termes de la Charte de l'éducation artistique et culturelle[2], il s'agit à la fois de développer les connaissances des enfants, la pratique artistique et la fréquentation des œuvres et des artistes.

Aujourd'hui, les pratiques artistiques des enfants sont très inégales en fonction de leur milieu social et de l'endroit où ils se situent sur le territoire. Développer les arts à l'école et sur le temps périscolaire relève donc d'une exigence d'égalité républicaine.

En septembre 2018, les ministères de la Culture et de l'Éducation nationale ont présenté un plan d'action commun afin de permettre à tous les enfants de bénéficier d'un parcours d'éducation artistique et culturelle.

« Chaque année, à l'école primaire, les élèves auront :

• consacré 10 % de leur temps scolaire aux enseignements et aux pratiques artistiques ;

• eu au moins deux temps forts culturels :

– fréquentation d'un établissement culturel (musée, cinéma, etc.)

– spectacle (théâtre, danse, concert, opéra, arts du cirque)

– visite d'un monument patrimonial (château, église, lavoir, calvaire, patrimoine industriel, etc.)

– fait la rencontre d'un créateur ou d'un interprète

• emprunté toutes les semaines des ouvrages dans une bibliothèque scolaire ou d'une collectivité

• chanté dans la chorale de leur école. [...]

Tous les mercredis, avec le Plan mercredi, les élèves de primaire peuvent bénéficier d'activités culturelles de qualité. [...] »

1. http://www.education.gouv.fr/cid134086/a-l-ecole-des-arts-et-de-la-culture.html
2. http://eduscol.education.fr/education-musicale/actualites/actualites/article/charte-pour-leducation-artistique-et-culturelle.html

fiche 49

LE NUMÉRIQUE À L'ÉCOLE

LE NUMÉRIQUE À L'ÉCOLE

L'utilisation du numérique à l'école concerne à la fois des outils au service de l'enseignement et un espace que les élèves doivent avoir commencé à explorer et à maîtriser à la fin de l'école élémentaire.

DES OUTILS AU SERVICE DE L'ENSEIGNANT

Les TICE (technologies de l'information et de la communication pour l'enseignement) sont utilisées dans la plupart des situations d'enseignement. L'ordinateur permet la mise en forme des textes, l'utilisation de différents logiciels et didacticiels, l'accès à Internet.
L'enseignant peut utiliser une partie ou l'ensemble de ces ressources en fonction de l'âge des enfants (voir ci-dessous le projet de généralisation du numérique à l'école).

UN ESPACE À EXPLORER ET À MAÎTRISER POUR LES ÉLÈVES

Un cadre de référence des compétences numériques a remplacé le B2i (brevet informatique et internet) à la rentrée 2019.
Il comprend 16 compétences réparties dans 5 domaines spécifiques :
1. Information et données, qui concerne la recherche d'information et le traitement des données et intègre les questions d'éducation aux médias et à l'information.
2. Communication et collaboration, qui traite des interactions et de ce qui relève de la netiquette, du partage de contenus.
3. Créations de contenus, domaine dédié à la création de contenus numériques du plus simple au plus élaboré, y compris des programmes informatiques. On y aborde aussi les questions relatives aux droits de publication sur les réseaux.

4. Protection et sécurité. Ce domaine traite de tout ce qui concerne la sécurité du matériel mais également de la santé et de l'environnement ainsi que la protection des données personnelles.
5. Environnement numérique qui traite des compétences qui permettent à un individu de s'insérer dans un monde numérique et de comprendre son fonctionnement.

Son évaluation s'opère selon huit niveaux, du cycle 3 à l'âge adulte. En fin de cycle 3, l'équipe pédagogique évalue et certifie le premier niveau acquis par les élèves.

Ce cadre de référence s'inscrit dans le cadre européen du DIGCOMP *(Digital Competence)*.

LE PROJET ACTUEL DE GÉNÉRALISATION DU NUMÉRIQUE À L'ÉCOLE

Il prévoit un déploiement généralisé des espaces numériques de travail.
Un espace numérique de travail (ENT) est un ensemble intégré de services numériques, choisi, organisé et mis à disposition de la communauté éducative d'une ou plusieurs écoles ou d'un ou plusieurs établissements scolaires dans un cadre de confiance. [...] Élèves, parents, professeurs, personnels administratifs peuvent accéder à ces espaces numériques de travail depuis n'importe quel matériel connecté à Internet.

Des ressources proposées

- **Myriaé** est le premier portail de recherche et de présentation des ressources numériques pour accompagner les enseignants dans leurs pratiques pédagogiques. Myriaé est également à la disposition des parents pour accompagner leur enfant au cours de leur scolarité.
- **Les banques de ressources numériques pour l'École (BRNE)** sont gratuitement mises à disposition des enseignants et des élèves du CM1 à la 3e pour une durée de trois ans au moins. Elles sont composées de contenus et de services associés pour composer des documents, des parcours ou des évaluations et sont organisées par cycles d'apprentissage dans le cadre du plan numérique pour l'École et de la mise en œuvre de la réforme des programmes.
- **Éduthèque** un service destiné aux enseignants du 1er et du 2nd degré leur permettant d'accéder gratuitement à des ressources numériques des grands établissements publics scientifiques et culturels.

• **M@gistère** un dispositif de formation continue tutorée et interactive pour les enseignants du 1er degré.

D'autres services mis en ligne par le ministère

• **PrimTICE** est un site du ministère de l'Éducation nationale pour accompagner les usages du numérique dans le premier degré.
• « **Les fondamentaux** » (des films d'animation liés à l'apprentissage du français, des mathématiques, des sciences, etc.).
• « **English for schools** » (ressources numériques pédagogiques pour les 8-11 ans).
• « **Prép'exam** » (un accès en ligne aux sujets du brevet et du bac).
• « **D'Col** » (un service d'accompagnement interactif élèves de 6e de l'éducation prioritaire) pour les élèves de CM2 et de 6e.
• « **Mon stage en ligne** ».
• **Masecondechance.onisep.fr** est site consacré au retour en formation initiale pour les jeunes de 16 à 25 ans, décrocheurs du système éducatif sans diplôme.
• « **Lire, une année d'apprentissage de la lecture** » (un web-documentaire pour aider enseignants et parents à accompagner les enfants de cours préparatoire).
• « **S'inscrire au lycée** » (un service qui permet d'effectuer l'inscription au lycée directement sur Internet).

La protection et la sécurité sur Internet

L'usage d'Internet dans le cadre pédagogique doit pouvoir se dérouler dans des conditions optimales pour les élèves et les enseignants, notamment en assurant la protection des mineurs vis-à-vis des contenus choquants ou inappropriés, ou encore en leur fournissant la culture nécessaire à la protection de leurs données personnelles.
Des mesures ont été mises en œuvre dans les établissements scolaires et les écoles pour former et informer les usagers et pour mettre en place des dispositifs de filtrage :
– Informer et former les usagers : chaque école et chaque établissement doit élaborer une charte d'usage du numérique et d'Internet. Cette charte est annexée au règlement intérieur et signée par les élèves et leurs parents.

– Mettre en place des dispositifs techniques de filtrage : chaque école et chaque établissement doit être équipés d'un dispositif de filtrage des sites consultés sur Internet pour permettre aux équipes pédagogiques de travailler sereinement et assurer une protection des élèves vis-à-vis des contenus inappropriés.

FAVORISER UN USAGE RESPONSABLE DES RÉSEAUX ET DES SERVICES NUMÉRIQUES

« Les enjeux de la maîtrise des TIC et de l'Internet doivent être perçus et compris par les élèves et futurs citoyens. [...] Afin d'accompagner les enseignants et les élèves dans les nouveaux usages de l'Internet, l'Éducation nationale a mis en place le site « Internet responsable. » Il offre un point d'entrée unique vers des ressources destinées à favoriser la maîtrise et l'usage responsable des réseaux et des services numériques. Il propose un accès aux textes réglementaires, des guides pratiques, des ressources, des actualités sur les TIC à l'école, etc. »

Éduquer au numérique s'inscrit ainsi dans le cadre plus large de l'éducation aux médias et à l'information (EMI) : « Il est impératif de former les élèves à la maîtrise, avec un esprit critique, de ces outils qu'ils utilisent chaque jour dans leurs études et leurs loisirs et de permettre aux futurs citoyens de trouver leur place dans une société dont l'environnement technologique est amené à évoluer de plus en plus rapidement. »

Ressources :
http://eduscol.education.fr/pid25652/ressources-numeriques-pour-l-ecole.html
http://eduscol.education.fr/cid111189/cadre-de-reference-des-competences-numeriques-pour-l-ecole-et-le-college.html
http://eduscol.education.fr/internet-responsable
http://eduscol.education.fr/cid72525/l-emi-et-la-strategie-du-numerique.html
http://www.education.gouv.fr/cid133192/le-numerique-service-ecole-confiance.html

BIBLIOGRAPHIE

Approches philosophiques de l'éducation

– Alain, *Propos sur l'éducation* (1932), PUF, 2005.
– F. Amadieu, A. Tricot, *Apprendre avec le numérique, mythes et réalités*, Retz, 2014.
– H. Arendt, *La crise de la culture* (1961), Gallimard, Folio « Essais », 1989.
– E. Kant, *Réflexions sur l'éducation* (1803), Vrin, 1993.
– J.-J. Rousseau, *Émile ou De l'éducation* (1762), Larousse, 2008.

Approches pédagogiques de l'enseignement à l'école

– J.-P. Astolfi, *La saveur des savoirs*, ESF, 2008.
– G. Bachelard, *La formation de l'esprit scientifique* (1938), Vrin, 1993.
– J. S. Bruner, *L'éducation, entrée dans la culture*, Retz, 1996.
– P. Meirieu, *Apprendre oui, mais comment ?*, ESF, 1987.

Courants pédagogiques

– J. Houssaye (dir.), *Questions pédagogiques*, Hachette Éducation, 1999.
– A. Prost, *Éloge des pédagogues*, Seuil, 1986.
– J.-P. Resweber, *Les pédagogies nouvelles*, « Que sais-je ? », PUF, 2007.
– J.-Cl. Ruano-Borbalan (dir.), *Éduquer et former*, Éditions Sciences humaines, 1998.

Psychologie de l'enfant

– A. Blaye, P. Lemaire (dirigé par), *Psychologie du développement cognitif de l'enfant*, De Boeck, 2007.
– S. Dehaene, *Apprendre, les talents du cerveau, le défi des machines*, Odile Jacob, 2018.
– L. Ferrand, B. Lété & C. Thevenot, *Psychologie cognitive des apprentissages scolaires*, Dunod, 2018.
– O. Houdé, *La Psychologie de l'enfant*, Que sais-je ? 2017.
– G. Mauco, *Psychanalyse et éducation*, Flammarion, Paris, 1993.
– J. Piaget, B. Inhelder, *La psychologie de l'enfant* (1966), PUF, 2004.
– L. Vygotski, *Pensée et langage* (1934), La Dispute, 1997.
– H. Wallon, *L'évolution psychologique de l'enfant*, Armand Colin, 1988.

L'école primaire : son fonctionnement, son environnement

– B. Charlot, E. Bautier, J.-Y. Rochex, *École et savoir dans les banlieues... et ailleurs*, Armand Colin, 1993.
– G. Chauveau, *Comment réussir en ZEP ?*, Retz, 2000.
– M. Duru-Bellat, A. Henriot-Van Zanten, *Sociologie de l'école*, Armand Colin, 2013.
– E. Prairat, *Questions de discipline à l'école*, Erès, 2013.
– J.-P. Terrail, *La scolarisation de la France*, La Dispute, 1997.
– F. Testu, *Rythmes de vie et rythmes scolaires*, Elsevier-Masson, 2011.
– A. Van Zanten (dir.), *Dictionnaire de l'éducation*, PUF, 2017.

Achevé d'imprimer en décembre 2020 en France par CHIRAT - 42540 Saint-Just-la-Pendue - N° 202011.0146
Dépôt légal : janvier 2021 - Édition 01 - 17/6952/7